문화 트렌드
2025

문화 트렌드 2025

2025

문화로 바라보는 대한민국 변화의 방향

예고의
바다

서문

2025 문화 트렌드:
모순과 충돌을 통한 문화적 진보

_____

    2025년의 문화 트렌드를 예측해 보면서 문화란 참으로 예측하기 힘들다는 역설적인 생각을 하곤 했다. 이성과 상식을 추구하는 흐름 안에서도 반이성과 비상식이 고개를 쳐들고, 아름다움과 균형을 추구하는 흐름 안에서도 추함과 불균형이 각광받는 모순적 상황이 종종 목격된다. 물론 이러한 모순과 충돌이 하나의 트렌드를 이루기도 한다.

    이 책은 이러한 모순과 충돌의 트렌드를 긴 호흡으로 잡아내어 우리의 일상에 미치는 영향에 대해 이야기하는 것을 사명으로 삼는 저자들에 의해 만들어졌다고 하는 것이 어쩌면 정확한 표현일지도 모르겠다. 우리를 가끔 깜짝 놀라게 하는 현상들을 발견하여(What do we see?) 그 뿌리를 캐고(Why is it?), 미래의 우리에게 던지는 시사점(Where is it going and what should we do?)에 대해 모든 챕터에서 일관적으로 질문을 던지는 이유가 바로 여기에 있다.

회고

이 책은 두 개의 부분으로 이루어져 있다. 첫 부분은 2024년에 유행하리라 예측했던 트렌드에 대해 회고하는 내용이다. 일상에서의 검소한 생활과 중요한 순간에서의 럭셔리한 소비가 습관화된 이코노-럭스 문화 소비 현상, 익숙하면서도 새로움을 추구하는 추억 보정, 제로 콜라를 마시며 다이어트를 꿈꾸는 레이지어터 이코노미, 비밀이라고 말하면서 대중에 자신을 공개하는 모순적 현상, 신한류의 시대로 접어드는 시대에서의 하이브리드 전략, 명품과 길거리 문화가 융합되는 스트릿 문화, 급격히 주류 유통 수단으로 부상했던 팝업 스토어, 세계 럭셔리 시장을 휩쓸었던 한류 스타 앰배서더, 일반인과 연예인의 경계를 허무는 연반인 시대, 동물 창작 캐릭터의 유행, 플랫폼에서 콘텐츠로 무게중심이 이동되는 콘텐츠 시장, 비장애인의 영역이 확장되는 문화예술의 배리어 프리 경향, 반려동물에 대한 무한 사랑의 펫 휴머니제이션, 챗GPT가 가져올 새로운 세상에 대해 무엇을 예측했고 2024년에 무엇을 목격했는가에 대한 회고를 담았다.

전망

그 다음으로 2025년에 다가올 문화 트렌드에 대해 본격적으로 내용을 전개한다. 물론 문화 트렌드라는 것이 단기적으로 부상하고 또 사라지는 것은 아니므로 이러한 트렌드는 지난 수년간 발견되었던 트렌드와 함께 복합적으로 2025년 우리의 생활에 영향을 미칠 것으로 보인다.

먼저 예술 분야에서 새로운 조류로 부상하고 있는 미술품 조각투자 등 대체 투자의 트렌드와 연극 분야에서 매력적으로 부상하고 있는 다큐멘터리 연극 트렌드에 대해 설명한다. 미술품의 예술성과 카타르시스의 허구성을 기본으로 하는 이러한 예술 장르에서 떠오르는 새로운 트렌드가 가진 의의를 분석한다.

두 번째로는 여전히 위력을 떨치고 있는 한류의 새로운 면모에 대해 논한다. 외국으로의 진출에 이어서 외국인이 한국으로 모이는 디아스포라 현상, K-팝과 비교되어 K-드라마가 성장하는 과정에서 플랫폼이 갖는 특별한 의미, 전통문화의 지적재산권이 갖는 무한한 가치를 활용하는 방법, 그리고 하이브 등 한류 기업의 성장에 있어서 멀티레이블이 갖는 위험과 기회에 대해 살펴본다.

세 번째로는 라이프스타일의 변화와 그 경제적 시사점에 대해 논한다. 극한의 업무 속에서 무한한 힐링을 추구하는 도파민 디톡스, 실제 존재하지 않는 기억을 억지로 만들면서 추억에 심취하는 아네모이아 현상, 부정적 결과를 가져오는 적대적 공생과 긍정적 결과를 가져오는 코피티션, 횡단보도 잔여시간에 숨겨진 문화 향유 현상, 그리고 여가 소비가 경제에 미치는 영향에 대한 분석이 이어진다.

네 번째로는 사회 전반의 규범과 가치관이 우리에게 미치는 영향에 대해 논한다. 미신을 믿는 원시적인 심리가 현대 사회에서 영웅을 기다리는 심리로 탈바꿈하면서 전쟁과 갈등을 해소하는 현상, 권위를 무너뜨리는 카타르시스, 상식과 비상식의 경계에 있어서 뉴노멀이 갖는 의미, 그리고 기대수명의 증대와 함께 전문성에 대한 새로운 해석이 요구되는 트렌드에 대해 분석한다.

마지막으로 일반 대중의 경제적 소비 패턴의 변화에 대해 심도 깊게 추적한다. 단순하고 쉬운 것을 추구하는 심리가 가져오는 이지-코노미 현상, 소비자와 사물의 궁합마저도 고려하는 티키타카 소비 현상, 그리고 연예인과 팬이 나누는 프라이빗 메시지가 갖는 새로운 팬덤 소비 현상에 대해 분석한다.

사용법

문화 트렌드를 읽는 분들이 종종 던지는 질문이 있다. "이 트렌드가 우리에게 어떤 도움이 되나요? 부동산 투자나 주식 투자, 또는 마케팅에 딱히 도움이 되는 것도 아닌 것 같은데요?" 물론 그렇다. 이 책은 주가 상승이 유력한 몇 개 종목을 정해 주지도 않고, 부동산 투자 시점을 알려 주지도 않으며, 팬시한 새로운 유행어를 만들어 내지도 않는다. 그러나 폭넓은 문화적 영역에서 진행되고 있는 다양한 현상에 대해 깊은 통찰을 제공한다. 이러한 통찰은 여러분이 사회를 바라보는 사고의 격조를 높이고, 소비자를 이해하는 공감의 수준을 높이며, 인생에 대한 철학의 농도를 높일 것이다. 이 책에 참여한 공저자의 면모를 살펴보면 이들의 통찰이 여러분에게 전달할 지적 산출물의 가치에 대해 기대하지 않을 수 없을 것이다. 문화예술경영, 콘텐츠, 한류, 미술투자, 컨설팅, 연극, 디지털 등 각 분야의 전문가가 문화 트렌드라는 하나의 주제로 빚어낸 2025 문화 트렌드를 독자 여러분께 소개한다.

2024년 가을
대표저자 신형덕

차례

서문   5

Part 1
2024년 문화 소비 트렌드 회고

아주 사적이면서 가장 대중적인

두 얼굴의 페르소나: 이코노-럭스 문화 소비자 – 박영은   15

익숙함에 익숙해진 사람들: 추억 보정과 문화 소비 – 박지현   19

게으른 다이어터들의 세상: 레이지어터 이코노미 – 박지현   24

아주 사적인 이야기: 피핑 톰 사회 – 박지현   29

콘텐츠 칵테일 시대

이종 간 융합의 진화: K-컬처 하이브리드 전략 – 박영은   34

거리에 나선 명품: 스트리트 문화 지속 가능성 – 신형덕   39

정체성의 표현 수단: 팝업스토어 전성시대 – 신형덕   43

본질에 앞서는 이미지

우리 자기가 세계로: 한류 스타 앰배서더의 활약 – 신형덕   46

유 퀴즈의 성공: 연반인을 꿈꾸는 세상 – 박영은   49

캐릭터의 힘: 창작 캐릭터 머천다이징 – 신형덕   53

살을 내주고 뼈를 취하는 거래: 극단적 콘텐츠 중심주의 – 김도현   57

지금과 다른 내일로

모두를 위한 변화: 문화 예술의 배리어 프리 – 박지현   62

나를 울리는 반려동물: 펫 휴머니제이션 – 신형덕   66

헬로 미스터 터미네이터: 갈림길에 선 생성형 인공지능 – 임정기   70

Part 2
2025년 문화 트렌드 전망

Chapter 1
너와 나의 연결고리, 그리고 소비

쉽게 더 쉽게, 이지-코노미(easy-conomy) – 박지현　　　　78

티키타카 소비를 통한 미니맥시즘 – 박영은　　　　95

스타와 팬의 팀플, 프라이빗 메시지 – 홍희경　　　　112

없는 추억도 만들어낸다: 겪어보지 않은 것에 대한 향수 – 정보람　　　139

Chapter 2
불확실 시대의 유연성

적대적 공생과 협쟁(coopetition) – 신형덕　　　　159

머피 베드 인생 – 박영은　　　　180

멀티 레이블의 명과 암 – 신형덕　　　　199

디지털 시대의 미술품 투자 – 조규훈　　　　218

Chapter 3
재미있거나 혹은 진지하거나

노는 게 제일 좋아, 펀플레이션(funflation) – 박지현　　　　239

숏폼 영상과 횡단보도 잔여 시간과의 함수 – 박영은　　　　257

다큐멘터리 연극: 현실이 무대 위로 올라가다 – 조만수　　　274

도파민 디톡스(dopamine detox) – 박지현　　　　292

Part 2
2025년 문화 트렌드 전망

Chapter 4
신한류 시대 그 이후

K-컬처의 한류 메라키와 디아스포라의 향연 – 박영은	311
같은 출발, 다른 결말: K-팝과 K-드라마의 세계화 – 김도현	330
전통문화, 오래된 미래 – 홍희경	352

Chapter 5
노멀과 뉴노멀

미신과 영웅 – 신형덕	375
탈권위 반전 매력 – 박지현	394
정상, 상식, 그리고 뉴노멀 – 신형덕	413

참고문헌	432
도판 출처	442

Part **1**

2024년
문화 소비 트렌드 회고

두 얼굴의 페르소나:
이코노-럭스 문화 소비자

〈2024 문화 소비 트렌드〉에서 주목한 2024년의 핵심적인 문화 소비 키워드는 '경제적 럭셔리', 즉 '이코노-럭스($^{Econo-}_{Lux}$)'다. '멀티플 N($^{multiple}_{N}$)의 시대(여러 개의 직업을 가진 N잡러, 다양한 콘텐츠를 볼 수 있는 N개의 디바이스, 따라가기 힘들 정도로 많아진 N개의 콘텐츠 등)'를 살아가는 현대인들에게, 소비란 단순한 소비가 아니다. 자기만의 고유한, 역동적인 기준과 가치관에 따라 경제적 혹은 합리적으로 생각하면서도 가장 큰 만족감 및 행복감을 주는 것에는 아끼지 않는 소비를 의미한다.

개인이 주인공이 되는 시대에는 '럭셔리(^{luxury})'의 의미도 달라진다. 특히 세대마다, 사람마다 이 고급스럽다는 단어가 다르게 받아들여지고 있다. 이에 따라 2024년의 문화 소비자는 소비에 대한 가치관마저 바뀌게 되었는데, 개인의 소비 행태에 대해 누구도 정상이다 비정상이다, 옳다 그르다, 주류다 비주류다, 같고 다르다를 논할 수 없게 되었다. 개인의 판단을 존중하면서, 사회 전반에 흐르는 다양성은 분명히 개인이 주인공이 되는 시대를 만들었다. 특히 영화 〈소공녀〉와 〈미시즈 해리스 파리에 가다〉에서 보여주듯이, 위스키 대신 생활의 터전이 되는 집을 포기한 소녀라든지, 어울릴 것 같지 않던 명품 드레스를 꿈꾸는 청소부라든지, 본인에게 더 중요한 가치를 따라 럭셔리 소비를 택하는 사람들. 여기에서 '럭셔리'란 단어는 우리가 흔히 아는 명사의 의미로는 더 이상 쓰이지 않는다.

이러한 '이코노-럭스' 트렌드 철학을 바탕으로 하여, 2024년은 조용한 트렌드, 즉 콰이어트 럭셔리(quiet luxury)' 등 다양한 형태의 럭셔리가 선보인 한 해가 되었다. 예를 들어, 많은 호텔들이 '콰이어트 럭셔리'를 내세우면서 호텔의 인테리어를 바꾸고 있는데, 번쩍이고 호사스럽지 않게, 과시하고 뽐내지 않으면서도 간결함의 아름다움을 보여주고 있다. 'Less is more'를 내세우고 있는 일본의 에디션 토라노몽 호텔이 좋은 예이다. 이 에디션 호텔은 메리엇 인터내셔널 중에서도 최상위 등급에 해당하는 호텔로, 부티크 호텔 개념을 처음 만든 '이안 슈레거'가 론칭한 브랜드이다. 도쿄에만 2개의 지점을 두고 있는데, 공용공간은 식물로 가득 채워 플랜테리어를 통해 생동감 넘치게 조성했으나, 객실은 쉼 자체에 집중하도록 깔끔과 모던함으

식물로 가득 채운 로비 vs 간결·미니멀한 객실

로 채웠다. 직관적으로도 느껴질 수 있도록 '콰이어트 럭셔리'를 보여준 케이스이다.

한편, '콰이어트 럭셔리'는 패션계에서도 떠오르는 트렌드가 되었다. 과시하는 것이 미덕인 시대가 지나고 나니, 출생의 비밀이 그다지 궁금하지 않게 되었다. 스타일이란 것이 너무 노력하지 않아도 흘러나오는 것처럼, 대놓고 드러내지 않아도, 호들갑을 떨면서 내보이지 않아도 나에게 만족스러움을 주는 것이면 그만인 것이 된 것이다. 브랜드의 로고, 패턴, 그해의 컬러가 아닌, 질 좋은 원단, 탄탄한 박음질, 훌륭하고도 완벽한 마감, 세월이 지나도 그대로인 클래식한 멋. 조용하지만, 강력하게 다가오는 그 무엇처럼 말이다.

이코노-럭스, 즉 경제적 럭셔리는 바로 이렇게 보기에 좋기만 한 옷이 아닌 것이다. 오히려 보기에만 좋은 옷은 '개봉 박두'가 되자마자 더 빨리 싫증이 나버리거나, 아니면 아끼려고 옷장 안에 깊숙이 넣어 놓았다가 영원히 잊혀질 수 있다. 떠들썩하게 드러내지 않아

제한된 합리성과 인간 본성의 한계

도, 내가 아는 소비의 가치가 떨어지지 않다는 것을 알고 있는 것. 인스타그램에 인증 샷을 올릴 필요가 없는 진정한 이코노-럭스 소비란 이런 것이다.

2024년을 휩쓴 이코노-럭스 트렌드. 그러나 잊지 말아야 할 것은 〈2024 문화 소비 트렌드〉에서 언급했던 것처럼 인간의 '제한된 합리성(bounded rationality)'이다. 경제학 세계에서는 '인간을 이성적이고 합리적인 존재'라 가정하면서 출발한다. 그러나 오늘날의 우리를 성찰할 때, 인간은 오히려 비합리적으로 행동하는 경향이 강하다. 이는 미국의 노벨경제학상 수상자이자 사회과학자인 허버트 사이몬에 의해 주장되었는데, 이 논리는 심리학, 행동경제학을 뛰어넘어 경영학 세계에도 큰 인사이트를 주고 있다. 세상의 기준이 아닌, 자기만의 기준과 '제한된 합리성'을 가지고 내가 원하는 편리함과 만족감을 사버리는 것이다. 이들을 사로잡기 위해, 이제 기업들은 단순한 틈새시장(니치 마켓)을 발견하는 게 아니라, 나노디그리(nano-degree), 마이크로디그리(micro-degree)로 쪼개진 마켓을 들여다봐야 한다. 소비자들이 원하는 아이템들의 다양성과 세분화는 커졌지만, 밀도 높은 무언가를 제공함으로써 이코노-럭스 시대를 사는 소비자들을 상대해야 한다.

익숙함에 익숙해진 사람들: 추억 보정과 문화 소비

우리는 〈문화 소비 트렌드 2024〉에서 새로운 것에 도전하기보다는 익숙한 콘텐츠를 선택하는 '추억 보정' 문화 소비 패턴에 대해 이야기했다. 매일 끝없이 쏟아져 나오는 콘텐츠 속에서 사람들은 익숙한 콘텐츠에 추억이 더해질 때 더 호의적으로 평가하는 모습을 보였다. 사회의 수없이 다양한 요소들이 얽히고설켜 한 시대의 문화를 만들어 내기 때문에 그중 하나만 건드려도 수많은 기억과 추억이 따라 올라온다. 사람들은 그 시절 음악을 들으며 그 시절을 함께 보냈던 누군가를 떠올리고, 그 시절 즐겨 먹었던 음식을 먹으며 그 시절의 꿈을 떠올린다. 36년 만에 돌아온 〈탑건: 매버릭〉은 4050세대를

영화 〈탑건〉 사운드트랙

영화관으로 이끌었고, 〈더 퍼스트 슬램덩크〉는 얼어붙은 영화 시장 속에서도 누적 관객 수 450만 명을 기록했다. 이러한 현상은 영화뿐만 아니라 패션, 드라마 등 다양한 분야에서도 관찰되었다.

그리고 이는 일시적인 유행이 아니라 불안한 사회 분위기, 미디어 채널의 증가, 영상 저장·편집 기술의 발전, 짧은 영상 시청 패턴, 알고리즘 추천, 인구 고령화 등 다양한 사회적·기술적 요인이 복합적으로 작용한 결과라는 점을 함께 확인할 수 있었다. 따라서 2024년에도 이러한 추억 보정에 기반한 문화 소비가 이어지며, 특히 콘텐츠 시장은 익숙함을 기반으로 시청자들의 상상력을 자극하고 새로움을 주기 위해 기존 스토리의 전 단계를 다루는 프리퀄 형식의 작품이 늘어날 것으로 예측했다.

대표적으로는 1971년부터 1989년까지 방영된 드라마 〈수사반장〉의 프리퀄인 MBC 〈수사반장 1958〉이 레트로 휴먼 수사극을 표방하며 시청자들의 흥미를 자극했다. 원작보다 앞 세대를 다루는 프리퀄 형식을 취한 시도는 그 시절 감성과 향수를 자극하면서도 신선함을 더하는 효과를 가져왔다. 앞으로 MBC는 원작과 프리퀄 작품을 기준으로 다양한 시기를 다룬 수사반장 시리즈를 시즌물로 이어 갈 계획이기도 하다. 디즈니의 대표작인 〈라이온 킹〉도 탄생 30주년을 맞아 심바의 아버지 무사파를 주인공으로 한 프리퀄 〈무사파: 라이온 킹〉을 제작했다. 누구나 한 번쯤 상상해 봤을 법한 무사파의 성장 과정을 스크린에 담아내 〈라이온 킹〉을 보며 자라온 세대들의 궁금증을 자극한다.

예능에서도 여전히 과거의 향수를 불러일으키는 콘텐츠가 눈에 띄었다. 대한민국 경제 발전의 상징이라고 할 수 있는 아파트를 배경으로 1980년대부터 2000년대까지 사회적으로 이슈가 되었던 사건을 추리하는 형식의 tvN 〈아파트404〉가 대표적이다. 유재석, 오나라 등 70년대생부터 제니, 이정하 등 90년대생까지 다양한 연령층의 출연진은 함께 실화를 바탕으로 한 문제를 해결해 나간다. 그 과정에서 역사적 사건을 기억하고 있는가 그렇지 않은가는 크게 문제되지 않는다. 이러한 점은 SNL의 90년대 재현 프로그램을 밈으로 즐기는 00년대생들의 모습에서도 확인할 수 있다. 자신이 태어나기도 전의 이야기는 그들에게 새로운 자극이고, 즐길 거리가 된다.

식품업계에서도 과거 고객들에게 사랑받았던 제품들의 재출시가 이어졌다. 기업 입장에서는 한 번 검증받았던 제품을 출시하는 것이기 때문에 부담이 적고, 소비자 입장에서는 추억과 맛을 한번에 누

힙한 디저트로 주목받은 개성주악_©한국관광공사 포토코리아

릴 수 있다는 장점을 가지고 있다. 실제로 기업 SNS에는 좋아하던 제품의 재출시를 적극적으로 요청하는 소비자가 늘어났다. 이에 커피전문점 이디야는 인기 메뉴였던 플랫치노 3종을 재출시해 출시 15일 만에 15만 잔을 판매하는 기록을 세웠고, 롯데웰푸드는 2024년 '레트로 껌 시리즈' 프로젝트를 진행해 소비자들에게 사랑을 받았던 추억 속의 껌을 재출시했다.

가수 비비의 노래 '밤양갱'이 인기를 끌면서 양갱류 판매가 급증한 것도 노래의 영향에 더해 개성주악, 약과와 같이 레트로 음식에 대한 관심이 높아진 것이 영향을 미쳤다는 분석이 함께 나왔다. 특히 양갱은 다양한 재료로 만들 수 있어 확장성이 높다는 점이 익숙함을 바탕으로 차별화가 필요한 최근의 트렌드에 적합했다는 평가이다.

한편, 〈문화 소비 트렌드 2024〉에서는 알고리즘을 통해서 익숙한 것을 반복적으로 시청하게 되는 현상에 대해 다루었다. 사람들은 자주 보는 것을 신뢰하는 인지적 편향성을 가지고 있는데, 이러한 특성 때문에 유튜브에서도 무의식적으로 봤던 영상을 반복해서 시청하는 현상이 두드러지고 있다. 2024년은 이러한 반복 시청이 가져오는 부작용에 대한 사회적 경계심이 높아진 해였다고 볼 수 있다. 한국 사회 및 성격 심리학회는 '2024년 한국 사회가 주목해야 할 사회심리 현상'으로 확증 편향을 선정하고 '추천 알고리즘'이 가져오는 사회적 문제에 대해 경고했다. 이러한 확증 편향 현상은 정치적 갈등이 심한 사회에서 더 두드러지게 나타날 수 있는데, 한쪽에 치우친 주장만 받아들이다 보면 가짜 뉴스에 대한 비판적 사고가 어려워지고 맹목적인 추종이 일어나게 된다. 유럽연합(EU)에서는 이처럼 알고리즘을 기반으로 한 확증 편향 현상이 특히 미성년자들에게 '중독'을 유발하고 정신 건강을 해칠 수 있음을 우려해 인스타그램 등 소셜미디어 플랫폼 서비스에 제동을 걸었다.

너무 많은 정보를 받아들이고 처리해야 하는 환경 속에서 익숙한 콘텐츠는 다른 것에 비해 쉽고 빠른 처리가 가능하다는 장점을 가지고 있다. 따라서 더 빠르게 변화해 나갈 AI시대에도 어쩌면 우리는 익숙한 것에 계속 의존하게 될 수 있다. 팬데믹을 겪으면서 마음의 위안이 될 만한 편안함을 찾았던 사람들. 하지만 이러한 현상의 결과가 편향성이 될 수도 있다는 경고는 다시 한번 생각해 봐야 할 문제인 듯하다.

게으른 다이어터들의 세상: 레이지어터 이코노미

2023년 식품업계의 키워드는 단연 제로 푸드 열풍이었다. 제로 콜라로 시작된 '제로 슈거, 제로 칼로리' 제품들은 음료를 넘어서 아이스크림, 과자까지도 확대되었다. 〈문화 소비 트렌드 2024〉에서는 이러한 현상을 많은 노력 없이도 편하게 몸매 관리를 하고 싶어하는 레이지어터(Lazieter, 게으른 lazy + 다이어터 dieter) 소비자들의 심리를 대변하는 현상으로 보고 이에 대해 살펴보았다.

코로나19 이후 많은 사람들이 일상으로 복귀하면서 상대적으로 외식의 기회는 늘어나고 운동할 시간은 줄어들었다. 하지만 팬데믹 기간 동안 증가하였던 건강한 몸에 대한 관심 덕분에 사람들은 적은 노력으로 다이어트를 할 수 있는 방법을 더욱 절실히 찾게 되었다.

당류 제로 음료 시장은 더욱 성장하여 이제는 음료 중 '제로' 라인을 갖추지 않은 것을 찾기 힘든 수준이다. 2023년 잠시 제로 음료 시장에 경고등이 켜지게 했던 인공 감미료 유해성 논란은 금세 잠잠해졌으나, 전문가들 사이에서 과도한 섭취에 대한 우려는 지속적으로 나오고 있다. 탄산음료로 시작된 '제로' 음료는 주류 시장에까지 영향을 미쳤다. 2021년 200억원에 불과했던 국내 무알코올 맥주 시장은 2024년 4월말 기준 약 600억원으로 가파르게 성장했다. 특히 무알코올에 더해 칼로리까지 제로인 맥주가 등장하여 레이지어터들의 관심을 끌었으며, 2024년 6월부터 무알코올 맥주가 일반 음식점에서 유통되기 시작하면서 '제로' 맥주 시장이 더욱 확대되고 있다. 주류 소비가 감소 추세인 유럽에서도 무알코올 와인 및 맥주 시장 규모는 지속적으로 성장할 것으로 예측된다.

미디어를 통해 보여지는 몸에 대한 기준은 사람들의 다이어트 심리를 더욱 자극한다. 맛있게 먹으면 그저 행복할 것 같던 MBC 예능 〈나 혼자 산다〉의 팜유즈 멤버들이 2024년 들어 다이어트에 돌입했다. 그들은 4개월 동안 총 41.3kg을 감량한 모습을 보였고, 시청자

혈당 다이어트 인기로 관심 받고 있는 연속혈당측정기(CGM)

들은 일종의 배신감을 느끼면서도 그들의 다이어트 비법에 큰 관심을 가졌다. 물론 꾸준한 운동과 식단 조절이라는 다이어트의 대전제는 변하지 않았다. 그럼에도 불구하고 사람들은 어딘가에 나만 모르는 쉬운 다이어트 방법이 있을 것이라고 기대하는 듯하다. 2024년 다이어트 방법으로 가장 인기를 끌었던 혈당 다이어트가 그 대표적인 예인데, 식후 혈당이 급등하지 않는 음식 위주로 섭취하여 인슐린 저항성을 낮추고 체중을 줄이는 방식이다. 이 방법이 알려지기 시작하면서 당뇨 환자들이 사용하는 것으로 알려졌던 연속혈당측정기(CGM)를 몸에 붙이고 24시간 혈당을 측정하며 앱을 통해 식후 혈당 변화를 확인하는 20~30대가 증가한 것이다. 오죽하면 'CGM 호황'이라는 표현까지 등장했을까 싶다.

이처럼 레이지어터 시장은 수동적인 다이어트를 원하는 사람들을 위해 보다 손쉽게 건강 관리를 도와줄 수 있는 제품들을 중심으로 빠르게 성장하고 있다. 그중 인공지능을 활용한 모바일 헬스케어 프로그램의 성장이 주목할 만하다. 카카오헬스케어는 앞서 언급한 혈당 다이어트와 관련하여 AI기반 혈당 관리 솔루션 개발 지원에 나섰고, 롯데헬스케어는 데일리 헬스케어 플랫폼을 기반으로 인공지능 기술을 활용한 체중 관리 서비스나 정신 건강, 복약 관리, 두피·피부 관리 등으로 서비스 테마를 확장해 가고 있다.

〈문화 소비 트렌드 2024〉에서는 지금의 당류 제로, 알코올 제로 열풍이 '동물성 제로'로도 이어질 것으로 예측했다. 100% 식물성 식품에 대한 관심은 여전히 초기 단계이기는 하나 대기업을 중심으로 식물성 식품 라인업이 확대되는 것을 확인할 수 있었다. SSG닷컴은 영국 대안육 브랜드 '린다 매카트니(LINDA MCARTNEY'S)'를 판매하기 시작했고, 신세계푸드의 '유아왓유잇($\text{You are What you Eat}$)'과 풀무원의 '풀무원지구식단'은 짜장면, 스파게티, 디저트까지 다양한 식물성 제품을 론칭했다. 단순히 제품을 판매하는데 그치는 것이 아니라 대안 식문화 캠페인을 통해서 소비자들에게 친환경적인 식문화의 의미와 활용 방법을 함께 전달하는 마케팅 전략이 눈에 띄었다. 삼일PwC경영연구원은 전 세계 대안식품 시장 규모가 2025년 178억6000만달러(24조7718억원)까지 성장할 것으로 전망했으며, 전 세계 단백질 시장에서 대체 단백질이 차지하는 비중이 2020년 기준 2% 수준에서 2035년 11%까지 확대될 것으로 전망했다.

언제 다이어트 열풍이 없던 적이 있나 싶지만 가장 소극적인 방법으로 건강한 삶을 추구하고자 하는 레이지어터들의 욕망은 '갓생(갓God과 인생 生의 합성어로 부지런하고 계획적인 삶을 사는 태

식물성 대체육으로 만들어진 햄버거_CC BY-4.0

도)'이 미덕이 된 팍팍한 경쟁 사회에서 더욱 커져 가는 듯하다. 날씬한 몸매를 유지하는 것이 제대로 된 자기 관리라는 사람들의 평가와 타인의 시선을 유난히 의식하는 문화가 더해져 외모 관리의 끈을 놓기 힘들다. 한정된 에너지 안에서 수많은 것을 해내야 하는 요즘 사람들의 고달픈 현실이 레이지어터 이코노미에 반영된 것이다. 결국 모든 면에서 완벽한 것을 요구하는 사회적 시선이 제로 음식과 다이어트 시장의 확대에 기여하고 있다고 볼 수 있다.

많은 의사와 학자들이 경고했듯이 제로 음식에 사용되는 여러 인공 감미료과 우후죽순 등장하는 다이어트 방법의 안정성은 아직 검증되지 않은 부분들이 많다. 〈문화 소비 트렌드 2024〉에서 언급했듯, 레이지어터 이코노미에서 중요한 점은 건강과 안전을 지키면서도 소비자 기대에 부응할 수 있는 균형 잡힌 접근 방법이다. 여전히 제로 칼로리 치킨의 등장은 요원해 보이지만 몸에 좋고 살도 안 찌며 맛도 있는 신의 음식이 나타나길 오늘도 기다려본다.

아주 사적인 이야기: 피핑 톰 사회

벨기에 초콜릿 브랜드 고디바(GODIVA)의 주인공으로, 많은 예술 작품에 영감을 준 11세기 영국의 영주의 부인 고다이바(Lady Godiva)에 얽힌 전설 속 이야기에서 유래한 피핑 톰(peeping tom)이라는 표현은 훔쳐보기, 엿보기, 관음증 등을 의미한다. 최근 미디어를 잠식한 '관찰 예능'은 예능이라는 면죄부를 달고 사람들의 사생활을 들여다보는 관음증적 시각을 가지고 있다. 〈문화 소비 트렌드 2024〉에서는 이러한 현상을 더 새롭고 자극적인 이야기를 찾는 콘텐츠 제작자들의 니즈와 가성비 높은 광고 채널을 원하는 기업들의 수요에 의해 확대되어 가는 쇼 비즈니스 시장의 영향으로 보았다. 유튜브에서도 인플루언서들

사람들의 호기심을 자극하는 엿보기

의 일상을 보여주는 브이로그가 넘쳐나고, TV 방송에서는 출연자들의 집 구석구석 카메라가 가득하다.

사실 이러한 관찰 예능은 최근에 새롭게 나타난 방송 프로그램 형식은 아니다. 출연자들이 생활하는 공간 곳곳에 카메라를 두고 시청자들이 관찰하는 듯한 시선을 제공한 프로그램의 시초는 1999년 네덜란드에서 방영된 리얼리티 서바이벌 프로그램 〈빅 브라더(Big Brother)〉라고 볼 수 있다. 당시 시청자들은 인터넷을 통해 24시간 그들을 관찰할 수 있었는데, 해당 프로그램은 전 세계적인 인기를 얻음과 동시에 선정성과 출연진들의 진정성이 문제가 되었다. 이러한 문제는 사실 지금의 관찰 예능에서도 그대로 드러나고 있다. 관찰 예능이 늘어나다 보니 여러 프로그램에 겹치기 출연하는 경우도 있고, 동거, 이혼, 부부싸움 등 다루는 내용들이 점점 자극적으로 변해 시청자들의 피로감이 증가했다.

〈문화 소비 트렌드 2024〉에서는 앞으로 이러한 관찰 예능이 극한의 자극적인 소재를 다룬 관찰 예능과 새로운 소재로 차별화한 프로그램으로 양극화될 것을 예상했다. 그러나 새로운 소재로 차별화된 프로그램보다는 더 자극적인 프로그램들이 늘어난 것은 쓸쓸

한 지점이다. 소위 '마라맛'을 표방하는 이러한 프로그램들은 쏟아지는 예능들 속에서 존재감을 드러내기 위한 극단적 선택으로 보인다. '가상 이혼'이라는 포맷의 MBN '한 번쯤 이혼할 결심'은 부부들이 변호사와 상담을 하고, 실제 이혼 절차와 동일한 과정을 밟으며 이혼을 체험해 본다는 설정의 프로그램이다. 해당 프로그램이 논란이 된 것은 어린 자녀들에게까지 이혼 이야기를 꺼내 아이들을 심리적으로 불안한 상태로 만들었다는 부분이다. 이는 아동 학대에 해당한다는 비판을 피할 수 없었다. 지난 5월 첫 방영한 SBS Plus '리얼연애실험실 독사과' 역시 요즘 시대상에 맞는 업그레이드 '실험 카메라'를 표방했지만, "내 연인은 유혹으로부터 자유로울까?"라는 자극적인 홍보 문구와 함께 실제 커플들에게 돌발 상황을 주고 반응을 지켜보는 전형적인 몰래카메라 형태를 벗어나지 못한 모습이었다. 이처럼 방송사들이 관찰 예능이라는 소재를 벗어날 수 없는 이유는 예능 프로그램 제작비의 지속적인 상승이 큰 요인으로 작용하고 있다. 기획, 제작, 섭외 등 어려움을 겪는 여타 예능 프로그램과 달리 관찰 예능은 자연스러운 상황을 촬영하는 것으로도 프로그램을 만들 수 있다는 점에서 가성비 프로그램으로 꼽힌다. 방송사에서는 경제적 측면의 장점을 무시할 수 없는 것이다.

셰어런팅(sharenting) 이슈에도 불구하고 자녀들의 일상을 보여주는 유튜브 영상이나 가족 예능은 지속되는 추세이며, 오히려 영상 속 아이들의 연령대가 더 낮아지고 있다. 영상 촬영 및 편집에 익숙한 부모들은 자녀의 성장하는 과정을 신생아 때부터 기록하고 공유한

아이들의 일상을 온라인에 공유하는 셰어런팅

다. 귀여운 아기들의 모습을 보면서 성장을 응원하는 랜선 이모, 삼촌들이 많아진다는 것은 장점이지만, 그와 동시에 범죄 노출 위험이 높아지는 것을 감수해야 한다. 국제 아동 권리 NGO 세이브더칠드런이 지난 2월 발표한 '디지털 환경에서의 아동 보호' 설문 조사에서는 아동 10명 중 9명이 디지털 환경에서 아동의 잊힐 권리를 법으로 보장하는 것에 찬성한 것으로 나타났다.

물론, 예능 분야에서 새로운 소재에 대한 시도가 전혀 없었던 것은 아니다. 프로야구 인기에 힘입어 '응원'을 소재로 한 예능 〈찐팬구역〉은 '야구팀'이 아니라 '야구팬'을 보여주는 예능이라는 점에서 차별화되었다. 야구 경기에 일희일비하는 팬들의 모습을 보여주며 각 야구팀의 응원 문화를 경험하고 타 구단 팬과 벌이는 신경전이 새로운 예능의 가능성을 보여줬다. 또한, 서바이벌 프로그램이라는 포맷은 익숙하지만 마술이라는 신선한 소재를 가져온 SBS 〈더 매직스타〉는 공개 직후 인기작 순위에 오르며 높은 화제성을 보여줬다. 그러나 이러한 시도들이 사적이고 자극적인 소재들에 비해 주목도

AI폰의 등장으로 사적인 영역은 더욱 위협받고 있다.

가 낮았던 점은 아쉬운 지점이다.

사생활을 지키려는 것은 생존을 위한 인간의 본능이며, 사람들은 타인의 시선에서 벗어나 아늑하고 편안하게 지낼 수 있는 공간이 필수적으로 필요하다. 그러나 미디어와 SNS가 확대되어 갈수록 이러한 공간은 줄어들고 있다. 핸드폰 사용이 일상화되고 언제 어디서든 촬영이 가능해지면서 누군가가 나의 사생활을 찍고 있을지 모른다는 두려움이 생긴 지 오래다. 그런데 2024년 1월 삼성 갤럭시 S24를 시작으로 본격적인 온디바이스 AI폰 시대가 도래하면서 이런 공포감이 심화되고 있다. 물론 통신사를 비롯한 인공지능 솔루션 기업들은 개인 정보 수집과 활용을 하지 않는다고 하지만, 친구와 나눈 사적인 통화가 AI에 의해 바로 요약되고 며칠 전 이동 동선이 정리되어 알람이 올 때면 이러한 공포감이 막연한 것이 아니구나 싶다. 앞으로 우리의 사적인 영역은 어떻게 지켜질 수 있을까? 지켜봐야 할 일이다.

이종 간 융합의 진화:
K-컬처 하이브리드 전략

문화체육관광부와 관계부처들이 함께 제창한 '신한류(K-컬처)'가 본격적으로 활약상을 보여주기 시작했다. 이에 〈2024 문화 소비 트렌드〉에서는 신한류의 지속 가능성을 위한 방법으로서 이종 간 하이브리드 융합 전략 트렌드를 예측했다. 드라마, 영화, 케이팝 같은 문화 콘텐츠에서 시작된 한류는 이제 그 범위의 한계를 스스로 무너뜨리고 다양한 산업으로 영향력을 뻗어나가고 있다. 이제 한류는 K를 붙일 수 있는 모든 상품과 서비스는 물론 모든 연관 산업에도 스며들어 경제적 효과 측정에 새로운 지표를 마련해 나가고 있다. 또한, 온오프가 결합된 방식이 보편화되면서, 좀 더 안정적인 하이브

리드 전략 카테고리들이 만들어지고 있다. 이를 보여주는 좋은 예로, 2024년 5월 22일부터 26일까지 5일 동안 천안 독립기념관에서 열린 K-컬처 엑스포 박람회가 있다. '글로벌 K-컬처, 세계를 물들이다'라는 주제하에 K-푸드 산업관과 K-뷰티 산업관, K-웹툰 산업관 등이 열렸고, 다양한 공연과 미니콘서트, K-풍류, 불꽃 & 드론 쇼, K-팝 월드 오디션 등이 선보였다. 특히 K-푸드 코트라 수출 상담은 한국 음식의 세계화를 위한 서포트 역할을 해줬고, K-헤리티지 한복 패션쇼는 우리의 한복을 세계에 알리는데 머물지 않고, 직접 한복을 입어보는 체험까지 가능하게 했다. 신한류 시대를 살고 있는 우리는, 한류와 연결된 모든 산업이 이종 간 하이브리드 융합 전략을 펼침으로써 한류의 지속 가능성과 확장 가능성을 넓히고 있다는 것을 직접 볼 수 있게 되었다.

특히 신한류의 하이브리드 전략은 글로벌 기업들에게도 많은 영감을 주었다. 다양한 변신을 보면서 벤치마킹이 가능하다는 점에서

매장 직원은 보이지 않고, QR코드가 부착된
액세서리와 의류 샘플만 진열되어 있는 아마존 스타일

그렇다. 온라인의 강자였던 아마존의 오프라인 진출이라든지, '아마
존 살롱(미용실)'과 '아마존 스타일(패션 매장)'이 좋은 예이다. 예상
치 못했던 아마존 온라인의 오프라인 비즈니스도 놀랍지만, 빅데이
터와 머신 러닝, 인공지능과 물류 네트워크 등 첨단 디지털 기술을
접목시킨 패션 매장 오픈은 디지털 하이브리드를 넘어 디지털 트랜
스포메이션의 세계를 보여줬다.

아마존 스타일 매장 안에서는 옷의 구매를 유도하는 직원을 찾
아보기 힘들다. 또한 일일이 발품팔아가며 선택한 옷들을 직접 손에
들고 다니지 않아도 된다. 옷걸이에 부착된 QR코드만 찍으면 끝이
다. 피팅 룸으로 내가 고른 옷들이 미리 도착해 있어 옷을 입어볼 수
있으며, 인공지능 알고리즘은 이 고객이 관심있어 할 만한 다른 옷
들도 함께 추천해 준다. 또한 실제로 본 제품들을 아마존 쇼핑 앱의
장바구니에 넣어 두고, 나중에 결정 후 주문해도 된다. 즉, 아마존
스타일은 옷이라는 제품을 단순히 사고 구경하는 오프라인 매장의

한계를 넘어섰다. 아마존은 고객들의 옷에 대한 경험과 정보를 디지털 기술과 결합시켰는데, 이는 아마존이 진정한 하이브리드 전략의 고수임을 보여준 좋은 사례이다.

고려시대 천년의 빛깔이라고 불린
'쪽빛' 무명천으로 감싼
프리츠한센의 '에그 체어'

이러한 하이브리드 전략은 양손잡이 DNA를 구축함으로써 가능하다. 경영 전략에서 제시된 '양손잡이$^{(ambidexterity)}$'란 기업이 오른손과 왼손 모두를 사용할 수 있도록 하는 것이다. 특히 전보다 더 빠르게 변화하는 사회에서 도태되지 않으려면 한 손으로는 새로운 기회를 찾아 새로운 시장을 개척해 나가고(경영 전략에서는 이를 '탐색'이라 함), 다른 한 손으로는 기존 자원을 효율적으로 사용할 수 있도록 해야 한다(경영 전략에서는 이를 '활용'이라 함). 그리고 이 둘 간의 균형을 맞추는 작업도 중요하다. 이러한 양손잡이 DNA를 가진 기업들은 야누스적인 하이브리드 전략을 실행할 가능성이 높다. 특히 문화 콘텐츠에서 더 확장되어 나가는 연계 산업 내의 기업들은 서로 다른 관점과 다양한 아이템으로 믹스 매치 전략을 펼쳐야 한다. 〈2024 문화 소비 트렌드〉에서 논의했던 바로 이 트렌드는, 이제 글로벌화와 현지화, 클래식과 모던, 온라인과 오프라인, 빅데이터와 스몰데이터, 대기업과 중소 및 스타트업, 엔터기업과 IT기업, 한국 기업과 외국 기업 간의 전방위적인 결합으로 결실을 맺었다. 1872년에 설립된 북유럽의 가구 명가 '프리츠한센'은 150주년 기념전을 위해 '코리아 프로젝트'를 진행했다. 한국 공예 장인인 무형문화재 4명과 현대 디자이너 3명이 함께 협업했는데, 프리츠한센의 유산에 한국의 미가 더해진, 매우 특별한 하이브리드였다.

하이브리드 전략을 위해서는 경쟁사와의 협업도 중요해지며, 정부와 민간 기업이, 민간 기업과 개인 혹은 사회가 함께 하는 프로젝트도 중요해진다. 2024년은 한류로 이어진 문화 콘텐츠들과 K-브랜드가 합작하여 신한류 공식을 만들어낸 중요한 한 해였다. 더 나아가 하이브리드에 계층을 만드는 작업도 현재 진행 중이다.

거리에 나선 명품:
스트리트 문화 지속 가능성

럭셔리 브랜드와 스트릿 브랜드의 혼종이 탄생하여 사람들의 인기를 끌었던 것에 주목했던 2024년의 트렌드는 여전히 진행 중이다. 작년 호에서 우리는 2017년에 160여 년의 전통을 가진 루이비통과 23년 차의 스트릿 브랜드인 슈프림이 협업하여 하이패션과 스트릿 패션의 경계를 없앴던 사건, 그리고 1917년에 설립된 스페인의 발렌시아가가 수석 디자이너로 스트릿 브랜드인 베트멍 출신인 뎀나 바잘리아를 영입하여 2017년에 어글리 슈즈의 효시 격인 트리플 S를 출시했던 사건에 주목하면서 아더에러와 자라, 니고와 루이비통, 오프화이트와 나이키 등 스트릿 브랜드와 기성 브랜드의 콜라

발렌시아가의 어글리 슈즈_CC0-PD

보가 더욱 보편화될 것이라고 예측했었다.

이러한 예측은 현실로 증명되었다. 펜디는 일본의 스트릿 패션계의 후지와라 히로시의 프라그먼트와 협업하여 2024년 1월에 포켓몬 컬렉션을 선보였고, 나이키와 슈프림도 4월에 다양한 스타일의 의류를 출시했다. 2월에는 미우미우와 뉴발란스가 협업한 스니커즈, 3월에는 루이비통과 팀버랜드가 협업한 부츠가 선을 보였다.

그런데 이러한 트렌드에 더하여 2025년의 스트릿 문화는 보다 근본적인 변화를 보여줄 것으로 예상된다. 바로 명품과 스트릿 아이템을 동시에 포함하는 플랫폼의 등장 때문이다. 대체로 편집숍은 다양한 브랜드를 다루는 점포를 의미하는데 브랜드의 정체성과 통일성을 유지하기 위해 유사한 위상을 가진 브랜드만을 다루기 마련이다. 예를 들어 청담 드메르나 프리미엄멀티숍은 하이엔드 브랜드만을 다루고, 홍대나 합정 지역에 위치한 많은 편집숍들은 중저가 브랜드를 주로 다루는 식이다. 이러한 전통적인 편집숍들은 오프라인에서 존재했고, 온라인에서는 중저가 브랜드를 다루었다. 그런데 럭셔리 제품을 온라인에서 유통하는 사업체들이 등장하면서 브랜드의 유형에 따르는 온라인과 오프라인의 경계가 없어졌고, 여기에 스트릿 브랜드의 럭셔리화 경향까

명품 소주 브랜드 사업가이기도 한 가수 박재범
_CC BY-3.0

지 더해지면서 명품과 스트릿 아이템을 동시에 포함하는 플랫폼이 등장하게 된 것이다. 예를 들어 W컨셉이나 무신사, 웍스아웃 등은 기본적으로 스트릿 브랜드를 다루지만 오프라인 플래그십 스토어로 확장하면서 이제 스니커즈 아이템를 비롯한 명품 브랜드도 담고 있다.

사실 스트릿 브랜드와 프리미엄 브랜드의 경계가 희미해지는 것에는 문화적 요소의 힘도 작용한다. 가수 박재범은 미국이나 일본의 전통적인 프리미엄 주류가 존재하는 것에 비해 한국의 소주가 고급화되지 않는 것에 안타까움을 가지고 국산 쌀로 만든 증류식 소주인 원소주를 제작했다고 한다. 이 술은 미국, 홍콩, 벨기에 등에 판매되었고, 추후 일본이나 프랑스에도 수출할 계획을 가지고 있다.

〈선업튀〉 주인공 변우석_CC BY-3.0

이처럼 스트릿 문화는 단독적으로 진행되는 것보다는 다른 문화적 트렌드와 병행하여 더욱 확장되는 양상을 띠는 것으로 보는 것이 더 나을 것이다. 예를 들어 지난 호의 문화 트렌드 예측에서 다루었던 한류 앰배서더의 약진이나 팝업스토어의 유행은 한국의 스트릿 브랜드가 세계로 도약하거나 글로벌 스트릿 브랜드가 한국 시장에 정착하는 발판이 되고 있다. 2024년 6월에 종영되었던 드라마 〈선재 업고 튀어〉가 우리나라와 아시아에서 큰 인기를 끌자 이 드라마에 출연했던 배우 변우석이나 김혜윤이 큰 관심을 받았을 뿐만 아니라 여기에 등장했던 여러 소품의 브랜드들도 굿즈로 판매되었고, 이는 또 하나의 스트릿 문화로 발전할 가능성을 보여주었다.

스트릿 문화가 특정 계층만을 위한 하위 문화의 속성을 띤 종전의 개념에서 벗어나 주류 문화로 진출하는 발판이 되는 경향은 더욱 선명해지고 있다. 2025년에 등장할 새로운 스트릿 문화를 기대해 본다.

정체성의 표현 수단:
팝업스토어 전성시대

    2024년에 우리나라를 강타했던 팝업스토어의 유행은 2025년에도 지속될 것으로 보인다. 필자는 예전에는 주로 과다한 재고를 정리하거나 또는 신제품의 테스트 마케팅을 위해 사용되었던 팝업스토어 판매 방식이 이제는 고객과 소통하는 주요 통로로 활용되는 현상에 주목했고, 그 대상도 소비자 제품만이 아니라 영화, 소설, 가수, 웹툰, 드라마 등 무한 확장한다는 것에 대해서도 소개한 바 있다.

    팝업스토어와 관련하여 최근에 부상한 새로운 트렌드 중 한 가지는 반복적 행사가 발견된다는 것이다. 예를 들어 가나 초콜릿 하우스는 2022년 4월, 2023년 2월, 그리고 2024년 3월에 열렸고, 툰

다양한 주제로 진행되는 팝업스토어

페스티벌 팝업스토어는 2022년 9월과 2023년 7월에 열렸다. 마치 흥행에 성공한 뮤지컬이 전국 순회 공연을 하거나 또는 여러 해에 걸쳐 정기적으로 공연을 하듯이 팝업스토어도 여러 장소에서 다년간 개최되는 것이다. 이는 '팝업'이라는 단어가 뜻하는 일회성 또는 즉시성이라는 의미와 상당히 다른 것으로써 기업이 팝업스토어를 정규적인 유통 방식으로 인정한다는 것을 보여준다.

문화적 유산을 의미하는 헤리티지와 결합된 팝업스토어의 진행도 눈에 띄었다. 설화수는 2024년 4월에 '인삼 헤리티지' 팝업스토어를 열어 스파를 경험하는 듯한 체험형 공간을 운영했고, 카메라를 제조하는 니콘은 2024년 6월에 니콘 헤리티지를 주제로 하는 '오래된 취미' 팝업스토어를 열었다. 니콘의 경우 2023년에도 헤리티지를 주제로 한 팝업스토어를 개최했던 다회차 사례이기도 하다. 지난호에서도 강조하였듯이 헤리티지와 팝업스토어의 결합은 소비자에게 특별한 경험을 제공하는 매우 효과적인 마케팅 수단으로 활용될 수 있다.

브랜드	일시	장소
가나초콜릿	2022년 4월	서울 성수동
	2023년 2월	부산 부산진구
	2024년 3월	서울 성수동
시몬스	2020년 4월	서울 성수동
	2022년 2월	서울 청담동
네이버웹툰	2022년 7월	서울 스타필드
	2023년 9월	서울 더현대서울

다회차 팝업스토어 사례

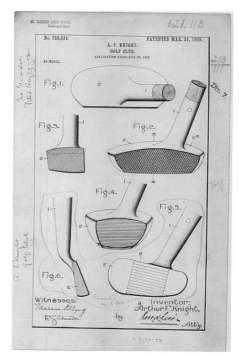

팝업스토어의 중요한 소재가 되고 있는 헤리티지

우리 자기가 세계로:
한류 스타 앰배서더의 활약

2023년 문화 트렌드의 하나로서 소개했던 한류 앰배서더의 열풍은 이제 일시적인 현상으로 여겨지지 않고 있다. 2024년 상반기에도 많은 명품 브랜드에서 한류 스타를 선정했는데, 지지 하디드나 케이트 모스를 모델로 기용했던 셀프 포트레이트에서는 블랙핑크의 지수를, 베르사체에서는 에스파의 닝닝을, 셀린느에서는 뉴진스의 다니엘을, 루이비통에서는 스트레이키즈의 필릭스를, 그리고 불가리에서는 세븐틴의 민규를 앰배서더로 발탁했다. 〈선재 업고 튀어〉에서 일약 스타가 된 변우석도 프라다에서 향후 앰배서더로 활동할 것이 예상된다.

한류 스타가 글로벌 명품 브랜드의 얼굴로 활약하게 된 이유로 지난 호에서는 한류를 사랑하는 전 세계의 젊은 세대에서 명품 소비가 증가한 것, 한국의 명품 시장이 확장된 것, 그리고 한류 스타들이 적극적이고 자발적으로 SNS 활동을 하는 것 등을 설명했다. 이러한 추세는 앞으로도 지속될 뿐만 아니라 더욱 강화될 것으로 보이는데, 여기에 추가적으로 고려

다수의 명품 브랜드 앰배서더인
블랙핑크 지수_CC AS-4.0

할 요인은 한류 콘텐츠에 대한 전 세계 팬의 즉각적 반응이다. 짧지 않은 무명 시절을 겪은 배우 변우석이 〈선재 업고 튀어〉에서 2024년 4월과 5월 단 2개월 동안 얻은 인기는 전 세계적으로 놀랄만한 관심을 끌었고 밀라노에서 열린 프라다의 2025년 봄, 여름 남성복 컬렉션에 곧바로 참여했던 것은 그만큼 한국 연예인에 대한 세계적인 관심이 집중되고 있어서 한국에서 진행되는 사건이 바로 전 세계의 주목을 끌고 있다는 것이다. 예전에는 한국에서 크게 인기를 끌었던 가수나 배우가 외국의 플랫폼에 등장하여 외국인의 평가를 받았었는데, 이제는 한류에 대한 관심의 결과 국내 플랫폼에 등장하는 것만으로도 전 세계인들에게 자동적으로 노출되는 시대가 된 것이다.

한국, 중국, 일본인으로 구성된 입생로랑 앰배서더인 에스파_CC BY-3.0

　이제 한류 스타가 앰배서더로 기용되는 현상은 한류의 도약에 있어서 새로운 동력으로 작용할 것으로 보인다. 즉 한류 유행의 결과를 넘어서 한류 진화의 또 하나의 요인으로 작동할 수 있다는 것이다. 이들이 보여주는 노래와 연기, 패션, 그리고 라이프스타일은 예전에 현재의 기성세대가 흠모하던 할리우드 스타나 정상급 가수만큼이나 현재의 세계의 청소년들에게 한국의 문화를 스며들게 하는 영향을 미치고 있다. 특히 이들 한류 스타에는 에스파의 닝닝 등 한국인이 아닌 외국인들도 포함되어 있어서 국적이나 인종적인 포용성을 갖추고 있다. 한국인에 국한되지 않은 한류 스타 엠배서더가 이끄는 새로운 한류는 2025년에 우리를 어떤 세계로 이끌지 흥미롭다.

유 퀴즈의 성공:
연반인을 꿈꾸는 세상

처음 자신을 '연반인(연예인 반, 일반인 반을 의미하는 신조어)' 이라고 소개한 방송인 재재는 한동안 화제의 인물로 떠올랐었다. 재재는 SBS의 유튜브 채널인 〈문명특급〉의 진행자로, 다양한 연예인 게스트들을 사로잡는 입담과 배려로 인기를 끌었다. 재재뿐만 아니라, 갑자기 유튜브에서 많은 구독자를 가진 유튜버나 블로거들이 영향력 있는 인플루언서로 소개되면서 다양한 방송에 나타나기 시작했다. 물론 과거부터 일반인이 스타가 된 사례는 있었지만, 지금처럼 다양한 채널과 셀 수 없이 범람하는 콘텐츠 속에서 많은 연반인들이 나타난 적은 없었다.

구독자 202만명을 보유한 유튜버 및 방송인 곽튜브(곽준빈)

   암암리에 존재하던 이들이 더욱 눈에 띄게 된 것은 유재석과 조세호가 진행하는 tvN의 예능 프로그램 〈유퀴즈 온 더 블록〉의 성공 때문이다. 2018년 8월부터 시작된 이 프로그램은 2024년 6월 기준 250회를 맞이했다. 코로나19 팬데믹 이전에는 여러 지역의 길거리를 돌아다니면서 만나는 우리의 이웃들이 이 토크쇼의 주인공이 되었고, 방송이 끝난 뒤 그들은 단연 화제의 인물로 떠올랐다. '자기님'이라 불리운 그들은 허심탄회하게 삶을 얘기하면서 많은 국민의 공감대를 형성시켰다. 유퀴즈가 쏘아 올린 공은 이제 다양한 곳으로 흩어져 콘텐츠를 직접 만들거나, 다양한 프로그램에 출연하면서 명맥을 이어 나가고 있다. 처음에 거부감을 가졌던 대중들도 연예인보다 쌍방향 소통이 가능한 일반인들을 보면서 지지자가 되어가고 있다. 유튜브를 통해 직접 콘텐츠를 만들어 나가고, 일반인이 출연하는 다양한 리얼리티 프로그램 혹은 오디션 프로그램에 출연하여 얼굴을 알린다. 혹은 예능 프로그램과 드라마 혹은 CF 모델로도 출연하면서 종횡무진 다양한 활동을 펼치고 있다. 1세대 크리에이터로 인정받아 온 대도서관은 tvN 〈왕이 된 남자〉의 카메오로 출연했으며, tvN의 〈어쩌다 어른〉, MBC TV 〈복면가왕〉, KBS2TV의 〈개그콘서트〉 등 예능까지 섭렵했다. 덱스나 곽튜브, 빠니

배우 출신의 방송인 최화정이
2024년 시작한 유튜브 채널

보틀 등 버라이어티 예능에 최적화된 유튜버들로 검증받은 이들은 2024년 지상파 방송에서 인기를 이어 나가고 있다. 〈2024 문화 소비 트렌드〉에서 언급했던 연반인들의 급부상 트렌드는 지금도 이어지고 있다.

한편, 연반인의 시작, 재재가 운영했던 '1인 토크쇼' 같은 형식은 현재 입담 좋은 다양한 연예인들의 유튜브 채널 운영으로 인해 사실상 레드오션이 되어가고 있다. 34년간 라디오 DJ로 활동한 배우 출신 방송인 최화정은 SBS파워FM이 개국한 1996년부터 시작된 라디오 프로그램 '파워타임'을 2024년 6월 2일까지 진행했다. 27년간 동 시간대 청취율 1위를 이끈 최화정은 63세에 유튜버로 나서 도전 한 달 만에 구독자 수 43만 명을 달성했다. 최화정뿐만 아니라 톱스타 배우 고현정과 이제훈, 신동엽과 장성규, 가수 성시경, 홍진경, 기태영과 유진 부부, 그 밖의 많은 스타 연예인들이 유튜브 채널을 앞다퉈 개설하고 있다. 콘텐츠에 나오기 위해 불러 주기만을 기다렸

던 연예인들 이제 스스로 콘텐츠를 만들어 또다른 주연이 되어가고 있다. 〈2024 문화 소비 트렌드〉에서 언급했던 '만들거나 나오거나' 트렌드는 2024년 들어 더욱 과감해지고 있다.

'만들거나 나오거나'를 통해 알려진 이들은 연반인이건, 연예인이건 간에 〈설득의 심리학〉에서 말하는 법칙에 따른 결과다. 로버트 치알디니의 저서 〈설득의 심리학〉에 소개된 이론 중 '호감의 법칙'과 '사회적 증거의 법칙'은 이들의 성공과 영향력을 잘 설명해 준다. 보통의 사람들보다 뛰어난 외모와 특출난 연기력으로 호감을 얻은 사람들은 쉽게 다른 사람들을 설득하는 마법을 보여 왔다. 그러나 이제 사람들은 스타의 유명세보다는 일반인들의 믿을 수 있는 후기를 더 중요하게 여긴다. 또한 대중은 나와 멀리 있다고 느껴지는 인기 연예인의 삶보다는 비슷한 상황에 놓여 있는 주변 일반인들의 삶에 더 관심을 보이고 있다. 브라운관에서 자주 보이는, 식상해진 연예인보다는 많은 구독자를 가진 유튜버들이 TV에서 더 신선하게 여겨지는 이유다. 공동체를 벗어나 혼자 살아갈 수 없는 사회적 동물이기에 인간에게는 소통이 중요하고, 이것이 가능한 플랫폼에서 활동한 이들이 사랑받을 수 있다는 것을 심리학 이론이 방증해 주었다.

이제 우리는 셀프 브랜딩과 셀프 마케팅을 통해 나 자신을 드러내어야 한다. 인간 연반인과 가상 인간 인플루언서까지 합세한 지금, 2024년은 연반인을 꿈꾸는 시장의 대폭발로 기록된 해가 되었다.

캐릭터의 힘:
창작 캐릭터 머천다이징

현대백화점의 '흰디', 신세계백화점의 '푸빌라', 롯데홈쇼핑의 '벨리곰'을 비롯한 다양한 동물 창작 캐릭터에 대한 관심은 2025년에도 이어질 것으로 보인다. 스누피나 우드스톡 등 기존의 유명한 캐릭터를 로열티를 지불하며 사용하는 대신 새로운 캐릭터를 창작하여 지적재산권을 창출하는 전략은 특히 한류의 약진과 더불어 국내 기업의 중요한 전략으로 자리잡았다. GS25가 2024년에 선보인 티베트 여우 캐릭터 '무무씨'를 팝업 스토어에서 소개한 것도 이러한 트렌드를 잘 보여준다.

잘 만들어진 창작 캐릭터는 높은 성과를 창출할 수 있다. 벨리곰

더현대서울에 전시된 현대백화점 캐릭터 '흰디'

의 SNS 팔로워는 160만명, 2018년 이래 3년간 매출액은 200억원에 달한다. 국내 캐릭터 시장이 20조원에 달하는 상황에서 고유한 캐릭터를 개발하여 충성 고객을 창출하는 것은 효과적인 전략이 아닐 수 없다. 이미 더핑크퐁컴퍼니가 개발하여 전세계 유튜브 최다 조회 영상으로 등극한 핑크퐁 아기상어의 성공을 우리는 경험한 바 있다.

동물 캐릭터가 인기를 끌 수 있는 이유는 반려동물의 감성을 가질 수 있기 때문이기도 하다. 2024년 4월에 중국으로 돌아간 푸바오는 다양한 캐릭터를 만들어 내었는데, 푸바오를 주제로 한 팝업스토어는 2주간 10억원의 수익을 올렸다. 푸바오 IP를 보유하고 있는 에버랜드는 판다월드에서 400여 종류의 판다 굿즈를 판매하여 270만 개를 판매하였으며, 푸바오 이모티콘은 출시 직후 모든 연령대에서 인기 순위 1위를 기록하기도 했다. 국민 여동생으로 사랑을 받았던 푸바오의 일거수일투족은 우리나라 사람들에게 애틋한 감정을 불러일으켰고, 이것은 콜라보를 통해 이 캐릭터를 활용했던 KB국민카드와 모나미의 '푸바오 153 볼펜세트'에 대한 관심으로 확장되었다.

많은 스토리를 준 푸바오_CC SA-4.0

또한 창작 캐릭터는 세계관을 자유롭게 창작할 수 있다는 점에서 기존 캐릭터보다 높은 활용도를 가질 수 있다. 이미 2023년에 서울 성수동에서 팝업스토어를 열어 큰 성공을 거두었던 롯데칠성음료의 창작 캐릭터 '새로구미'는 2024년 2월에는 대전에서 새로운 팝업스토어 행사를 열면서 '대전 새로댁 신년잔치'라는 컨셉을 사용했다. 이 행사는 대전 엑스포의 마스코트 꿈돌이가 소주 새로의 구미호 캐릭터인 새로구미를 초대하여 대전에서 신년잔치를 한다는 컨셉으로 진행되었다.

2023년 11월에 한국콘텐츠진흥원이 발간한 2023 캐릭터 이용자 실태 조사는 전체의 65%가 넘는 소비자가 상품을 구입할 때 캐릭터의 영향을 받는다고 하였다. 이 비율은 2020년 57%, 2021년 62%, 2022년 64%로 매년 증가하고 있다. 그리고 단독 캐릭터보다는 캐릭터 사이의 관계가 강조되는 프렌즈형 캐릭터가 더 선호된다는 의견이 제시되었다. 캐릭터들끼리 스토리를 만드는 것이 더 친근

외국에서도 인기가 높은 카카오프렌즈 캐릭터_CC SA-4.0

하게 느껴진다는 것이다. 예를 들어 카카오프렌즈의 캐릭터인 '춘식이'는 길거리 출신 고양이인데 라이언의 반려묘로서 2030 여성층에서 가장 인기가 많았다. 2020년 7월에 등장했다가 2023년에 컴백을 하고, 2024년 5월에 진행된 서울페스타에서는 라이언과 함께 포토존을 운영하며 많은 사랑을 받았다.

2025년에도 동물 창작 캐릭터의 약진은 계속될 것으로 보인다. 인스타툰 등 소비자와 친근하게 소통할 수 있는 수단이 개발되어 있는 지금 소비자의 마음을 사로잡을 수 있는 동물 캐릭터 하나가 기업에게 큰 성공을 가져올 수 있다.

살을 내주고 뼈를 취하는 거래:
극단적 콘텐츠 중심주의

지난 〈2024 문화 소비 트렌드〉에서는 카카오의 SM엔터테인먼트 인수 배경과 행태를 분석하면서 극단적 콘텐츠 중심주의를 주제로 다루었다. 결과적으로 콘텐츠 기업과 플랫폼 기업간의 헤게모니가 콘텐츠 중요성이 지속적으로 강화되면서 점차 콘텐츠 기업으로 넘어오고 있다는 내용이었다. 당시 카카오는 SM엔터테인먼트의 경영권을 둘러싸고 경쟁을 벌이던 하이브에게 '플랫폼 협업'이라고 하는 비장의 카드를 내놓는다. SM엔터테인먼트의 아티스트들을 자신들의 팬덤 플랫폼인 '버블'에 입점시키는 것이 아니라 정확히 경쟁 플랫폼이라고 할 수 있는 하이브의 '위버스'에 입점시키는 반대 급

하이브의 팬덤 플랫폼 위버스

부를 제시하면서 대신 SM엔터테인먼트의 경영권, 즉 아티스트의 IP 를 확보하겠다는 의도였다. 실제로 2023년 하반기 SM엔터테인먼트 를 대표하는 강타, 보아, 동방신기, 소녀시대에서 에스파, 라이즈까 지 세대를 초월한 SM 출신 K-팝 아이돌 13개 팀이 위버스에 입점 을 하게 된다.

아쉽게도 카카오가 실질적으로 SM엔터테인먼트의 경영권을 인 수한 지 1년 이상의 시간이 흘렀지만 관련된 법적 논쟁은 아직도 진 행 중이다. 당시 해당 거래에서 백기사로 잠시 등장했던 하이브는 결과적으로 SM엔터테인먼트의 인수에는 실패했지만 카카오의 '플 랫폼 협업'을 등에 업고 자신이 론칭시킨 위버스를 세계 최고의 팬 덤 플랫폼으로 등극시키는데 성공했다. 이제는 전 세계의 유명 아티 스트들이 위버스에 앞다투어 입점하고 있으며, 다시 이들 아티스트 들과 소통하기 위해 전 세계의 팬덤들이 위버스를 찾고 있다. 위버 스는 론칭 3년만에 월간 활성 이용자(MAU) 1000만 명과 앱 다운 로드 1억 건을 넘어가면서 가파른 성장세를 보이고 있다. 가입자의

90%는 해외 유저로 245개국/지역에 분포해 있으며, 유저들은 사흘에 한 번꼴로 방문하는 명실상부한 세계 최고의 팬덤 플랫폼의 지위를 공고히 하고 있다. 다른 관점에서 살펴보면 이는 SM엔터테인먼트의 아티스트 IP를 확보하기 위하여 카카오가 취한 전략이 오히려 위버스에게는 성장에 큰 도움을 준 반사 이익이 되었다고 볼 수 있다.

잠시 화제를 바꾸어 보자. K-팝의 IP의 근간은 아티스트라고 할 수 있다. 아티스트를 발굴, 육성하고 음악과 음반을 프로듀싱하며 나아가 이들을 효율적으로 고객에게 노출시키는 특수한 노하우는 단순히 이론으로 배워지는 것이 아니다. 현재 국내 4대 대형 기획사들이 과거 대중 음악 산업에서 직접 활동한 창업자들에 의해 설립되었다는 사실이 이를 반증한다. 그리고 다시 이러한 사실이 이 기획사들의 가장 큰 장점으로 작용하고 있으며, 이들을 중심으로 하는 K-팝의 인기는 한동안 지속될 것으로 예상된다. 전문가들 역시 "한동안 K-팝의 인기는 지속될 것으로 예상되며, 이 시장은 콘텐츠 중심주의로 완전히 변모할 것"이라고 밝히고 있다. 실제로 K-팝을 대표하는 4대 대형 기획사들은 코로나19의 악영향을 가볍게 극복했으며 오히려 더 폭발적으로 성장하고 있다.

2024년 3월부터 5월까지 저자는 케이스톤파트너스라고 하는 고객사의 요청으로 K-팝과 관련된 기업의 M&A 프로젝트 실사($^{Due}_{Diligence}$)를 진행하였다. 대상 회사는 K-팝 아티스트 관련하여 응원봉과 MD 제품을 만드는 코팬글로벌이라는 기업으로 최근 해당 거래가 성사

되어 기사화되었다.

당시 고객사 담당자의 첫 번째 궁금증은 K-팝이 지속될 것인지에 대한 의문이었다. BTS 멤버들의 군 입대, 블랙핑크의 개별 활동 등에 근거하여 K-팝의 위축을 걱정했던 담당자도 프로젝트가 종료될 시점에서 K-팝의 미래 성장성에 확신을 가지게 되었으며, 실제 숫자로 충분히 증명이 가능했다.

2023년 4대 기획사의 매출의 합은 4.3조원으로 2022년 3.4조원에서 30% 가까운 성장을 기록했다. 기업의 매출이 30% 증가한다는 의미는 동일한 성장을 가정한다면 불과 3년만에 매출이 2배가 된다는 의미이다. 실제로 코로나19가 가장 극성을 부렸던 2020년 대비 2023년 매출은 2.4배가 되었으며, 이러한 성장 추세는 2025년에도 지속될 것으로 기대된다.

마지막으로 다음은 작년 〈2024 문화 소비 트렌드〉의 내용 일부이다. "한편 티빙을 보유한 CJ와 웨이브를 보유한 SKT 간에는 현재처럼 개별적으로 플랫폼을 운영하면 공도동망할 것이라는 공감대가 형성되어 있을 것이며, 빅딜이 있어야 생존할 수 있다는 사실 역시 잘 알고 있을 것이다. 그 주도권을 누가 확보하고 어떤 방식으로 두 회사가 공동으로 참여할지는 많은 논의가 필요하겠지만, 대승적인 차원에서 두 플랫폼이 통합되는 것은 필연적으로 보인다." 실제로 2023년 10월 20일 저서가 발간되고 불과 한 달 후인 2023년 11월 29일 티빙과 웨이브의 합병 추진 소식이 전해졌다.

물론 국내 OTT 시장에 대하여 많은 관심과 걱정을 하는 이들은

CJ계열의 OTT 플랫폼 티빙

꽤 오래 전부터 이 두 경쟁사 간의 합병을 추측 및 기대하고 있었다. 아마도 더 이상 버티기 힘들다고 판단한 2개의 경쟁 기업이 생존의 마지노선 직전에서 내린 결론으로 생각된다. 이 사안과 관련된 내용을 올해 〈문화 트렌드 2025〉에서 다루고 있다. 많은 이들이 많은 기대를 했던 사안인 만큼 그들의 기대에 부응할 수 있는 결과가 나타나길 기대한다.

모두를 위한 변화:
문화 예술의 배리어 프리

2024년 장애인의 날은 K-팝 시장에 의미 있는 변화가 일어난 날이다. 청각 장애인으로 구성된 3인조 아이돌 그룹 '빅오션'($^{Big}_{Ocean}$)이 첫 싱글 '빛'을 내놓으며 데뷔한 날이기 때문이다. 사실 빅오션의 무대를 사전 정보 없이 보면 여느 아이돌 그룹과 다른 점을 찾기 어렵다. 무대 중간 등장하는 수화도 안무의 일부분으로 보일 뿐이다. 인공지능 기술과 인공 와우, 스마트 워치 등 다양한 기술이 활용되었지만 자연스러운 무대를 위해 엄청난 노력이 있었음을 짐작할 수 있다. 이들의 데뷔는 세계보건기구$^{(WHO)}$의 테드로스 아드하놈 게브레예수스 사무총장이 "장애의 낙인과 장벽을 깬 것에 경의를 표하고 데뷔를 축하한다"고 공식 소셜미디어 계정에 올리는 등 세계적 관심을 받고 있다.

영화 〈코다〉의 주연 배우
트로이 코처(Troy Kotsur)

장애를 가진 사람들이 도움을 받아야 하는 대상자가 아니라 그들이 주체가 되는 당사자가 되어야 한다는 장애인 당사자성을 확대했다는 점에서 더욱 의미가 있다. 〈문화 소비 트렌드 2024〉에서는 과거 비장애인이 장애인을 연기하던 방식에서 점차 장애인이 장애를 연기하는 방식으로 변화하는 현상에 대해 이야기했다. 드라마 〈우리들의 블루스〉에서 연기한 발달 장애와 청각 장애를 가진 인물을 실제 해당 장애를 가진 배우들이 연기했고, 아카데미상을 수상한 작품 〈코다^(CODA)〉에서는 청각 장애 배우들이 출연하였다.

장애를 다루는 주제의 다양화 역시 눈에 띄는 변화이다. 2023년 하반기에 방영된 tvN 드라마 〈반짝이는 워터멜론〉은 청각 장애인 부모의 청인 자녀를 주인공으로 한 타임슬립물이었으며, ENA 드라마 〈사랑한다고 말해줘〉는 청각 장애 아티스트를 주인공으로 한 정통 멜로드라마로 두 작품 모두 장애를 다루는 정형화된 방식을 벗어난다. 2024년 상반기 모두예술극장에서 공연된 연극 〈젤리피쉬〉는 장애인 배우가 주인공을 맡아 장애인 캐릭터를 연기한 작품이지만, 부모의 보호를 떠나 자립하려는 자녀의 보편적 성장 서사를 다룬다.

누구나 즐길 수 있는 '무장애 나눔길' 테마 지도

장애의 특수성보다 그들의 보편적 삶에 더 초점을 맞춘 작품들이 늘어나고 있는 것이다. 결국 장애를 이해한다는 것은 그들을 '있는 그대로' 받아들이는데 있으며, 장벽을 없앤다는 의미의 배리어 프리(barrier-free) 역시 특정인을 위한 것이 아니라 모두를 위한 변화라는 데 핵심이 있다.

이러한 배리어 프리 개념은 비단 휠체어석을 설치한다든지, 점자 안내판을 만드는 것만으로 실현되지는 않는다. 필요한 사람들이 적절한 정보를 쉽고 빠르게 얻고 활용할 수 있는 인프라 구축에서부터 시작된다. 국내 IT 기업 중 처음으로 디지털 접근성 책임자(DAO)를 선임한 카카오는 지난 5월 모바일 카카오맵에 장애인, 임산부, 노약자 등 보행 약자가 안전하게 숲을 이용할 수 있는 숲길인 '무장애 나눔길' 정보를 추가하였다. 한국산림복지진흥원이 지정한 무장애 나눔길은 유모차에 타고 있는 어린아이에서부터 다리가 불편한 시니어들까지 누구든 즐길 수 있다.

문화예술 분야의 배리어 프리 역시 느리지만 한 걸음씩 나아가고 있는 모습이다. 국민통합위원회는 2024년 3월 '모두 함께 누리는 문화·예술'이라는 제목으로 배리어 프리 문화·예술 환경 조성을 제안했다. 물론 제안 수준이지만 '무장애 문화·예술 환경 조성', 고령자의 문화·예술 참여 확대를 위한 찾아가는 공연 프로그램 확대 및 참여형 프로그램 도입, 그리고 OTT 서비스 향유 환경 조성을 위한 산·학 연계 현장실습 확대 등이 포함되었다. 문화 현장에서도 장르를 불문하고 '무장애 공연'을 위한 여러 시도들이 이어지고 있다. 지난 6월 국립극장은 연극 '멕베스'를 무대 위에 올리며 수어와 판소리를 접목한 방식을 사용했고, 두산아트센터에서 공연된 연극 '인정투쟁: 예술가 편'에서는 중증 장애를 가진 배우들이 개방된 무대에서 공연하며 관객 가까이 더 다가가는 모습을 선보였다. 불과 2~3년 전만 하더라도 농인을 소재로 한 공연에서 정작 농인들이 관람할 수 있는 인프라를 전혀 구축하지 않아 논란이 되었던 것을 생각하면 많은 변화가 일어나고 있음을 실감한다.

　2024년은 배리어 프리에 대한 사회적 논의가 매우 활발해진 시기였다. 포털 사이트에 '무장애'라고 검색만 해보아도 '무장애 콘텐츠', '무장애 관광', '무장애 도시' 등 매일매일 새로운 기사가 쏟아져 나오고 있다. 이런 논의가 많다는 것은 우리 사회가 배리어 프리로 가기 위해 해야 할 일이 아직 많다는 반증일 것이다. 더 이상 '무장애'가 특별한 기사가 되지 않을 때까지 각자의 자리에서 많은 노력이 필요할 것으로 보인다.

나를 울리는 반려동물: 펫 휴머니제이션

　동물 보호에 대한 법적인 이슈와 반려동물에 대한 정서적 이슈는 2024년에도 지속적으로 관심의 대상이 되고 있다. 특히 2024년 1월에 '개 식용 종식 특별법'이 국회를 통과하자 외국의 주요 언론들은 30년 넘게 국내외에서 논란을 벌여온 이 이슈에 대해 자세히 다룰 정도였다. 반려동물을 친구로 여기는 서구의 시각과 전통적인 식문화에 대해 외국의 간섭을 반대해 온 국내 여론의 충돌은 오랜 역사를 가진 논쟁거리였다. 1988년 서울 올림픽을 계기로 개 식용에 대한 외국의 부정적인 시각을 피하고자 서울시에서 보신탕을 임시적으로 금지했고, 1991년에는 동물보호법이 제정되었으나 여전히

SONY

소니의 반려견 아이보_CC0 1.0

전통 식문화에 대한 예외 조항은 존재했다. 그 이후 여러 차례의 입법 시도가 있었으나 결국 결정적인 계기는 반려동물에 대한 인식의 변화였다. 2023년 개 식용에 대한 국민 인식 조사에서 93.4%가 개고기를 먹을 의향이 없다고 밝혔다.

기술의 발전과 함께 반려동물의 역할을 로봇이 대신하는 현상도 일반화되고 있다. 지난 호에서 소개했던 '아이보'나 '효돌'과 같은 로봇은 과거 인형들이 하던 개별적 친구 역할 단계를 넘어서고 있다. 이제는 약 복용을 돕거나 가족과의 전화 연결 등 사회적 상호 교류의 기능을 갖춘 로봇으로 진화하고 있고, 그 종류도 다양해지고 있다. 이러한 로봇은 우울증과 치매를 완화하는 의학적 효과를 갖는다. 글로벌 조사 기관에 따르면 전 세계 반려 로봇 시장은 2023년에 약 15조원에 달했고, 2030년에는 약 75조원까지 성장할 것으로 예측되었다.

공약	주요 추진 과제
동물복지기본법 제정 민법 개정	• 동물의 지위를 생명체로 존중 • 동물 소유자의 최소한의 돌봄 제공 의무 부여 • 동물보호 및 생명존중 의식 확산과 복지 강화를 위한 제도적 기틀 마련
동물학대 없는 대한민국	• 동물 학대 범위 확대 • 동물 학대자의 동물 소유권 및 사육권 제한 　- 학대행위자로부터 피학대 동물 몰수 및 사육금지 명령제 도입 등
강아지·고양이 생산공장 및 가짜 동물보호소 금지	• 반려동물 대규모 생산 금지 및 관리감독 강화 • 유사 동물보호시설 규제 및 영리목적의 보호시설 운영·홍보 제한
유기동물보호센터의 동물복지 개선	• 보호센터의 동물복지 기준 마련 및 예산 확대 　- 보호시설 개선, 수의인력 확충, 입양기능 강화 등 • 반려동물관리 데이터베이스 구축으로 동물유기방지
반려동물 보건소 확대	• 취약계층 반려동물 의료서비스 확대 • 예방접종 및 상담, 찾아가는 보건소 운영 • 반려동물 대상 공공의료 서비스 강화
개식용 종식 절차 이행 지원	• 조기 이행 농가, 음식점 등에 인센티브 제공
동물원 동물복지 개선	• 전시동물 서식환경 개선 지원 및 지자체관리강화 • 공영동물원에 야생동물보호시설 설치 및 보전·연구·교육기능 강화
농장동물 복지 개선	• 동물복지 축산농장 인증 지원 확대 • 축종별 복지 가이드라인 마련 및 실천 농가에 직불금 지급

민주당 22대 총선 동물 복지 공약 그래프

2024년에는 특히 동물 복지에 대한 입법 활동이 활발해지는 현상을 발견할 수 있었다. 민주당에서는 2월에 '동물복지기본법'을 제정하고 민법도 개정하여 동물의 권리를 보호하겠다고 발표했다. 이것은 반려동물만이 아니라 동물원과 농장 동물 등을 포함해 동물의 지위를 존중한다는 취지를 담았다.

야생 동물과 관련하여 특이한 소식이 전해지기도 했다. 민물 가마우지는 원래 연해주나 사할린 등에서 서식하면서 겨울에 우리나라로 내려오는 철새였는데 기후 변화의 영향으로 텃새가 되었다. 그런데 문제는 왕성한 사냥 능력이었다. 예로부터 일본 어민들이 목에 밧줄을 묶어서 물고기 사냥에 이용하기도 했을 정도로 사냥이 능한

기후 변화로 텃새가 되어
유해 야생 동물로 지정된 민물 가마우지 CC SA-4.0

새인데 우리나라의 어족 자원에 피해를 입히는 것으로 보고된 것이
다. 또한 대량으로 서식하는 지역의 나무도 그 분비물로 인해 고사
하는 것이 발견되었다. 이에 우리나라의 지방자치단체들은 민물 가
마우지를 유해 야생 동물로 지정하고 엽총 등으로 포획에 나서게 되
었다. 이 동물로 인해 피해를 입은 현장의 어민이나 환경 파괴를 고
려하면 개체수 조절이 필요한 것은 사실이나, 기후 변화의 원인이
어쩌면 인류에게 있을 수 있다는 것을 감안하면 안타까운 소식이 아
닐 수 없다.

헬로 미스터 터미네이터:
갈림길에 선 생성형 인공지능

작년에는 생성적 AI가 제기하는 위협과 기회에 대해 논의할 기회가 있었다. 그 발전에 대한 합리적인 규제와 글로벌 파트너십이 작용한다는 전제하에 우리는 생성적 AI가 의학과 문화 및 예술에 대한 접근 방식을 근본적으로 변화시킬 수 있는 잠재적인 이점이 있지 않을까를 놓고 다양한 의견을 주고받았다.

그 이후 유럽연합은 AI 개발자, 기업 및 조직을 위한 AI 사용과 개발에 관한 법적 틀인 AI 법안을 통과시켰다. 이 법안의 목표는 고위험 애플리케이션을 규제하면서도 기본적인 권리와 윤리적 원칙을 보호하기 위해 노력함으로써 AI에 대한 공공의 신뢰를 높이는 것이다.

챗GPT의 목소리를 보여주기

    그러나 미국의 경우 바이든 행정부가 취한 이니셔티브 외에 연방 법안에 대한 움직임은 적었다. 이는 미국 기술 산업에 대한 규제를 최소화하려는 기술 로비의 힘 때문이다. 그들은 중국과 글로벌 시장에서 경쟁하기 위해서는 낮은 규제를 유지하는 것이 필수적이라고 주장한다. 이렇듯 공공 부문에서는 행동이 미약한 반면, 민사 법원에서의 움직임은 전혀 다르다. 특히 창의 산업에서는 그 발전을 규제하려는 노력이 적극적으로 진행되고 있다. 최근 벌어진 오픈(open) AI와 배우 스칼렛 요한슨 간의 논란은 이러한 역학을 완벽하게 반영하고 있다.

    오픈AI가 새로운 음성 모델에 대해 주요 발표를 한 후, 사람들은 오픈AI의 최신 애플리케이션이 할리우드의 〈허(Her)〉라는 영화가 실현된 것처럼 느껴진다고 감탄했다. 겉보기에는 감정이 있는 듯한 AI 어시스턴트는 스칼렛 요한슨이 연기한 영화 캐릭터처럼 유머러스하고, 묘한 추파를 던지는 듯하면서도 매력적이다. 오픈AI와 스칼렛 요한슨 간의 논란은 뉴스에 보도된 고위험 사례 중 하나이다. 뉴욕타임스는 오픈AI가 챗(chat)GPT를 훈련하기 위해 인터넷에서 그들의 콘텐츠를 수집한 것과 관련해 소송을 제기하였다. 그럼에도 유명한 작가들과 일러스트레이터들은 각각 오픈AI와 텍스트-이미지 생성기 회사인 미드저니, 스테이블 AI를 사용하는 게 현실이다.

어쨌거나 스칼렛 요한슨을 비롯한 이러한 사례에서 알 수 있듯이 이들은 자신 작품의 오용에 주목할 수 있는 자원을 가진 몇 안 되는 창작자 가운데 하나이다. 그러나 인터넷에 자신의 이미지와 목소리가 업로드된 많은 창작 전문가들은 다르다. 자신의 작품을 기반으로 모델을 훈련하는 회사들에 의해 작품이 수집되는 피해를 입어도 적극 대응하기가 쉽지 않다.

최근에 어도비는 자사 제품 사용에 관한 약관을 업데이트했다. 그동안 창작자들은 그래픽 디자인이나 사진 편집 작업에서 항상 어도비 제품에 의존해 왔다. 하지만 그들은 AI 생성 이미지 도구와 관련하여 적극적으로 개발에 나서지 않았고 시장에서의 경쟁도 외면해 왔다. 어도비는 이미지 출력 품질을 향상시키기 위해 제품에 들어가는 데이터 양을 늘려야 하므로, 오히려 데이터 수집을 사실상 기본으로 만들어 놓았다. 이러한 이유로 인해 최근 들어 창작자들 사이에서는 이 소프트웨어를 사용하지 않으려는 움직임이 증가하고 있다.

사실 많은 사람들은 스칼렛 요한슨이 오픈AI를 상대로 소송을 제기하리가고 예상하지 못했다. 그러나 그녀는 적극 대응에 나섰다. 스칼렛 요한슨은 오픈AI가 제품 발표 몇 달 전에 그녀에게 연락해

왔고, 그들이 그녀의 목소
리를 사용하고 싶어했지
만 거절 의사를 밝혔다고
공개했다. 요한슨이 동의
하지 않자, 그들은 그녀의
목소리와 비슷하게 들리
는 제품을 출시했다. 오픈
AI 팀은 그녀의 주장을 반

2023년 작가 조합 파업_CC BY-SA 4.0

박하며 모델 훈련을 위해 다른 음성 소스를 사용했다고 말했다. 법
원의 판단과 관계없이, 대중은 이미 약속된 것과 제공된 것이 다르
다는 것을 목격했다.

　창의적인 전문가들의 관점에서 볼 때 현재의 기술 비즈니스 모델
은 저렴한 비용으로 개인 데이터를 추출하는 데 기반하고 있다. 쇼
샤나 주보프(Shoshana Zuboff) 박사가 정의한 바와 같이, 감시 자본주의는 소비
자 기반으로부터 지속적이고 업데이트된 정보를 요구하는 데이터
기반 제품에 의존하여 제품의 관련성을 유지한다. 데이터 과학은 이
러한 경제 시스템으로 작동한다. 이 기존 비즈니스 모델을 마이크로
소프트, 구글, 엑스(옛 트위터), 메타와 같은 주요 기술 플랫폼과 결
합하면, 최신 대형 언어 모델이나 이미지 또는 비디오 생성 기술은
인터넷에 있는 디자이너와 작가의 예술 작품을 무료로 사용할 수 있
다. 이렇듯 손쉬운 방법이 있으니 이에 대한 의존도가 높아질 수밖
에 없는 것이다. 이러한 행동은 인공지능 대회와 같은 학술적인 장

소에서는 해가 없는 것처럼 보일 수 있을지 모르겠다. 하지만 많은 기업과 전문가들이 매일 의존하는 기술 플랫폼의 주요 서비스에 통합될 때는 엄청나게 중요한 의미를 갖는다.

창의적인 전문가들은 이러한 추세에 반발하며 조직화에 나설 기회를 엿보고 있다. 오늘날 소셜미디어는 이들이 개인적으로 이러한 도전에 나설 경우 도움을 줄 수 있기 때문이다. 흑백문제처럼 함께 나설 수 있는 판이 마련될 수 있다는 점에서 창의적 전문가들이 행동에 나선다면 미래를 바꿀 수 있는 기회가 마련될 것이다. 역사적으로 창의적인 전문가들은 종종 저임금을 받는 경우가 많다. 그러나 그들은 자신의 노동 및 지적 권리가 소송뿐만 아니라 조직화, 보이콧, 그리고 기업이 따르도록 요구하는 조직적 규범을 통해 보호될 수 있다고 기대하고 있다.

창의적인 노동자들과 그들의 조직력이 미국과 같은 자유 시장에서 AI 규제 환경을 형성할 수 있을까? 이는 그들이 창의 경제에서 조직을 이끌어낼 힘과 전략적 통찰력을 얼마나 발휘할 수 있느냐에 달려 있다. 만약 그들이 창작물과 기업의 이점을 균형 있게 조화시키는 규제의 예를 만들 수 있다면 생성적 AI의 긍정적인 비전을 실현하는 방향으로 나아갈 수 있는 계기가 마련될 수 있을 것이다.

Part **2**

2025년
문화 트렌드 전망

너와 나의 연결고리,
그리고 소비

Chapter **1**

쉽게 더 쉽게, 이지-코노미
(easy-conomy)

잠깐만 정신을 놓아도 빠르게 변해버리는 사회. 안 그래도 복잡한 세상, 생각이라도 좀 편하게 하고 싶은 것일까? 복잡한 사고를 꺼리는 사람들이 늘어나면서 쉽게 만들수록 인기를 얻는 이지-코노미 $\binom{\text{easy-}}{\text{conomy}}$ 시대가 도래했다. 드라마나 음악에서도 단순하고 쉬운 콘텐츠가 인기를 얻고 있으며, AI를 기반으로 한 요약 서비스가 확대되면서 사람들은 더 짧고, 쉬운 서비스를 원하고 있다. 별걸 다 줄여서 말한다고 해서 '별다줄'이라고 한다. 이제 말 말고도 드라마, 책, 그리고 댓글까지 모두 간단하게 줄여서 보는 시대이다. 점점 더 쉬운 것을 원하는 문화 소비자들의 니즈는 과연 어디까지일까?

What do we see?
개연성 빼고 재미만

복잡한 건 싫다. 이제 쉽고 단순함이 통하는 시대다. 문화 분야에서도 이러한 현상이 두드러지게 나타나고 있다. 2024년 인기를 끌었던 음악이나 드라마를 살펴보면 단순함을 추구하는 소비자들의 모습이 더 확연하게 드러난다.

2024년 상반기 인기 있었던 드라마는 〈눈물의 여왕〉과 〈선재 업고 튀어〉가 손꼽힌다. 〈눈물의 여왕〉은 재벌가, 이혼, 시한부 등의 설정에 더해 개연성 약한 전개로 비판을 받았지만 최종화 24.9%로 tvN 역대 드라마 최고 시청률을 기록했다. 웹소설 원작의 〈선재 업고 튀어〉 역시 아이돌 서사와 타임슬립이라는 설정이 이전 드라마들에 비해 특별히 새로울 점이 없었지만 로맨틱 코미디 특유의 아기자기한 연출과 신선한 주연들의 연기가 시청자들의 마음을 움직였다.

지난 3월 공개된 넷플릭스 오리지널 시리즈 〈닭강정〉의 경우 독특한 소재에 더한 황당한 전개로 이목을 끈 대표적인 드라마이다. 의문의 기계에 들어갔다가 닭강정으로 변한 딸을 구하기 위한 이야기라는 것 자체가 쉽게 받아들이기 어려운 세계관을 가지고 있지만 이것저것 따지지 않고 한껏 웃으며 볼 수 있다. 웹툰을 원작으로 하고 있는 이 드라마는 '세상에 없던 신계(鷄)념 코미디'라는 슬로건에 걸맞게 세상에서 처음 본 것 같은 B급 코미디를 마음껏 펼쳐낸다.

극단적인 표현이지만 요즘 개연성을 고려하지 않고 보는 드라마를 '뇌빼드(뇌를 빼고 보는 드라마)'라고 한다. 그만큼 아무 생각 없

드라마 〈닭강정〉의 감독과 출연진

이 볼 수 있는 드라마를 찾는 사람도 만드는 사람도 많아졌다는 의미일 것이다. 이런 영상물들은 전체적인 맥락에서 소비되기도 하지만, 짤이나 밈으로 만들어져 회자되는 경우가 더 많다는 점이 특징이다. 전체적인 흐름보다 각 장면에서의 웃음이나 카타르시스가 더 화제가 된다.

이런 영상물들의 또 다른 특징은 고구마 전개가 없다는 점이다. 드라마 주인공이 난관에 빠지거나 서로 엇갈릴 때, 시청자들은 이런 장면을 고구마 먹은 듯 가슴이 답답하다고 뜻에서 '고구마'라고 부른다. 그런데 최근 인기 드라마에서는 전개상 일어나는 사건들이 보통 한 회를 넘기지 않고 해결된다. 인내심이 부족한 요즘 시청자들은 주인공이 어렵게 난관을 헤쳐 나가는 모습보다는 즐겁고 행복한 모습을 보길 더 원하기 때문에 고구마 전개가 지속되면 시청률 하락이 눈에 띄게 나타난다. 팬데믹 이후 출구를 찾는데 어려움을 겪는 영화 시장에서 국내 영화 최초로 시리즈 3작품 연속 1000만 돌파라는 기록을 세운 '범죄도시 시리즈' 역시 마석도라는 히어로급 주인공이 시리즈 인기의 핵심이다. 그의 강력한 존재감 때문에 관람객들은 결말이 어떻게 될지 조마조마하지 않으면서 그저 마석도의 시원시원한 액션을 즐길 수 있다.

대세가 된 이지 리스닝(easy listening)

음반 시장에서도 가볍게 듣기 좋은 '이지 리스닝$\binom{easy}{listening}$' 음악이 사랑받고 있다. 이지 리스닝 음악은 말 그대로 듣기 편안한 음악을 칭하는데, 복잡한 가사나 강렬한 사운드가 없고 퍼포먼스보다는 부드럽고 익숙함을 주는 음악을 뜻한다. 이지 리스닝 음악은 원래 1950년대에서 1970년대까지 인기를 끌었던 팝 뮤직 장르 중 하나로, 주로 현악기와 부드러운 보컬 중심의 음악들을 일컫는다.

지금의 이지 리스닝은 2PM, EXO 등 퍼포먼스 곡 위주로 활동을 하던 3세대 아이돌의 음악과 구분되는 대중성 있고 편하게 들을 수 있는 음악을 지칭한다. 최근 몇 년간 이러한 이지 리스닝 음악이 대세로 자리했는데, 특히 2024년은 가수 비비, 아이돌 투어스, 라이즈 등의 노래가 음원 사이트 상위권을 차지하면서 더욱 높아진 인기를 확인할 수 있었다. 비비의 '밤양갱'은 전국적으로 밤양갱 열풍을 일으켰고, 투어스의 '첫 만남은 계획대로 되지 않아'는 대다수 음원 차트 상위 10위에 올랐다. 라이즈 또한 'Love 119'가 음원 차트에서 급상승하는 경험을 했다. 쉬운 리듬과 반복되는 가사로 한 번 들으면 잊히지 않는 중독성 강한 음악들이 대중적인 인기를 끌면서 이지 리스닝이 K-팝에서도 하나의 장르가 된 것으로 보인다. 걸크러쉬와 세계관이 주목받던 시기 뉴진스는 Ditto, Hype Boy 등의 대표적인 이지 리스닝 스타일을 유행시키며 음원 차트 정상에 섰다. 복잡하게 해석하지 않아도 되는 단순함이 대중의 니즈를 정확히 저

듣기 편안한 이지 리스닝 음악이 대세이다.

격한 것이다.

기교와 짜내는 듯한 특유의 창법이 두드러지던 트로트 장르에서도 좀 더 부드러운 스타일의 트로트가 대세로 떠올랐다. 세미 트로트 또는 이지 리스닝 트로트라고도 불리는 이러한 음악들이 트로트 팬덤 연령층을 확대하는데 기여했다는 평가를 받고 있다. 이처럼 좋은 이지 리스닝 곡은 상대적으로 많은 사람들에게 소구할 수 있다는 장점을 가지고 있으며, 이는 해외 시장에서도 유효하게 작용하여 해외 진출을 노리는 그룹이나 가수들의 전략적 접근으로도 활용되고 있다.

별다줄, 요약 사회

요약을 한다는 것은 굉장히 고차원의 능력을 요구한다. 어떤 글이나 영상을 보고 내용을 요약하려면 우선 전체적인 흐름을 파악해야 하고 그 중에서 핵심 내용을 찾아서 정리해야 한다. 따라서 요약을 한다는 것은 전체를 보는 포괄적 사고에 더해 주제를 찾아내는 능력과 이를 정해진 분량 내에서 적절히 설명할 수 있는 표현력도 필요하다. 국어 시험에서도 늘 어려운 문제로 꼽히는 것 중 하나가 '다음 글의 주제로 가장 적절한 것은?'이나 '위 글의 내용을 가장 잘 요약한 문장은?'과 같은 문제들이다.

그런데, 최근 인공지능의 등장으로 인해 사람들은 점차 요약하는 사고의 기능을 인공지능에게 맡기고 그 결과만을 소비하려는 경향을 보이고 있다. 챗GPT가 처음 대중에게 공개되었을 당시 받았던 충격은 아직도 잊을 수가 없다. 드디어 상상 속에만 존재하던 로봇의 모습을 실제로 맞닥뜨린 기분이었는데, 사실 챗GPT와 같은 대형 언어 모델(LLM)을 사용하다 보면 한계를 느낄 때도 있다. 어떤 경우엔 통찰력 있고 정확한 정보를 주지만 사실이 아닌 내용을 그럴 듯하게 꾸며내 대답하는 할루시네이션(hallucination, 환각) 현상을 보일 때도 있기 때문이다. 질문한 내용에 해당되는 학습 데이터가 편향되거나 불충분하여 잘못된 일반화가 발생되면 생성형 AI는 사실이 아닌 조작된 정보를 생성할 수 있다. 하지만 사용자가 직접 데이터를 입력해서 관련된 정보를 추출하는 경우에는 굉장히 빠르고 정확한 답을 얻을 수가 있는데, 이러한 기능이 가장 잘 활용되는 분야가 바로 '요약' 서비스이다.

챗GPT에 긴 글을 입력하고 요약해 달라고 부탁하면 빠르고 비교적 정확하게 중요한 내용들을 정리해서 보여주는 것을 확인할 수 있다. 이처럼 생성형 AI를 활용하게 되면서 요약에 들어가는 노력이 현저하게 줄어들어 많은 산업 분야에서 관련 서비스를 도입하고 있다. 카카오톡은 채팅방에 읽지 못한 대화가 쌓여 있을 때, 읽지 못한 내용들을 정리해서 요약해 주는 '안 읽은 대화 요약하기' 기능을 도입했고, 신세계 온라인몰 '쓱(SSG)닷컴'은 상품의 구매 후기를 요약해 주는 기능을 도입했다. 3개월치, 혹은 1년치 구매 후기들을 AI가 한 문단으로 요약해 주며 맛이나 가격과 같은 구매 속성별로 정리해 보여준다. 또한, 인공지능 스마트폰 경쟁이 치열해지면서 통화 내용을 요약해 주는 기능도 생겼는데, 친구와의 통화를 '돈 없는 두 친구의 대화'라든지, 가족 간의 대화를 '아빠와의 무의미한 전화 대화' 등으로 너무 솔직하지만 부정할 수 없게 요약해 주면서 이 또한 밈이 되어 회자되고 있다.

일상 속 대화뿐만 아니라 콘텐츠도 AI로 요약해 주는 서비스가 등장했다. 인공지능 요약 앱 '릴리스'와 '써머리'는 유튜브 영상을 짧게 요약해 주는 서비스를 제공한다. 영상 링크를 입력하면 순식간에 요약문을 제공해 주며, 주요 키워드를 클릭하면 키워드가 출력된 맥락을 함께 보여줘서 자칫하면 놓칠 수 있는 요소들을 함께 보여준다. 한편, KT가 개발한 미디어 솔루션 '매직플랫폼'은 AI로 영상을 분석하고 콘텐츠를 만들어 낼 수 있도록 한다. 전자책 서비스 '밀리의 서재'와 협업하여 책에서 키워드를 추출하고 음성으로 읽어줄 수 있는 서비스도 제공하고 있다.

이전의 요약 콘텐츠들이 영화나 책 내용을 정리해서 들려주는 크

AI기술을 기반으로 급격히 확대되는 요약 서비스

리에이터 생산 중심이었다면, 최근에는 AI 중심의 서비스로 빠르게 옮겨가고 있다. 영상 속에서 특정 인물이나 노래가 나오는 장면만 골라볼 수 있는 기능도 등장하면서 과거 텍스트 기반의 검색과 요약 기능이 영상으로 급격히 확대되고 있는 모습이다. 이러한 기술 기반 의 요약 서비스는 빠른 속도를 장점으로 확산되고 있으며, 한계로 지적되어 왔던 부정확한 맥락 파악이나 핵심 내용 누락과 같은 문제 점도 점차 개선되고 있는 모습이다.

이처럼 AI가 복잡한 정보들을 단순화시켜 제공하면서, 빠르고 쉽 게 핵심 정보만 얻고 싶은 사람들은 점점 더 AI의 요약 서비스에 의 존하고 있다. AI 기술은 빠르게 발전하고 있으며, 더 빠르고 정확한 요약 서비스를 제공할 것이다. 그리고 복잡함을 피하려는 이지-코 노미의 성장과 함께 요약 서비스에 대한 수요도 앞으로 더욱 증가할 것으로 보인다.

Why is it?
쉬운 것의 매력

　사람들은 여러 가지 이유로 단순하고 이해하기 쉬운 드라마나 음악에 끌린다. 먼저, 익숙한 콘텐츠는 사람들에게 안정감과 예측 가능성을 제공하기 때문에 심리적인 편안함을 제공해 준다. 우리의 뇌는 보통 편안한 느낌을 주변 상황이 안전하고 괜찮다는 신호로 해석하기 때문에, 처리하기 쉬운 경험은 긍정적인 감정을 이끌어내는 경우가 많다. 따라서 콘텐츠를 이해하기 위해 특별한 노력이 필요 없는 단순하고 간단한 이야기는 우리를 더 편안하고 행복하게 할 수 있다.

　단순하다는 것은 해당 정보를 처리하는데 들어가는 정신적 노력이 줄어든다는 의미이다. 우리의 뇌는 정신적 에너지에 부담을 주지 않는 활동과 콘텐츠에 끌리게 되는데, 평소에 많이 봐왔던 패턴이나 멜로디를 접하면 이를 빠르게 인식하고 효율적으로 처리할 수 있기 때문이다. 반복적인 멜로디의 음악이나 어디선가 본 듯한 드라마 서사가 여전히 매력적인 이유가 여기에 있다. 쉬운 콘텐츠를 소비하면 정신적 노력이 덜 필요하기 때문에 휴식이나 멀티태스킹을 위해 감상하는 사람들에게 보다 이상적이라고 할 수 있다. 사람들은 긴장을 풀고 쉬고 싶을 때일수록 별생각 없이 즐길 수 있는 영화나 드라마를 원하는 것은 그러한 이유이다.

　쉬운 콘텐츠의 또 다른 매력은 보편성과 포괄성이다. 주제가 쉽다는 것은 많은 사람들이 이해할 수 있고 접근 가능하다는 의미이

며, 복잡하지 않은 드
라마와 음악은 연령, 교
육, 문화적 배경과 관계
없이 누구나 즐길 수 있
다. 가수 비비의 '밤양
갱'이 전 세대에 걸쳐
사랑받은 것도 그러한
이유이다. 이러한 콘텐

쉬운 콘텐츠는 심리적 편안함을 제공한다.

츠들은 더 많은 사람들이 특별한 지식이나 기술 없이도 즐기고 감상
할 수 있다는 점에서 큰 장점을 가지고 있다. 또한 사람들은 보편적
인 내용을 다룬 콘텐츠를 소비하면서 스스로 공감함과 동시에 타인
으로부터 이해받는 느낌을 받을 수 있다.

쉬운 것에 끌리는 사람들의 모습이 자칫 도전 정신의 실종이나
노력 부족으로 비춰질 수 있지만, 어쩌면 지금처럼 복잡한 시대를
살아가는 사람들의 생존 본능일지도 모른다. 늘 많은 정보를 처리하
고 문제를 해결해 나가는데 지친 사람들이 이제 쉬운 것에 훨씬 매
력을 느끼고 있는 것 같다.

짧아진 사유의 시간

국립중앙박물관 상설전시관 2층에는 '사유의 방'이라는 공간이
있다. 작품과 공간에 오롯이 집중할 수 있도록 설계된 '사유의 방'에

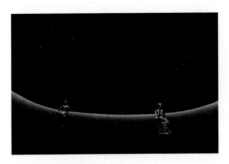

금동반가사유상은 인간의 본질에 대한
깊은 고민을 표현한다.

는 금동반가사유상 2점이 나란히 자리하고 있다. 고요하면서도 오묘한 표정으로 깊은 생각에 잠긴 듯 보이는 반가사유상은 생로병사와 인간의 본질에 대한 깊은 고민을 상징하면서도 그를 통해 깨달음의 경지를 향해 나아간다는 역동적인 의미를 가지고 있다. 사람들은 어떤 대상에 대해서 생각하고, 고민하고, 판단하는 이성 작용인 사유를 통해서 자신의 존재를 인식하고 타인이나 다른 사물과 나의 관계를 이해한다. 프랑스의 대표적인 철학자 르네 데카르트는 "나는 생각한다, 고로 존재한다.$\binom{\text{Cogito}}{\text{ergo sum}}$"라는 말을 통해 사유하는 존재로서 인간을 자율적이고 합리적인 주체로 바라보았다.

하지만 현대 사회에서는 이처럼 인간 존재의 본질을 상징하는 사유라는 행위가 점점 그 기능을 잃어가고 있는 것처럼 보인다. 언제 어디서나 스마트폰으로 인터넷에 접속할 수 있는 사람들은 어떤 문제에 대한 답을 찾기 위해 고민하기보다는 검색이라는 손쉬운 방법을 선택한다. 전화번호나 단어의 의미처럼 아주 간단한 것부터 인생의 방향을 결정하는 중요한 선택까지도 사람들은 온라인에서 답을 찾는다. 영화를 보고 싶을 때에도 AI가 추천해 주는 영화를 선택하면 되고, 여행을 갈 때도 여행 블로그에서 추천해 주는 코스를 따라가면 된다. 내가 좋아하는 것은 무엇인지, 내가 정말 원하는 것이 무엇인지 생각할 틈도 없이 쏟아지는 정보에 의존하면서 스스로 사고하는 시간은 점점 줄어들고 있다. 이제 AI 스마트폰이 등장하면서 궁금한 것은 사진을 찍어 바로 확인할 수 있다. 더 이상 검색할 키워드를 고민할 필요도 없는 세상이 온 것이다.

이러한 변화를 관찰하다보니 우리나라의 사교육 시장이 함께 떠오른다. 우리나라는 유난히 사교육이 발달한 나라이다. 잘 정리되어 있는 유명 참고서와 핵심을 콕콕 찍어주는 일타강사의 인기가 하늘을 찌른다. 이런 참고서와 일타강사의 수업은 최소 시간 최대 효과를 자랑하지만, 이 과정에서 문제를 이해하고 풀기 위해 고민하는 시간은 생략되어 있다. 마치 AI 요약 서비스처럼 빠르게 핵심만 강조하는 방식은 시험은 잘 볼 수 있지만 그 내용에 대한 깊이 있는 이해를 보장하지는 않는다.

이제 사람들은 어떤 답을 찾기 위해 고민하는 시간의 가치보다는 그 시간에 다른 일을 하는 것이 더 효율적이라고 여기게 된 듯하다. 로봇에게 자율 주행과 같은 복잡한 활동을 할 수 있는 능력이 생기면서 인간 고유의 기능으로 여겨졌던 복합적 사고를 인공지능이 빠르게 대체하고 있다. 반면 인간은 사고는 점차 단순해지면서 오히려 인간이 로봇화되는 것에 대한 경계가 필요하다는 경고도 과언은 아닌 듯하다.

Where is it going and what should we do?

과거에 비해 처리해야 할 정보가 급격히 증가한 소비자들이 콘텐츠 소비의 목적을 휴식이나 멀티태스킹에 두면서 이해하기 쉽고 편한 콘텐츠의 인기가 높아지고 있다. 특히 인공지능을 기반으로 한 요약 서비스가 영상과 책뿐만 아니라 통화 내용, 댓글, 채팅 등 타 서비스로 확산되면서 이해하기 쉬운 방식으로 정리된 콘텐츠에 대한 니즈가 폭발적으로 성장하고 있다. 이제 사람들은 정보 처리의 중요한 단계인 전체 맥락 파악 및 핵심 내용 요약이라는 기능을 점차 AI에게 맡기고 있는 것으로 보인다. 스마트폰과 통신 기술의 발전으로 사람들은 답을 찾기 위해 고민하기보다는 검색하는 방법으로 간편하게 답을 찾아내고 있다. 과거에는 긴 글을 읽고 요약하는 능력이 중요하게 여겨졌으며, 학교 시험에서도 높은 점수를 받기 위해서는 꼭 필요한 능력 중 하나였다. 하지만 이제 그보다는 가공되어 있는 정보를 어떻게 활용할 것인가가 더 중요해진 시대이다.

유튜브를 통해서 축약된 형태로 콘텐츠를 소비하는 사람들이 늘어나면서 주연 서사가 아닌 내용은 삭제되는 경우도 많아지고 있다. 요약을 하다 보면 어쩔 수 없이 중심 서사만 살고 나머진 죽는다. 그래서 드라마를 한 편 다 봤지만 서브 커플, 가족 이야기 등 조연 서사를 제대로 인지하지 못하는 경우가 늘어나고 있다. 특히 분량이 많은 드라마의 경우에는 두 인물의 이야기만으로 이루어지기는 어려운데, 다양한 인물들과 얽힌 과정 속에 풍부해지는 서사를 요약본으로 보게 되면 그 부분들을 모두 잃는 현상이 발생한다. 이런 측면에서 축약된 내용 안에서 서사를 상상하고 맥락을 이해할 수 있는 능력도 중요해질 것으로 보인다.

정보의 증가와 기술 발전으로 인해 소비자들이 깊은 사고를 꺼려하고 이해하기 쉽고 편한 상품을 찾는 현상을 '이지-코노미'라고 명명할 수 있다. 이러한 변화에 기업들은 어떤 방식으로 대응할 수 있을까? 복잡한 생각을 하고 싶지 않은 사람들을 위해 기능을 단순화한 직관적인 제품, 즉 제품 본연의 기능에 집중한 디자인 설계가 중요해지고 있다. 실제로 삼성전자는 2024년 밀라노 디자인위크에서 제시한 새로운 디자인 지향점으로 '본질(essential), 혁신(innovative), 조화(harmonious)'를 제시했다. 불필요한 군더더기는 덜어내고 사용자에게 필요한 본연의 기능과 쓰임에 집중하여 보다 편안한 사용 경험을 제공하겠다는 것이다.

또한 AI를 활용해 빠르고 쉬운 정보 제공 서비스를 구축하고, 제품 활용 방법을 쉽게 정리하여 소비자에게 제공하는 방식이 필요할 것이다. 실제로 많은 기업들이 축약된 형태의 제품 설명서를 제공하고, 필요한 경우 영상을 통해서 구체적이고 다양한 제품 활용 방법을 알려주고 있다. 이러한 방식은 단순함을 원하는 소비자들에게는 쉬운 정보를 주고, 많은 정보를 원하는 소비자들에게는 깊이 있는 정보를 제공해 주는 세분화된 접근으로 유효할 수 있다. 그리고, 사용자가 재미있고 가벼운 방식으로 브랜드에 참여할 수 있도록 익숙한 이야기를 기반으로 한 스토리텔링이나 유머를 결합하여 소비자들의 인지된 용이성(perceived ease of use)을 향상시키는 방법도 더욱 주목받을 것

〈생각하는 사람〉을 〈검색하는 사람〉으로
바꿔야 할지도 모르겠다.

으로 보인다.

　마지막으로 소비자들의 의사 결정 순간이나 짧은 콘텐츠 소비 시간을 노리는 마이크로 모멘트(micro-moments)를 활용하는 것이 더욱 중요해질 것이다. 간결하고 이해하기 쉬운 메시지로 짧은 시간에 소비자의 시선을 사로잡아 소비로 바로 연결될 수 있도록 하는 전략이 필요하다. 전문 용어와 복잡한 설명보다는 단순하고 매력적인 콘텐츠가 훨씬 높은 효과를 발휘할 것이다.

　2023년 12월 출시된 국내 여행 맞춤 추천 AI 서비스 '다님'은 여행 성향과 동행자, 일정 등을 분석하여 여행 지역을 추천해 주고 구체적인 코스까지 제안한다. 여행 동선에 따른 식당과 숙소까지 선택할 수 있도록 제안하고 소요 시간에 따른 여행 계획을 시간표 형식으로 저장해서 출발 전 완벽한 계획을 세워야 하는 MBTI 파워 J들에게는 더욱 반가운 서비스다. 이런 서비스들을 살펴보다 보면 예전에는 어떻게 정보를 찾고, 어떤 고민 끝에 계획을 짰었는지 아득해져 온다. 영원히 계속 생각하는 인간의 모습을 강력하게 표현했다는 프랑스 조각가 로댕($^{Auguste}_{Rodin}$)의 작품 〈생각하는 사람($^{The}_{Thinker}$)〉의 왼손에 이제는 스마트폰을 들려줘야 할 것 같다. 점점 짧아지는 사유의 시간 속에서 데카르트가 이야기했던 인간 존재의 정의를 '나는 검색한다, 고로 존재한다'로 바꾸어야 할지도 모르겠다.

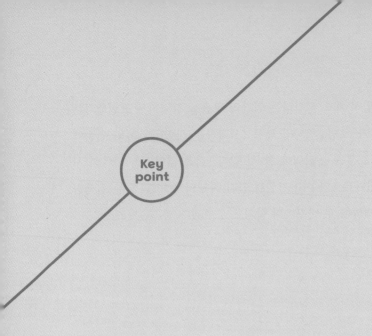

이번 장에서는 사람들이 복잡하고 깊이 있는 것보다 단순하고 쉽게 소비할 수 있는 콘텐츠를 더 선호하는 '이지-코노미(easy-conomy)' 현상에 대해 살펴보았다. 이러한 경향은 개연성 높은 스토리텔링보다 직접적이고 재미있는 경험을 강조하는 대중 음악, TV 드라마 등의 인기에서 확연히 드러난다. 또한 AI 기반 요약 서비스가 확산되면서 포괄적인 사유와 분석의 필요성이 줄어들어 용이성을 중시하는 문화가 더욱 확산되고 있다. 이러한 변화는 소비자 행동에도 영향을 미쳐 깊이 있는 이해보다 편의성을 우선시하도록 만들었으며, 이에 따라 간결하고 단순화된 콘텐츠에 대한 수요가 더욱 증가할 것으로 예상된다. 앞으로는 단순하고 직관적인 제품 기획, AI를 활용한 쉬운 정보 제공, 짧고 간결한 마케팅 메시지로 소비자들의 마이크로 모멘트를 노리는 마케팅 방식이 주목받을 것으로 예상된다. (*key point는 챗GPT가 요약한 내용을 정리하였음)

티키타카 소비를 통한 미니맥시즘

'티키타카($^{Tiqui-Taca/}_{Futbol\ Tiqui-Taca}$)'라는 단어는 원래 스페인어로 탁구공이 왔다 갔다 하는 것을 의미하거나, 양쪽에 달린 방울이 좌우로 흔들릴때 서로 부딪혀 소리 나는 장난감에서 유래했다. 그리고 축구에서는 짧고 간결한 패스를 이용해 경기를 풀어나가는 전술로도 사용된다. 이러한 의미를 지닌 이 단어는 현재 인간관계에서 뭔가 소통이 잘 되는 모습을 보일 때 주로 사용된다. "당신과 나는 티키타카가 좋다"라는 표현을 통해 소통과 호흡이 잘 이루어진다는 것을 드러낼 수 있다. 이렇게 인간과 인간의 관계에서 이루어지는 좋은 티키타카가, 이제는 인간과 물건과의 관계로 옮겨와 새로운 관계를 정립해 나가

축구에서 짧고 간결한 패스를 이용해
경기를 풀어나가는 티키타카 전술_CC BY 2.0

고 있다. 단순히 '예쁜 쓰레기'로 남는 물건을 두는 것이 아니라, 나와 티키타카가 좋은 애착 물건만을 남기고 이런 티키타카가 없는 경우는 과감히 정리를 해나가는 것이다. 버림과 비움이 각광받는 시대! '인간과 인간'과의 관계만이 아닌, '나와 물건과의 관계'가 이제 새롭게 정립되면서, 2025년은 이러한 티키타카 소비의 개념이 새로 정립되는 해가 될 것이다. 티키타카 소비를 통해 미니맥시즘(Minimaxism), 즉 최소의 것으로 최대의 효과를 거두는 것으로 변화하는 트렌드가 자리 잡을 것이다.

티키타카 소비를 위한 첫 단계

코로나 팬데믹이 지나가면서, 집에서 학업과 업무를 이어간 세계 모든 사람들이 동일하게 시작한 것이 있다. 바로 집 정리이다. 때를 맞추어 tvN의 〈신박한 정리〉와 같은 집 정리 프로그램이 인기를 끌었는데, 〈신박한 정리〉는 2020년부터 2022년까지 시즌1과 2로 나누어 방송되었다. 집이라는 나만의 공간에 버림과 나눔을 통해 쌓여 있는 물건들을 정리하고, 가구의 위치를 바꾸어 공간을 재배치하는

코로나 기간 집 정리 프로그램으로 인기를 끌었던 tvN의 〈신박한 정리1〉과 〈신박한 정리2〉

여러 노하우가 소개되었다. 이를 통한 집주인들의 삶의 변화와 행복
감은 시청자들에게도 고스란히 전달되었는데, 그 인기는 코로나로
집콕하던 시기에 큰 반향을 일으켰다. 바로 '티키타카 소비'란 이러
한 정리와도 연결된다. 나와 물건의 관계를 다시 돌아보고 정리하면
서, 단순히 케케묵은 먼지와 함께 쌓아 두어지는 관계가 아니라, 지
속적으로 소통하는 관계를 만드는 것이다. 또, 이는 미니멀 라이프
를 꿈꾸지만, 여전히 저장강박증을 가지고 있는 현대인들에게 작은
희망을 선사해 준다. 미니멀리스트가 되라고 강조할 수는 없지만,
기대를 하게 하고, 삶에 조금씩 변화를 줄 수 있게 만드는 길잡이가
될 수 있기 때문이다. 이를 위해 지금 필요한 것은 바로 '티키타카
소비'를 아는 것이다.

일본의 정리전문가, 곤도 마리에의 도서 〈설레지 않으면 버려라〉 및 넷플릭스의 〈TIDYING UP〉은
정리수납을 통한 삶의 변화를 잘 보여준다.

'티키타카 소비'를 이해하기 위해서 함께 봐야 할 첫 키워드는 먼저 '정리 수납'이다. 정리 수납으로 이미 세계적으로 유명해진 일본의 정리 컨설턴트 혹은 정리 전문가 곤도 마리에는 이렇게 말했다. "설레지 않으면 버려라!" 이는 책으로 먼저 출간이 되어 일본 현지에서 밀리언 셀러로 등극했고, 전 세계 30개국에서 번역되어 출간되었는데 400만 부 이상의 판매고를 올렸다. 이러한 그녀의 정리 철학은 2019년 글로벌 OTT 플랫폼 넷플릭스 다큐멘터리 〈TIDYINGUP〉으로도 방영이 되었다. 각각의 다른 상황 속에 있는 의뢰인들의 물건들을 어떻게 정리해야 하는지 알려주고, 이에 따라 변화된 환경 속에서 삶의 기쁨을 느끼게 해주는 데 초점이 맞춰져 있다.

이미 20~30년 전부터, 미국과 유럽, 일본에서는 정리 수납 서비스를 전담하는 전문 기업과 전문가들이 활동해 왔다. 그들은 주거 공간뿐만 아니라, 상업 공간 내에서도 비움과 나눔, 채움, 그리고 물건을 재분류해주거나 작업 공간의 환경을 개선하고 효율을 높이는 데 기여해 왔다. 현재 미국의 정리 수납 산업 규모는 연간 10억달러라고 하는데, 정리 수납 전문가는 1980년대 미국정리수납협회와 함께 시작되었다고 봐야 한다. 우리나라도 2010년대부터 정리 수납이 직업으로서 부상하기 시작했다. 작은 중소 규모로 시작된 정리 수납 업체는 2015년 4억원이던 매출이 2018년에는 약 10억원 규모로 점프했고, 2030을 비롯해서 40대 수요자가 전체 55%를 차지한다고 한다. 특히 서울 수도권에만 5만5326명(전국적으로는 13만 1137명)의 회원을 둔 '한국정리수납협회(KAPO: Korea Association of Professional Organizers)'가 2011년 설립되면서 그 기반이 자리 잡게 되었고, 정리 수납 컨설턴트가 유망 직종으로 떠오르기 시작했다. 정리 수납 전문가 양성 과정 교육을 비롯해 국내 최초 정리 수납 전문가 등록 민간자격증 발급(등록번호: 2012-1381), 미국정리협회(NAPO)와 국제정리협회연맹(IFPOA) 가입, 일본 및 중국 회사들은 물론 국내 여러 대기업, 정부 관련 기관과의 MOU 체결, 청소년 정리지도사 양성까지 함으로써 국내에서도 하나의 산업으로 자리매김하게 되었다. 정리 수납 분야가 차곡차곡 산업으로서 기반을 다질 즈음, 전세계적인 코로나 팬데믹이 발생했다. 그 이전까지는 자세히 들여다보지 않았던 집안 속내를 코로나로 인해 대면하게 되었고, 이러한 상황과 맞물려 정리 수납 분야는 더욱 떠오르게 되었다.

코로나 팬데믹으로 인해 많은 변화가 있었지만, 가장 큰 변화는 집콕 생활이다. 즉, 하루 종일 집에서 지내야 하는 상황이 발생했는데, 우리가 사는 집안 곳곳을 찬찬히 둘러보게 되면서 예기치 않았던 많은 예쁜 쓰레기들을 발견하게 된 것이다. 소위 요즘 사람들이 자주 쓰는 이 단어는 언뜻 들어서는 이해되지 않는다. '예쁜'이란 단어가 '쓰레기'라는 단어에 붙기에는 너무 우아하고 고상한 형용사이기 때문이다. '쓸모없는' 혹은 '안 쓰는' 쓰레기는 말이 되지만, 예쁜 쓰레기라니! 그러나 어울릴 것 같지 않았던 이 두 단어는 현실을 직시할 때 금방 이해가 되어버린다. 세상에는 귀엽고, 예뻐서, 혹은 한 번쯤 갖고 싶어서 사는 물건들이 많다. 막상 살 때는 여러 가지 필요한 이유를 찾아가면서 자기합리화를 해버린다. 그러나 정작 사고 난 뒤에는 아무런 유용성을 발견하지 못하거나, 그냥 두고 살아야 하는 물건들이 있다. 이것은 단순히 가격이 문제가 아니라 관점의 문제인 것이다. 아무리 비싼 제품이라도 안 쓰고, 티키타카가 안 맞아 모셔두는 제품이 집안 곳곳에 너무 많다라는 것을 팬데믹 기간 동안 우리는 깨닫게 되었다.

예쁜 쓰레기와의 이별 연습

티키타카가 맞는 물건을 사고 또 두는 문제는 개인의 주거 생활에서도 필요하고, 개인이 속한 조직이나 기업에서도 필요하다. 개인의 주거 생활에서는 공간을 넓게 사용하기 위해, 또한 거주하는 사람의 생활을 편리하게 하기 위해 필요하고, 기업을 대상으로 할 때는 업무의 효율성을 극대화하고, 결국에는 기업의 매출을 높이는 데 필요하다. 특히 미국의 주거 공간처럼 차고가 주거의 일부인 경우, 차고 내에서 사용되는 여러 물품이 티키타카 소비를 통해 걸러낼 수 있는 아이템 중의 하나이다. 글로벌 인포메이션(GII)에서 발표한 Polaris Market Research의 새로운 연구에 따르면, 전 세계 차고 조직 및 보관 시장 규모는 2032년까지 478억1000만달러에 이를 것으로 예상된다. 즉, 차고의 조직과 보관 시장만 해도 매우 큰 규모를 차지하는데, 차고 캐비닛, 차고 선반/랙, 차고 벽 조직 등 유형에 따라 분류할 수 있는 이것은 개인이 소비하고 소유해야 하는 물품 중에서 상당한 부분을 차지하기도 한다. 독립형 주택의 차고 공간은 시간이 지남에 따라 간단한 주차 공간에서 여가 및 취미 목적으로 사용되는 여러 대의 차량, 도구 및 장비를 보관할 수 있는 대형 보관실로 발전했기 때문이다. 전자상거래의 발전과 증가에 따라 누구나가 온라인 쇼핑을 쉽게 할 수 있는 세상이 되었고, 배달은 너무 쉽게 된다. 따라서 개인이 혹은 기업이 구매하는 물품들은 차고지를 포함한 주거지에서, 그리고 회사에서 기하급수적으로 늘어날 수밖에 없다.

이러한 상황에서 우리는 인간과 인간 간의 티키타카만 살펴볼 것이 아니라, 물건과 나와의 티키타카를 살펴보고 덜어내는 연습이 필요하다. 그렇게 하지 않는다면, 어느 책의 제목처럼 '(예쁜 쓰레기에 둘러싸여 즐겼던) 낭만이 우리를 죽일 수도 있겠다'라는 생각이 든다.

Why is it?
안녕(well-being)의 위계와 심리학

나와 맞는 물건인지 아닌지, 내게 유용한 물건인지 아닌지를 생각하기 앞서서, 우리는 '쇼핑'에 발을 먼저 내딛는다. 습관이라 할 수도 있고, 의도치 않은 상황에서 갑작스럽게 마주하는 것이기도 하다. 그러나 결국 돈을 내고 소비로 끝나는 결과의 내면을 들여다보면 분명 그 이유는 존재한다.

내면 속의 '공허함'을 마주하는 것은 매우 어려운 일이다. 심리학자들이 언급하길, 심리상담을 받는 사람들 중 쇼핑 중독에 빠진 사람들을 살펴보면 대부분 비슷한 현상을 보인다고 한다. 매장에 들어가 물건을 구경하고 선택하여 대금을 결제하기까지, 시한부 행복과 만족감을 잠깐 느낄 뿐, 쇼핑백을 집안 어딘가에 내려놓는 순간 모든 것이 휘발되어진다고 한다. 짧게 느꼈던 행복감은 다시 공허함으로 바뀌고, 이 공허함과 허전함을 채우기 위해 그들은 다시 쇼핑을 반복한다. 경제적인 여유가 있고 없음을 떠나서, 채워지지 않는 마음, 무의미하고 공허한 삶의 일부를 사람들은 그렇게 채우고 있다. 유효 기간이 있는 기분 좋은 도피처에 잠깐 다녀왔다가, 다시 현실을 마주하는 느낌이랄까. 옷장을 채운다고 마음까지 채워지는 것이 아니라는 것을 잘 알지만, 우리가 근본적인 해결책이라 생각하는 '행복'이란 추상적이고 불확실해서 확실하게 알아채기 어렵다. 반면 물질적으로 손에 잡히는 것은 확실한 만족감을 주기 때문에 허한 마음을 애써 채워주는 쉬운 방책이 된다.

1943년 미국의 심리학자 아브라함 매슬로(Abraham Harold Maslow)는 그 유명한 '욕구 5단계설(Maslow's hierarchy of needs)'을 주장했다. 인간의 욕구는 단계별로 위계가 있다는 것인데, 피라미드 상에서 가장 아래에 있는 하위 단계의 욕구가 충족되어야 그다음 단계의 욕구가 발생한다는 것이다. 인간의 욕구는 당연히 타고난 것이지만, 매슬로는 이 욕구를 강도와 중요성에 따라 계층적으로 나누어 보았다. 의식주와 같은 '생리적 욕구(Physiological needs)'가 피라미드 상에서 가장 하위에 있는 욕구인데, 이 생리적 욕구가 충족되면 '안전의 욕구(Safety needs)'를 바라게 된다. 위험이나 위협에서 자신을 보호하고 불안을 회피하려는 욕구이다. 이 욕구가 충족되면 '애정과 소속에 대한 욕구(Love/Belonging needs)'로 넘어간다. 가족이든 친구 혹은 친척 등과 같이 친교를 맺고 원하는 집단에 귀속되고픈 욕구이다. 이후에는 '존중의 욕구(Esteem needs)'가 생기는데, 사람들과 친하게 지내면서, 자아 존중과 자신감, 성취감을 느끼고, 존중과 존경을 받고 싶어하는 욕구이다. 이후 마지막으로는 자기를 계속 발전

매슬로(Maslow)의 '욕구 5단계설'

하게 하고자 하는 욕구로서 '자아실현의 욕구($^{Self-}_{actualization}$)'가 있다. 이것은 다른 욕구와는 다르게 욕구가 충족되면 될수록 더욱 증대되는 경향이 있기 때문에 '성장 욕구'라 하기도 한다. 이러한 매슬로의 욕구 5단계는 사실 심리학 분야를 넘어서서, 경영학을 비롯한 타분야에서도 적용해서 사용되고 있다. 특히 제품을 팔아야 하는 기업의 고차원적 마케팅 활동의 이해를 위해 고려되며, 적용되는 이론이기도 하다.

이러한 매슬로의 욕구 5단계와 비슷하게 심리학에서는 '다양한 안녕($^{well-}_{being}$)의 위계'를 가지고 유사하게 적용한 것이 있다. 상위 단계로 올라갈수록 심리적인 성숙함과 지혜를 갖춰야 행복을 누릴 수 있다는 것인데, 사실 공허함을 느낄 때는 물질적인 만족보다 가장 하위 단계에 있는 '신체적 안녕'을 추구하는 것이 바람직할 수 있다. 충분한 양의 수면을 제때 취하고, 적당량의 음식을 제때 먹으면서, 적절하게 일하고 휴식을 취하는, 바로 이 가장 기초적인 '신체적 안녕' 상태를 만족시키는 것! 그것만 만족되더라도 정신 건강을 해할 만큼의 위험은 낮출 수 있고, 무작정 '쇼핑'과 물건으로 내 주변을 채우는 일은 없어질 수 있기 때문이다. 외부의 물질을 소유해서 느껴지는 만족감과 행복은 휘발적인 것으로, 오히려 정신이 약하다는 방증일 수 있다. 심리학의 아버지 윌리엄 제임스($^{William}_{James}$)는 '자존감'이란 자신을 소중하고 여기고 존중하며, 정신적 측면에 더 높은 가치를 두는 것이라 하였다. 이러한 자존감은 우리가 살고 있는 여러 사회적 환경과는 분명히 분리될 수 없는 것이기에, 타인에게 비치는 겉모습에 더 치중하며, 뭔가를 보여주는데 급급하다고 하였다. 그러나 이렇게 남에게 비치는 모습을 위해 물질적인 것에 치중하다 보면 결국 자아는 약해지고 아무리 채워도 마음은 공허해지는 악순환이 반복된다. 이것이 바로 티키타카 소비를 하지 못하게 만드는 근본적인 원인이 된다.

시각적 소비 중심의 문화

이러한 논리를 이해한다면, 티키타카 소비를 위해 어떤 마음이 작동되는지는 스스로 깊이 있게 생각해 볼 수 있는데, 현실적으로 적용하는 데는 한계가 있다. 우리가 사용하지 않는 '예쁜 쓰레기'를 사 모으는 것, 혹은 필요할 것으로 생각하여 구매했으나 유용하지 않음을 발견하고 그대로 먼지가 쌓이게 방치해버리는 것까지 모두를 포함해서 생각해 보면, 티키타카 소비 트렌드에서 '예쁜 쓰레기'

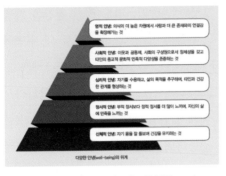

타인에게 비치는 겉모습에 더 치중하는 현대인들,
그들에게 필요한 다양한 안녕의 위계

는 시각적 매력에 중점을 둔 소비자 행동의 결과이다. '예쁜 쓰레기'란 티키타카 소비 트렌드에서 시각적으로 매력적이지만 실용성이 떨어지는 제품을 의미한다. 이런 제품들은 디자인과 외관이 뛰어나지만, 실제 사용에는 큰 가치가 없거나 실용성이 부족하여 오래 지속되지 않는 경우가 많다. 이러한 소비 패턴은 환경적, 경제적 문제를 야기할 수 있으며, 소비자와 브랜드 모두에게 부정적인 영향을 미칠 수 있다.

Where is it going and what should we do?

소셜미디어와 같은 플랫폼이 우리의 일상이 되면서, 현대 소비자들은 시각적인 요소를 중요하게 생각한다. 예쁜 제품 사진이 소셜미디어에 공유될 때 실제로 그 제품이 유용하거나 지속 가능하지 않더라도 소비자들은 그 제품을 소유하고 싶어한다. 이렇다 보니 기업의 입장에서도 제품의 외관을 강조하여 소비자들의 주목을 끌 수 있도록 브랜드에 대해 노력을 더 기울이게 된다. 이는 특히 Z세대를 중심으로 한 젊은 세대에게 유효한 전략인데, 시각적인 매력을 구매의 중요한 기준으로 삼고 있기 때문이다. 이로 인해 기능보다는 디자인에 집중된 제품들이 많이 생산되고 있는 것도 사실이다. 그렇다면 소비자들의 심리는 어떠할까? 특히 시장의 트렌드를 좌지우지하는 젊은 소비자들은 보통 제품의 실제 가치보다는 이를 통해 얻을 수 있는 행복감, 만족감, 혹은 사회적 인정을 더 중요하게 여긴다. 예를 들어, 보기 좋은 인형, 예쁜 포장지, 독특한 디자인을 가진 제품은 처음 소유할 때는 만족감을 주지만, 실제로는 큰 실용성이 없을 수 있다. 예쁜 쓰레기는 결국 불필요한 소비를 촉진하고, 이는 자원의 낭비와 환경 오염으로 이어지는데, 제품이 오래 사용되지 못하고 버려짐에 따라 환경에도 큰 부담을 준다. 아울러 예쁜 외관에 끌려 제품을 구매한 소비자도 실용성이 없다는 것을 깨닫게 될 때 실망하고, 이는 브랜드 신뢰도에 부정적인 영향으로 이어진다.

따라서 2025년의 소비 트렌드는 '인간과 인간의 티키타카'가 아닌 '인간과 물건, 인간과 기술 간의 티키타카'로 요약될 수 있다. 이 트렌드는 단순한 물건을 넘어서서 인간과 기술, 그리고 인간과 물건 간의 상호 작용을 중심으로 한 새로운 소비 패턴과 소비 관계를 만들어 내는 것이다. 의학 분야에서 이미 큰 성취를 거두고 있으면서 더 유명해진 단어로 '미니맥시즘(Minimaxism)'이란 용어가 있다. 척추 시술 시 최소의 침입과 절개, 최소의 손상으로 시술하여, 최대의 성공과 효과, 최대의 안정성을 거두는 것을 의미한다. 이 단어도 역시 티키타카 소비를 통해 걸러낼 것은 거르고, 우리 삶을 최소화시키는 '미니멀리즘'과 연계된다.

Mini-Max Spinal Procedures

작은 상처 · 큰 효과
미니맥스 척추시술

이상호 우리들병원 척추연구팀 지음

세계는 왜 한국의
'미니맥스 척추시술'에 주목하는가!

3년 연속 세계 의료관광 100대 병원 · 뉴욕타임스 CNN · NHK 집중 조명
이상호 박사의 30년 노하우 '근본 완치처음 -미니맥스 척추시술'

'미니맥시즘'을 소개한 의학분야

이에 따라 우리 생활의 미니멀리즘을 돕는 의외의 사업들도 다시 기회를 발견하게 된다. 주로 환경 친화적이고 소비를 줄이는 방향으로 서비스나 제품을 제공하는 기업들이다. 물론 미니멀리즘이 티키타카 소비를 하는 방식을 모두 커버할 수는 없다. 그러나 미니멀리즘을 목표로 처음 시작을 한다면, '티키타카 소비'라는 성과를 만드는데 어렵지 않게 진도를 나갈 수 있다. 몇 가지 미니멀리즘 아이디어로는 다음과 같은 예를 들 수 있다. 먼저, '제로 웨이스트 상점'은 일회용 플라스틱이나 포장재를 최소화하고, 생활용품을 리필 가능한 포맷으로 제공하는 상점이다. 고객은 자신이 가진 용기에 제품을 담아가거나, 상점에서 제공하는 재사용 가능한 용기를 이용하는데, 이미 스타벅스, 컴포즈와 같은 커피숍에서 사용하고 있는 방법이기도 하다. '지속 가능한 의류 브랜드' 역시 이러한 캠페인에 일조하고 있는데, 지속 가능한 원료와 제조 공정을 사용하여, 고품질의 미니멀한 디자인의 의류를 생산하는 브랜드를 의미한다. 다행히도 패션 산업에서는 미니멀리즘을 추구하는 브랜드들이 지속적으로 늘어나고 있다. 물론 관건은 이 같은 아이템에 대한 소비가 개인과의 티키타카를 보고

사는데 있지만, 제조와 소비의 관계는 늘 함께 동행하므로, 첫 제조의 시작을 미니멀리즘으로 하는 것이다. 아울러, 최근에는 '디지털 미니멀리스트 서비스'를 제공하는 기업들이 생겨나고 있다. 디지털 미니멀리스트를 돕기 위한 앱이나 온라인 플랫폼을 의미하는데, 불필요한 디지털 소비를 줄이고, 디지털 생태계에서의 효율적인 관리를 돕는 것이다. 간단한 생활용품 렌탈 서비스도 마찬가지이다. 잠시 필요한 생활용품, 혹은 제품의 유용성을 바로 알기 힘들 때는 렌탈하여 소유의 부담을 줄이고, 필요시에만 소비하는 경향을 촉진하는 서비스를 활용할 수도 있다. 이를 통해 진정 나와 티키타카가 맞는 제품으로 무엇이 있는지 걸러낼 수 있기 때문이다. 마지막으로 폐기물 처분과 재활용 기업들도 티키타카가 맞지 않는 아이템들을 처분하는데 유용하게 쓰일 수 있다. 또한 자원을 보존하고, 쓰레기의 양을 줄이기 위해 폐기물을 재활용하거나 재사용 가능한 제품으로 재가공하는 기업이 각광받고 있다. 이러한 사업들은 각각의 방식으로 미니멀리즘을 실천하고 지속 가능한 소비 문화를 촉진하려는 노력을 하고 있다. 아울러 개인으로 하여금 티키타카가 맞는 제품만을 남겨 놓는 데 도움을 주는 서비스가 될 수 있다.

한편, 현대인은 인간을 직접 마주하며 대면하는 커뮤니케이션보다 오히려 챗GPT 혹은 인공지능 AI, 구글 어시스턴트, 애플의 시리(Siri)와 같이 인공지능 비서 서비스 등과 같이 기계와 커뮤니케이션하는 것에 더 익숙해져 있고, 더 익숙해질 것이다. 특히 팬데믹 기간 동안 재택근무와 온라인 교육을 받으면서 우리들의 혼잣말은 늘어났다. 이에 따라, 여기에 응답해 주는 인공지능 비서들의 능력치는 더 올라갔다. "시리, 블루투스 연결해 줘", "클래식 음악 좀 틀어줘" 등 혼잣말만 하면 바로 응대를 해주고, 양방향 소통까지 가능한 인공지능 비서는 이제 우리 생활 속에 깊이 들어와 있다. 인공지능은 특히 우리가 아는 현실을 확장해 나가고 있다. 우리가 사람 대신 기술과 커뮤니케이션하고, 관계를 맺고, 삶을 공유하는 모든 것이 해당된다. 이에 따라 티키타카 소비도 '인간과 물건' 간의 관계를 뛰어넘어, '인간과 기술' 간의 관계에도 적용되어야 한다. 이처럼 인간과 물건, 기술의 상호 작용을 중시하는 티키타카 소비 트렌드는 개인화된 경험과 선택의 다양성을 중시하며, 새로운 형태의 경제 활동과 소비 패턴을 만들어가고 있다. 기업들은 이러한 트렌드를 이해하고 반영하여 경쟁력을 더 강화할 수 있는 아이템들을 선별해야 할 것이다. 티키타카 소비 트렌드는 소비자가 제품과 상호 작용하는 방식을 변화시킬 것이고, 기업들은 이를 통해 새로운 제품개발 및 마케팅 전략을 세울 수 있을 것이다.

2025년은 바로 '티키타카 소비'가 정착되는 한 해가 될 것이다. '티키타카 소비'란 '나와 물건의 관계', '나와 기술과의 관계'를 다시 돌아보고 정리하면서, 단순히 케케묵은 먼지와 함께 쌓아 두어지는 관계가 아니라, 지속적으로 소통이 되는 관계를 만드는 것이다. 이는 미니멀 라이프를 꿈꾸지만, 여전히 저장강박증을 가지고 있는 현대인들에게 작은 희망을 선사해준다. 미니멀리스트가 되라고 강조할 수는 없지만, 기대를 해보고 조금씩 변화를 줄 수 있게 만드는 길잡이가 될 수는 있다. 이를 위해 지금 당장 필요한 것은 바로 '티키타카 소비'를 아는 것이다.

스타와 팬의 팀플,
프라이빗 메시지

2024년 5월, 아이돌 팬 커뮤니티 플랫폼 '위버스$^{(Weverse)}$'의 서비스인 '위버스 DM($^{Weverse}_{DM}$)' 접속이 어려워지는 일이 일어났다. 이 플랫폼의 접속 서버에 일시적으로 부하가 걸렸기 때문이다. 이른바 '서버를 터뜨린' 폭발력의 주인공은 2024년 방영된 tvN 드라마 〈선재 업고 튀어〉에서 류선재 역으로 신드롬급 인기를 모은 변우석. 그가 5월 8일 위버스에 커뮤니티를 정식 오픈하자마자, 2시간 만에 가입자 수가 10만 명을 넘었고, 오픈 20일 만에 54만 명의 가입자가 몰리는 호응을 받았다. 변우석이 DM 메시지를 보낼 때마다 이를 확인하기 위해 가입자들의 접속이 일시에 몰리면서 접속 자체가 어려워지

변우석과 우리 이제 DM하는 사이!
지금 바로 대화를 주고받아보세요.

변우석의 '위버스 DM' 서비스 오픈 안내 화면: 우리 이제 DM하는 사이!

는 상황이 여러 번 나타나서, 위버스에서는 일시적 접속 오류를 인정하는 메시지를 올리기도 했다. 글로벌 팬덤을 전제로 한 K-팝 아이돌들에 비한다면, 상대적으로 팬 커뮤니티 플랫폼 이용이 일반적이지 않았던 배우에게는 이색적으로 일어난 상황이었다. 변우석이 서비스를 시작한 '위버스 DM'은 아티스트가 보내는 메시지를 받기 위해서는 팬들이 매월 일정 금액의 구독료를 지불하며 가입해야 하는 유료 서비스이다. 아티스트들은 기존에도 자신의 소식을 인스타그램, 트위터 등에서 사진과 글로 알리고 있고, 팬들은 공개된 댓글과 개인 DM 등을 이용하여 의견을 전달했다. 이런 무료 플랫폼들이 존재하고 있는데 왜 팬들은 군이 월정 구독료를 지불해야 하는 유료 서비스의 오픈을 반기고 호응하고 있을까?

What do we see?
지금 만나러 갑니다

'위버스 DM'과 같은 구독형 커뮤니티 서비스 이용으로 화제가
된 건 변우석만이 아니다. 그보다 한 달 전, 팬들과의 직접적인 소통
을 새롭게 시작한 배우가 있었다. tvN 드라마 역사상 역대 최고 시
청률 24.8%를 기록한 2024년 드라마 〈눈물의 여왕〉에 출연하여 백
현우 역으로 높은 인기를 증명한 배우 김수현이 '버블(Bubble)'에서 서
비스를 시작하였다. 갓 데뷔한 신인이거나 떠오르는 라이징 스타라
서 신규 팬덤의 확보가 필요한 상황도 아니고, 이미 드라마 〈해를 품
은 달〉, 〈별에서 온 그대〉, 영화 〈은밀하게 위대하게〉 등의 히트작으
로 글로벌한 인기를 보유하고 있는 데뷔 16년 차 톱배우가 새롭게
팬 서비스를 시행한다고 하여 주목을 받았다. 김수현의 경우에는 소
속사 차원에서 버블 독립 앱 '버블 포 골드메달리스트(bubble for GOLDMEDALIST)'를
만들어 서비스하고 있다. 배우 소속사로서는 최초로 독립 앱을 개설
하면서, 김수현 외에 최현욱, 이채민 등의 소속 배우들이 함께 이 앱
을 이용하고 있다.

'버블'은 2017년 SM엔터테인먼트와 JYP엔터테인먼트가 최대
지분을 갖고 설립한 (주)디어유의 대표 서비스이다. 디어유 버블
(DearU bubble)은 아티스트가 팬에게 1대1 채팅 형태로 프라이빗 메시지를 보
내면서, 자신의 일상을 공유하고 팬들의 반응을 실시간으로 확인하
며 소통할 수 있다. 업계 최초로 2020년 2월 디어유 버블이 SM엔터
테인먼트 소속 가수를 위주로 하여 본격적으로 서비스를 시행한 이

후 구독형 프라이빗 메시지의 대명사 역할을 하고 있다. 제록스와 호치키스가 각각 복사기와 스테이플러 그 자체로 인식되어 온 것처럼, 프라이빗 메시지 서비스 이용을 '버블해?', 프라이빗 메시지의 수신을 '버블 왔어?'라고 표현하는 것이 일반적일 만큼 대표 주자로 자리잡았다. 디어유 버블은 SM 외의 국내 엔터테인먼트 회사와도 차례로 계약을 맺으며 아티스트 IP를 늘려나갔다. 2022년에는 김연경 등 여자배구 선수들로 '버블 포 스포츠$\binom{\text{bubble for}}{\text{SPORTS}}$' 서비스를 시행하였고, 메이저리거 최지만, 쇼트트랙 김아랑, 야구 유희관 등 스포츠 스타를 추가로 유치하였다. 현재는 이동욱, 김수현 등 배우와 트레저헌터 소속 크리에이터 등 비음악 분야의 다양한 라인업을 확보하여, 2024년 3월 말 현재 130여 개의 소속사, 600명이 넘는 아티스트와 유료 구독자 230만 명이 이용하고 있다고 디어유는 밝혔다.

SM-JYP 연합의 '버블'에 이어 2021년 1월 게임사 엔씨소프트의 자회사 '클렙'이 '유니버스' 서비스를 출시하였다. 몬스타엑스, 더보이즈, 강다니엘, 몬스타엑스, 더보이즈 등 인기 K-팝 아이돌 35개 팀을 유치하면서 버블과 대적하는 프라이빗 메시지 플랫폼으로 주목받았다. 이어 2023년 5월 하이브가 운영하는 팬덤 플랫폼 '위버스$^{\text{(Weverse)}}$'에서 버블과 같은 프라이빗 메시지 서비스 '위버스 DM'을 새로 시작했다. 위버스는 방탄소년단$^{\text{(BTS)}}$ 등 소속 아티스트들의 일정과 소식을 전하는 공식 팬 커뮤니티 역할을 해온 팬덤 플랫폼으로, 아티스트의 앨범과 굿즈 등의 공식 기획 상품을 판매하는 온라인 스토어 '위버스샵' 등이 구성되어 있다. 위버스는 단순한 커뮤니

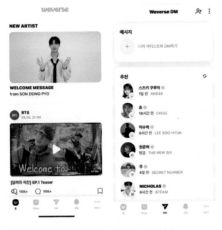

티 기능만이 아니라 독자적인 자체 콘텐츠 제작과 코로나19 상황에서 온라인 콘서트 독점 개최 등으로 해당 아티스트의 팬이라면 필수적으로 이용할 수밖에 없는 플랫폼이다. 이런 배경이 '위버스 DM' 경쟁력의 바탕이 되었다. 경쟁 구도에서 '유니버스'가 먼저 백기를 들고, 2023년 디어유에 모든 IP(지식재산권) 일체를 양도하면서 모든 서비스를 종료하고 '버블'에 이관하며 사업을 매각하였다. 현재는 아티스트의 강연 등을 서비스하는 종합 IP 플랫폼 '원더월'을 운영하는 노머스에서 2022년부터 시작한 '프롬 (fromm)' 서비스를 포함하여, 선두 주자 '버블'을 최대 강자로 하고 '위버스 DM'과 함께 3파전 시장을 형성하고 있다.

나의 이름을 부를 때

이와 같이 팬덤 플랫폼에서 필수적인 역할을 하고 있는 '프라이빗 메시지 서비스'를 이용하기 위해서는 월 4500원(개인 기준)의 구독료가 필요하다. 음악, 영화, 드라마 등의 콘텐츠 이용을 위하여 각종 다양한 구독 서비스가 존재하지만, 팬들이 아티스트와의 소통을 위해서까지 유료 구독료를 내야 한다는 것이 처음부터 당연히 여겨진 것은 아니었다. 모든 스타 마케팅이 본질적으로는 상업적일 수 있다고 하더라도, 이렇게 '돈을 내야 이뤄지는 관계'를 가시적으로 드러내는 것에 대해서는 팬과 아티스트 양측 모두에게서 거부감이 존재하였다. 이런 부정적인 의견을 가장 값진 4500원의 소비라고 여길 수 있을 만큼 긍정적 반응으로 변화시킨 것은 지금껏 접하지 못한 특별함이라는 경험이다.

프라이빗 메시지를 서비스하고 있는 어플 내역 (버블, 버블포골드메달리스트, 위버스, 프롬)

현재 프라이빗 메시지 서비스는 이를 최초로 시작했던 버블의 '아티스트와 팬의 1대1 채팅'이라는 개념을 바탕으로 하고 있다. 사실 스타는 유일한 존재이므로 스타 1인과 다수의 팬이라는 구도일 수밖에 없는데, 팬들에게 1대1 대화라는 착각을 가능하게 하는 기술적 장치를 사용하고 있다. 기존과 같이 인스타그램, 트위터 등의 SNS(소셜 네트워크 서비스)를 통하여 아티스트가 다중에게 메시지를 전달하는 경우, 팬들의 피드백도 공개된 게시판의 댓글 형태를 지니게 된다. 이에 비해 버블은 앱의 인터페이스(UI)를 카톡 등의 대화 메시지 서비스 형태로 구성하고 있어, 내가 보내는 메시지와 아티스트가 보내는 메시지가 서로 카톡 형태로 주고 받으며 대화하는 듯하게 만드는 사용자 경험(UX, User eXperience)을 구현했다. 아티스트는 팬들이 보낸 모든 메시지를 볼 수 있지만, 팬에게는 다른 팬의 메시지는 보이지 않고 오직 아티스트가 보낸 메시지만을 자신만의 개별화된 창에서 확인할 수 있도록 하는 것이 서비스의 핵심이다.

실제로는 송신은 여전히 1대 다중이고 수신 기능만 1대1이지만, 팬으로 하여금 아티스트와 쌍방향 1대1 채팅이 이뤄지는 것으로 여기게 만드는 착시 장치는 사전에 팬들이 설정해 둔 프로필 상의 닉네임으로 구체화된다. 아티스트가 특정 코드를 입력하여 전송하면 팬들의 창에서는 개별로 설정한 닉네임으로 변환되어 나타나는 형식으로, '당신', '옹니', '자기' 등을 비롯하여 배우의 경우 극 중 상대역 '솔이', '해인' 등으로 설정할 수 있으며, 팬의 실명과 애칭에 이르기까지 아티스트에게 듣고 싶은 특별한 호칭으로 표기가 된다. 아티스트가 이런 '언급 기능'을 적시 적소에 적절하게 잘 사용할수록 팬들의 만족도는 높아질 수밖에 없다. 또한 카톡과 마찬가지로 내가 보낸 메시지를 아티스트가 읽을 경우 메시지 앞에 제시된 1이 사라지게 하여 '읽음'을 확인할 수 있는 기능도 있다. "오늘은 저녁 뭐 먹을 거예요?"라고 내가 보낸 메시지가 아티스트에게는 수많은 팬 메시지의 1/n에 해당할 뿐이라는 걸 머리로는 인지하고 있다고 하더라도, "날이 더워서 냉면 먹으려고 해. 너는? "이라고 마치 호응하는 듯한 답변 메시지를 받게 되는 이른바 '티키타카' 성공의 행운이라도 온다면 특별함으로 벅차오를 수밖에 없게 만든다. 나의 구독일을 표시하여 'D+100' 등 스타와 나의 개별 기념일처럼 보이게 하는 것도 이런 장치 중의 하나이다. 장기 구독을 할수록 전송할 수 있는 메시지의 길이를 길게 제공하는 방안 역시 구독일의 연장과 재구독을 유도하는 효과적인 전략이다.

돈이 흘러가는 플랫폼

이런 경험을 위해 팬들이 지불하는 비용은 매월 4500원의 구독료이다. 버블의 경우에는 아이돌 그룹처럼 다수 인원의 멤버를 구독하게 되면 2인권 8000원, 3인권 1만1500원과 같이 다인권 할인을 적용받을 수 있다. 위버스 DM도 버블과 가격은 같지만, 위버스의 공식 결제 수단인 젤리를 사용한다는 점이 다르다. 30일 이용권은 15젤리(4500원), 60일은 30젤리(9000원), 90일은 45젤리(1만 3500원)와 같은 식의 기간권으로 판매한다. 구독료라는 단일 수익 구조 방식을 지닌 디어유 버블과 달리 위버스 DM의 경우에는 광고 수익, 콘서트 수익, 굿즈 수익 등 복합적 매출 구조를 지닌 팬 커뮤니티 플랫폼 위버스에 기반하고 있다. 이에 따라 프라이빗 메시지 서비스 매출 구조는 버블을 기준으로 파악해 보고자 한다.

버블 플랫폼을 이용하기 위해서 이용자들은 구글 플레이스토

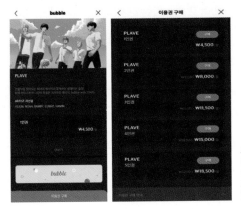

가상 아이돌 그룹 'PLAVE'도
버블 서비스를 하고 있다 :
다른 아이돌 그룹처럼
개인권과 함께 다인권을
할인 적용하여 판매

어, 애플 앱스토어 등에서 앱을 다운받고 구독권을 구매하여야 한
다. 2024년 5월 금융감독원 전자공시시스템(dart.fss.or.kr)에 공시
된 디어유의 분기 보고서에 따르면 전체 매출액의 99.81%가 구글
플레이스토어, 애플 앱스토어에서 이뤄지고 있다. 보고서에 따르면,
버블의 매출은 2022년 477억원에서 2023년 746억원으로 증가하
였고, 2024년에는 1분기 매출만 202억원으로 전년 동기 163억원
과 비교하면 23.9% 성장한 실적을 보인다. 매출액만 우상향하는 것
이 아니라 영업이익 측면도 눈여겨볼 만하다. 매출액에서 영업비용
을 제외한 영업이익은 71.5억 원으로 영업이익률 35.3%를 기록하
고 있고, 전년 동기 57.4억 원의 영업이익과 비교할 때 24.5%가 증
가하였다. 유료 회원 이용률 100%의 사업이기 때문에 매출 대비 이
익이 높은 사업이라고 자평할 만한 실적이다.

영업비용에 포함된 지급수수료 계정에는 구글 플레이스토어, 애플 앱스토어 등에 지급하는 결제수수료와 계약한 엔터테인먼트 회사에 대한 엔터테인먼트 수수료가 해당하는데, 엔터테인먼트 수수료의 경우는 한국채택국제회계기준(K-IFRS) 수익 기준상 순액법으로 인식하여 매출액과 지급수수료에서 차감하여 회계처리하고 있으므로 실제 지급수수료 계정은 대부분 앱 결제수수료에 해당한다. 버블의 2024년 1분기 앱 결제수수료는 71.5억원으로 전체 매출액 202억원의 35.3%에 해당하며, 이는 2022년 181억원(38.5%), 2023년 284억원(38%)에서 볼 수 있듯이 지출에서 상당한 비중을 차지한다고 하겠다.

버블에서 자체 분석한 주요 고객층은 K-팝을 중심으로 한 미디어 & 엔터테인먼트에 관심이 있는 글로벌 팬이다. 실제로 해당 분기 매출 기준으로 볼 때 국내 매출이 53.6억원인 데 비해 해외 매출이 148억원으로 집계되어 매출액의 73% 이상이 해외 팬으로부터 발생한 것으로 나타났다. 버블 서비스의 매출액과 영업이익이 서비스 시행 이후 지속해서 성장하고 있는 것을 참작한다면, 스타와의 1대1 프라이빗 메시지를 할 수 있는 대가로 '커피 한 잔 값'에 해당하는 월 4500원을 지불할 수 있는 팬덤의 규모도 증가하고 있다고 보인다. 팬 활동을 하기 위해서는 이른바 '덕질 비용'이 발생한다.('덕질'은 무엇인가를 좋아하여 깊이 빠져있는 존재라는 의미의 '덕후'와 접미사 '질'을 결합한 내용으로 온오프라인으로 행하는 팬 활동을 의미한다. 국립국어원에서는 이를 '어떤 분야나 사람을 열성적으로 좋아하여 그와 관련된 것들을 모으거나 파고드는 일'로 정의한다.)

'덕질 비용'은 팬 활동을 위해 소비되는 콘텐츠 구입비, 굿즈 구입비, 관람권 구입비 등을 의미하고 있는데, 새로이 등장한 프라이빗 메시지 구독료란 형태가 추가되었다. 팬들 개개인의 소비에 대하여는 '팬덤^(fandom)'이라는 조직화한 형태의 생태계 변화 차원에서 살펴보고자 한다.

Why is it?
팬덤 4.0과 팬더스트리

스타를 중심으로 했던 엔터테인먼트 산업에서 팬에 대한 중요도와 가치가 높아진 건, 산업의 소비적 주체와 경제 가치 창출이라는 위상과 관련이 있다. 팬덤에 관한 기존 연구들도 스타와 팬의 종속적인 수직 관계에서 횡적인 관계로의 변화에 대해 주목하고 있다. 1992년 미국의 미디어 학자 헨리 젠킨스(Henry Jenkins)는 '팬덤'을 수동적인 수용자가 아니라, 능동적으로 참여하면서 창조적인 생산 활동을 하는 공동체라는 의미로 사용하며 긍정적인 시각을 제시했다. 이후 '팬덤'은 단순히 공통된 대상을 좋아하는 팬들이 모인 집합체의 개념을 넘어서서 자체적으로 규칙과 관습을 만들고 문화를 생산하는 공동체적 의미로 확장되었다.

한국 엔터테인먼트 산업에서의 팬덤의 변화에 대해서는 우선 K-팝 아이돌의 역사에 맞춰 살펴보는 시각이 일반적이다. 조직화한 팬 활동을 '조용필 오빠 부대'의 존재감으로 거슬러 올라갈 수도 있겠지만, 현재의 능동적이고 생산적인 열성팬은 1992년 서태지와 아이돌의 데뷔 이후 기획사의 아이돌 시스템에 의해 등장한 1세대 아이돌부터로 언급된다. 1996년 H.O.T와 1997년 젝스키스가 데뷔하면서 형성된 아이돌 문화는 풍선 대결에서 알 수 있듯이 색상, 응원봉, 슬로건 등의 아이템으로 상징되며 기존과 차별화된 팬덤 문화도 형성하였다. 이후 빅뱅, 동방신기, 샤이니, 2PM 등의 2세대 아이돌은 본격적으로 해외 시장에 진출하며 글로벌 팬덤을 형성하였고, EXO, 방탄소년단(BTS) 등의 3세대 아이돌들은 솔로, 유닛과 그룹 활동 등을 유연하게 병행하면서 팬덤과의 다양한 소통 방식과 독자적인 세계관 형성 등으로 본격적인 팬덤 생태계를 구축하였다.

팬덤 생태계를 아이돌 세대 구분과 흡사하게 추종자로서의 팬덤 1.0에서 능동적 소비자 2.0을 거쳐 직접 공유와 생산 참여자 3.0의 과정으로 구분하기도 한다. 현재는 디지털 미디어의 발달과 함께 팬덤 자체적으로 콘텐츠를 생산하고 소비하며 상호작용까지 이뤄지는 팬덤 4.0 시대라고 바라보며, 팬덤의 콘텐츠 크리에이터적 역할과 소통과 상호작용이 형성하는 산업적 측면을 강조하는 새로운 팬덤 현상에 주목하기도 한다.

이렇게 팬덤 문화가 직접적인 생산 주체로 변화하며 산업화한 현상을 팬더스트리(Fandustry : fan+industry)라고 한다. 특히 엔터테인먼트 산업에서도 디지털 기술이 발달하면서 디지털 미디어 플랫폼과 소셜미디어를 통해 실시간으로 콘텐츠가 소비되고 공유되는 상황에서, 팬덤의 범위도 국가 간 경계가 의미를 갖기 어려운 글로벌 차원으로 확대되었다. '초연결'과 '융합'이 핵심이 된 4차 산업혁명 시대의 팬덤은 디지털 기술의 힘을 적극적으로 요구한다. 시공간을 뛰어넘어 아티스트와 끊임없이 연결되고 소통하길 원하며, 오프라인 중심에서 온라인으로, 그리고 현실이 아닌 가상 세계에 이르기까지 참여와 경험의 시공간을 확장하고 있다.

기존의 팬 커뮤니티가 기획사와 스타에게서 생성된 정보의 전달과 수용이 중심이었다면, 이제 팬들 사이 정보의 공유와 상호작용이 이뤄지는 위버스 등의 팬 플랫폼이 팬덤 문화의 중심이 된 것은 이런 배경이다. 팬들은 자체적으로 콘텐츠를 기획 제작하는 생산자이기도 하고, 이를 적극적으로 공유하고 유통하는 유통자이기도 하고, 생산된 콘텐츠를 소비하는 소비자이기도 한 복합적인 성격을 지닌다. 팬들의 '크리슈머($\begin{smallmatrix} \text{Creasumer :} \\ \text{creator + consumer} \end{smallmatrix}$)' 성향은 아티스트와의 소통도 쌍방향을 요구하며, 소통 자체에서도 생산의 주체로 이바지하고자 한다. 프라이빗 메시지를 이용하는 팬들은 아티스트의 메시지를 일방적으로 수신하는 소비자가 아니라, 본인의 메시지를 아티스트에게 전달하는 창작자이기도 하다. 나의 앱에 남아 있는 1대1 대화창의 화면은 아티스트와 내가 동시에 참여하여 제작한 일종의 '팀플($\begin{smallmatrix} \text{team} \\ \text{play} \end{smallmatrix}$)'의 산출물이라는 의미를 갖는다고 할 수 있지 않을까.

Is New Media New?

정보기술의 발전 시기에 따라 새로이 등장하는 '뉴미디어'는 지

금까지의 미디어와는 다른 특수성을
갖고 있다고 여겨진다. 이런 일반적
인 견해에 대해 다른 시각을 주장한
미디어 학자가 있었다. 새로운 기술
이 적용된 미디어는 겉으로는 새롭게
보일 수 있지만 기존의 미디어와는
보편적 공통성이 있음을 강조하는 관
점이다. 미디어 학자 제이 데이비더
볼터($^{Jay\ David}_{Bolter}$)와 리처드 그루신($^{Richard}_{Grusin}$)
은 어떤 하나의 미디어는 다른 미디

볼터 & 그루신은 새로운 미디어는
기존 미디어를 '재매개'한다는 개념의
미디어 연속론적 관점을 제시

어의 인터페이스, 표상, 사회적 인식과 위상을 차용하고 개선하고
있으므로, 특별히 새로움은 없다고 말했다. 이렇게 미디어의 형식과
표현이 다른 미디어로부터 영향을 받거나 변형되고 있는 현상을 그
들은 '재매개$^{(remediation)}$'라고 규정하였다.

변화하는 미디어 사이의 상호작용을 기술하고 있는 '재매개'에
대한 의미는 미디어 학자 레브 마노비치($^{Lev}_{Manovich}$)를 통해 '문화 인터페
이스($^{cultural}_{interfaces}$)'의 개념으로 확장되었다. 미디어를 사용하는 사람들이
형성해 온 문화적 배경이 기술적 요소와 결합하여 새로운 인터페이
스 형식으로 전달된다는 내용으로, 새로이 등장한 디지털 미디어를
텍스트, 사진, 영화 등의 기존 미디어의 계보와 연결하여 설명하고
있다. 미디어의 인터페이스가 이용자들에게 문화적 산물과 형식을
접하는 통로 역할을 하고 있다는 의미이다. 이렇게 새로운 미디어를

단순히 기술적 요소를 강조하는 것보다, 문화적 배경을 고려하여 파악하려는 접근 방식은 미디어를 이용하는 사람들의 '미디어 경험' 측면을 감안하면 훨씬 더 효과적이다.

미디어는 점차 이용자 사용이 용이하고 참여와 상호작용이 이뤄지는 인터페이스 형태로 변화하고 있다. K-팝 아티스트들도 자신의 팬덤을 유지하기 위해 미디어를 다양하게 활용하고 있다. 1세대 아이돌 시대에는 오프라인 중심의 팬클럽이 운영되었고, 아티스트와 팬덤과의 소통은 편지, 음성사서함 운영 등으로 이뤄졌다. 이후 정보기술의 발전에 따라 인터넷 기반의 홈페이지나 커뮤니티형 인터넷 카페를 주로 활용하게 되었고, 점점 모바일 기반의 소셜미디어 소통으로 진행하면서 글로벌한 파급력을 지니게 되었다. 팬들이 이용하는 미디어의 형태 역시 디지털 기술을 적용한 팬덤 플랫폼형 방식으로 변화한 것은 그동안 경험해 온 팬덤 문화의 배경을 바탕으로 하여 새로운 인터페이스로 나타났다고 볼 수 있다.

현재의 프라이빗 메시지 서비스 이전에도 스타와 팬의 친밀한 소통을 위해 '1대1 디지털 팬레터' 서비스가 등장한 바 있다. 2007년 6월 인터넷 소프트웨어 업체 (주)다날이 출시했던 UFOtown(유타) 서비스가 바로 그것. 당시 팬들이 홈페이지 등을 통해 스타에게 팬레터를 보내면, 스타가 직접 답장을 써서 메일로 보내주는 형식이었다. 2세대 아이돌 대표주자인 동방신기, 소녀시대, 빅뱅, 원더걸스 등 인기 스타들이 참여하여 팬들과의 쌍방향 소통에 적극적으로 나서면서, 서비스 개시 1년이 경과한 2008년 기준 30만 넘는 회원이 가입할 정도로 화제가 되었다. 물론 팬레터를 보낸 전원에게 답메일을 보내줄 수 없어 답장을 받은 팬들만 복권 당첨이 된 것 같다는 한계와 함께, 당시 기준으로 건당 수십 원에서 수백 원을 지불하는 이용료 부담에 대한 지적도 있었다. 그러나 기존 팬들이 보내는 손편지를 디지털 기기를 활용한 디지털 팬레터라는 인터페이스로 재매개하였고, 또 '1대1 커뮤니케이션'이라는 콘셉트를 구상하여 현재의 프라이빗 메시지 서비스로 이어지는 유료 소통의 효시가 되었다는 점에서 의미있는 사례로 평가된다.

프라이빗 메시지는 이렇게 기존의 다양한 미디어의 형식과 표현에 영향받아 등장한 서비스인데, 특히 소셜미디어의 게시글과 DM 등을 결합하는 등 여러 형태의 미디어를 복합적으로 차용하고 개선한 면이 눈에 띈다. 트위터, 인스타그램 등 기존 소셜미디어는 다중을 대상으로 한 공개적인 포스팅 방식이고, 그 소셜미디어 내의 DM은 한정된 대상과의 비공개 소통 내역인데, 이 중첩할 수 없는 두 가지 형식을 결합하여 다중에게 전송하되 1대1 대화창의 형태로 표출하도록 디자인한 것이다. 앞에서 말한 유타 서비스는 아티스트가 실제로 1대1 답장을 보냈었다면, 프라이빗 메시지는 다중에게 보낸 메시지를 팬들이 나만을 위한 비공개 소통의 카톡 대화로 인식하게 만드는 기술적 장치를 사용하고 있으니 디지털 기술의 힘이다. 현재 이용자의 참여와 상호작용이 이뤄지는 인터페이스 형태로 변화하고 있는 미디어의 흐름 속에서, 프라이빗 메시지는 기존의 다양한 미디어를 복합적으로 차용하고 개선하여 창출된 새로운 문화 인터페이스로서 매우 극적인 등장이라 하겠다.

경험을 소비하다

대중문화가 '이야기'를 제공하지 않고도 '커뮤니케이션' 자체가 소비될 수 있다는 의미의 '커뮤니케이션 소비론'이 일본 비평가 마에지마 사토시(前島賢)로부터 제기되었다. 마에지마는 대중문화에서 중요해진 것은 커뮤니케이션을 통해 주고받는 이야기가 아니라, 커뮤니케이션을 하고 있다는 사실이라는 점을 주목했다. 위버스 등의 팬덤 플랫폼에서 스타와 팬을 연결하거나, 팬들끼리의 소통과 공유의 기능이 중시되고 있는 상황을 커뮤니케이션을 소비하는 흐름으로 파악하는 관점은 이에 따른다.

커뮤니케이션 자체의 소비가 중요해졌다는 것은 소비의 만족도가 커뮤니케이션에 참여하는 주체에 따라 차별화됨을 의미한다. 특히 기존과 같이 송신자 중심의 매스커뮤니케이션 시대에서 상호작용을 기반으로 한 인터랙티브 미디어 환경으로 변화함에 따라, 미디어를 이용하는 사람의 능동성의 정도와 참여도에 따라 동일한 미디어를 이용한다고 해도 상이한 경험을 갖게 될 수밖에 없다. 소유에서 경험과 체험으로 소비의 가치가 이동하고 있는 '경험 경제' 시대이다. 내가 행위의 주체자로서 직접 참여하는 커뮤니케이션보다 더 강력한 체험이 있을 수 없으니, 팬덤의 소비가 커뮤니케이션으로 귀결되는 것은 어쩌면 당연한 결과이다. 그 정점에 프라이빗 메시지 서비스가 자리한다.

프라이빗 메시지 서비스의 대화창 속에서 아티스트는 나와 커뮤니케이션을 하는 친밀한 존재로 자리 잡는다. 이렇게 동일한 공간에 함께 있는 듯한 느낌을 갖게 하는 사회적 실재감(social presence)을 발생시키는 것이 프라이빗 메시지 서비스의 핵심이다. 매튜 롬바드(Matthew Lombard)와 테레사 디턴(Teresa Ditton)이 분류한 6가지 현전(presence)의 유형에는 대상이 다른 곳에서부터 미디어를 이용하는 환경 속에 불려 들어와 있는 것처럼 느끼게 하는 '이곳에 있다(It is here)'와 매체를 통해 다른 사람과 공간을 공유하는 것과 같은 느낌을 받게 되는 '우리가 함께 있다(We are together)'가 있다. 이 두

김수현이 보내는 버블이 도착하면 팬들의 휴대폰 창에 알림이 뜬다

가지 현전감을 동시에 느끼게 만드는 프라이빗 메시지 서비스는 경험의 소비 측면에서 볼 때도 매력적인 상품이 아닐 수 없다. 이런 현전감을 바탕으로 하면서 스타와의 커뮤니케이션 자체를 소비하게 되는 특별한 경험을 팬들이 어떻게 외면할 수 있을까.

Where is it going and what should we do?

프라이빗 메시지 서비스를 시작하였고 현재 대표 주자가 된 디어

유 버블은 2024년 6월 일본 현지 버블 서비스 '버블 포 재팬(bubble for JAPAN)'을 론칭했다. 현재 버블 서비스 이용 고객의 73% 이상이 해외 팬인 점을 감안할 때 글로벌 전략은 필요한 선택이었다. 그동안의 버블 서비스가 한국의 아티스트를 대상으로 한 것이라면, 버블 포 재팬은 일본에서 활동 중인 아티스트를 대상으로 유치하고 있다. 이뿐 아니라 미국에서도 법인을 설립하여 팝, 힙합, 라틴 음악 아티스트를 확보할 계획이라고 밝혔다. 한국 아티스트가 글로벌 팬덤을 확보하는 것에서 나아가서, '프라이빗 메시지 서비스'라는 한국 기업의 비즈니스 모델 자체가 해외에서 새로운 시장을 개척하며 인정받을 수 있을지 귀추를 지켜볼 만하다.

그렇다면 한국 내에서의 전망은 어떠할까. K-팝을 비롯하여 K-콘텐츠 산업의 성장에 따라 글로벌 팬덤을 대상으로 한 시장 규모는 증가할 수밖에 없다. 특히 창작의 직접 생산자로서 참여가 확대된 팬더스트리, 상호작용의 강화 측면으로 문화 인터페이스의 변화, 커뮤니케이션 경험의 소비 중시라는 차원을 살펴볼 때 팬덤 플랫폼의 위상은 지속될 것이다. 프라이빗 메시지 서비스는 아티스트와 팬의 소통에 있어 차별화된 경험을 부여하고 있으므로, 아티스트들의 적정 수준의 성의있는 이용만 보장할 수 있다면, 앞으로도 충성도 높은 팬덤 확보를 위한 역할을 계속할 수 있을 것으로 보인다.

서비스 제공자인 기업 측면에서 본다면, 프라이빗 메시지 서비스도 고객에게 판매할 수 있는 상품의 확보라는 차원에서 살펴볼 필요가 있다. 팬 플랫폼의 매출 증대를 위해서는 보유하고 있는 IP(아티

스트)를 확보하여 증대하는 것이 절대적으로 필요한데, 후발 주자이
거나 아티스트를 다수 보유한 기획사 기반의 사업자가 아니라면 시
장 진입과 유지 모두 쉽지 않다. 위버스 DM보다 먼저 사업을 시행
한 유니버스도 수익성 확보에 실패하며 사업을 포기하여, 현재로서
는 위버스 DM과 버블, 프롬이라는 3사의 경쟁에 불과하다고 할 수
있다. 프라이빗 메시지가 팬 플랫폼의 유지를 위한 부대 서비스의
역할에 한정한다면 모르겠지만, 자체적으로 독자적인 수익 구조 확
보를 목적으로 한다면 대주주인 기획사 소속 가수 외에도 배우, 스
포츠 스타 등 팬덤을 창출할 가능성이 있는 새로운 IP를 적극적으로
유치하는 노력이 요구된다.

　서비스의 실질적인 매출을 발생시키는 소비자인 팬 측면에서는,
소유가 아니라 경험을 중시하며 소비가 구매에서 구독으로 변화하
고 있는 '구독 경제' 시대를 살고 있다는 점에 주목해 볼 필요가 있
다. 소비자가 정기적으로 일정한 비용을 지불하여 상품이나 서비스
를 이용할 수 있도록 하는 구독 서비스는 기존의 렌탈형 외에도 식
품 및 각종 생필품의 정기적 배송과 세탁 등 생활 서비스의 정기적
제공형 서비스 등으로 다양해졌다. 특히 음악, 영상, 전자책 등의 콘
텐츠 플랫폼에서는 구독 서비스가 일반적인데, 이제 프라이빗 메시
지라는 '커뮤니케이션 경험'까지 구독형으로 등장하게 되었다.

　월 구독료 지불 방식은 소비자에게는 한 번 신청으로 정기적으로
이용할 수 있는 편리함을 주고, 서비스 제공자에게는 안정되고 예측
할 수 있는 수익을 기대하게 하는 장점이 있다. 그러나 이는 역설적

프라이빗 메시지 서비스를 시행하는 각 사(버블, 위버스, 프롬)의 어플 초기 화면

으로 서비스 이용의 만족도가 높지 않으면 언제든지 구독을 해지할 수 있다는 위험도로 작용할 수 있다. 검색사이트에 '버블'을 치면 연관 검색어로 일명 '찍먹(찍어 먹기의 줄임말로, 어떤 것에 호기심을 가지고 한번 참여해 보는 행위라는 의미가 있다.)'이 나올 정도로 찍먹 행위자들이 많은 이유이다. 아티스트가 버블을 하는 횟수와 분량, 주기와 빈도 등이 모두 평가의 대상이 되면서, 같은 아이돌 그룹 내에서도 버블의 이용 활성 여부에 따라 멤버별로 이른바 '효자'와 '불효자'가 나뉘기도 한다. 유료 소비를 한 팬들의 입장에서는 이용에 비적극적인 아티스트에 대한 불만과 비판이 생길 수 있는데, 팬덤과의 소통 부재로 비판을 받는 사례도 있다. 아이돌 그룹의 팬들은 2024년 5월까지 연간 단 한 번의 버블 메시지만 보냈다는 사실

을 근거로 하여 팬에 대한 성의 없음을 지적하였다. 유료 서비스가 아티스트들의 팬들에 대한 충실도를 판단하는 기준으로도 작용하게 된 것이 현실이다. 팬이 지불하는 덕질 비용 중 프라이빗 메시지 서비스는 금액 자체의 비중으로는 크지 않을 수 있다. 음반 구입, 음원 스트리밍, 공식 굿즈 구입, 팬 사인회 응모, 콘서트 티켓 구입 등을 위해 팬들이 지출하는 금액을 감안할 때 월 4500원의 구독료가 절대적 금액으로 큰 부담은 아닐 수 있다. 그럼에도 불구하고 매월 정해진 금액의 지출이 자동 결제되는 것을 확인함으로써 유료 서비스라는 상징적 의미가 가시적으로 나타나는 것이 특징적이다.

플랫폼 사업자는 새로운 비즈니스 모델을 확보하게 되었고 팬덤은 유료 구매 소비자로서의 위상을 주장하고 있다면, 실제 서비스를 시행하는 주체인 아티스트의 측면에서는 어떤 의미가 있을까. 한화투자증권 리서치센터에서 2021년 디어유의 상장을 앞두고 발간한 기업분석보고서에 따르면, 버블의 수익구조는 월 4500원의 이용료 기준으로 앱스토어 30%(1350원), 디어유 40%(1850원), 기획사 30%(1350원)로 나타났다. 이는 전술한 디어유 분기보고서 공시 자료의 내용과 일치한다. 기획사 해당액 중에서 실제 아티스트에게 배분되는 실금액은 훨씬 줄어들 테니, 팬이 기대하는 4,500원의 대가와 아티스트의 인식에는 차이가 있을 수도 있다. 팬덤의 규모에 따라 아티스트의 수익은 상이하게 나타날 수도 있으므로 생각보다 큰 수익으로 느껴지지 않는 경우도 있다.

이러한 상황에서 아티스트가 지정된 서비스를 위해 비용을 지불

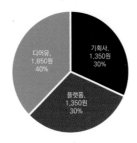

디어유,
1,850원
40%

기획사,
1,350원
30%

플랫폼,
1,350원
30%

버블 수익구조는 디어유, 기획사, 플랫폼으로 구분

한 고객으로 팬들을 인식하면, 유료 소통에 대한 의무감이 '감정 노동'의 반응으로 나타날 우려가 있다. 아티스트가 프라이빗 메시지를 수익원으로 인식하고, 유료 지불에 대한 의무감을 지니게 되면 오히려 소통이 어려울 수 있는 이유이다. 비록 팬들이 '유료'의 대가가 충족되지 않을 때 실망감을 표출한 사례도 있지만, 그런 상황에서도 실제로 팬들이 가치를 두는 건 유료 지불을 통해서라도 획득하고 싶은 '소통'이라는 점이 중요하다. 아티스트가 의무감을 가져야 한다면 그것은 '유료'에 방점이 찍히는 것이 아니라 팬들과의 '소통'이 되어야 하지 않을까.

2024년 5년마다 시행하는 갤럽 조사에서 한국인이 사랑하는 탤런트 부문 1위를 차지하며 광범위한 대중적 인기를 증명한 배우 김수현은 버블 서비스를 시도하면서 차별화된 소통으로 팬덤의 만족

버블은 '1대1 채팅'의 전략으로 '최애와 나만의 기념일' 같은 서비스를 제공

도까지 유지하고 있다. 대중을 상대로 한 인스타그램 등의 SNS에서
는 공식적인 사진과 정제된 표현을 사용한다면, 팬덤을 위한 프라이

빗 메시지에서는 개인적이거나 비공식적인 사진을 보내주고 친근한 말투를 사용하면서 대화를 나누며 팬들과의 유대감을 높이고 있다. 특히 버블에서는 본명 대신 '김수맨'이라는 별칭을 사용하며 팬들과 친밀함을 더하는 것도 버블을 효과적으로 사용하는 차별화 전략이다. 역시 경력 있는 인기 배우 이동욱도 변화하는 시대에 따라 팬과의 소통을 적극적으로 다가가겠다면서 버블을 시작했다. 이처럼 기존에는 프라이빗 메시지가 K-팝 아이돌 글로벌 팬덤 위주의 수익원이라는 인식이 강했지만, 팬들과의 친밀도를 높이고 차별화된 서비스를 제공하고 싶어하는 아티스트들의 참여로 소통 서비스로서의 가치가 더욱 높아지고 있다.

이미 팬들은 프라이빗 메시지는 실제로는 1대1 대화도 아니며, 프라이빗하지도 않다는 사실을 알고 있다. 그럼에도 기꺼이 유료 서비스를 구독하는 것은 특별한 경험을 바라서다. 이런 팬들의 노력에 아티스트들도 적극적으로 부응하는 것이 바람직하다. 프라이빗 메시지는 직접적인 소통으로 스타와 팬의 거리감을 줄이면서 현실감을 느끼게 한다는 것을 대표적인 무기로 삼고 있다. 하지만 현실성은 메시지의 내용에서가 아니라, 메시지를 오가게 하는 목적 자체에 있는지도 모르겠다. 아티스트가 음악, 연기, 스포츠 등 자신의 본업에서의 실력 향상과 유지를 위해 노력하면, 팬들이 그에 부응한 인기와 성공을 안겨줄 수 있다는 공동의 목표가 있다. 스타와 팬이 하나의 팀으로 이뤄내는 '팀 플레이'를 우리는 지금 성공적으로 하고 있다는 증명이 필요한 것이다. 팬들의 폰 화면에는 '나의 최애'와 함께 완성한 자신들만의 1대1 대화창이 고스란히 남겨져있다. 아티스트의 정성과 팬들의 열의로 함께 이뤄내는 팀플의 산출물, 이 산출물의 가치는 팀플 참여자들에게 오롯이 주어지는 몫이다.

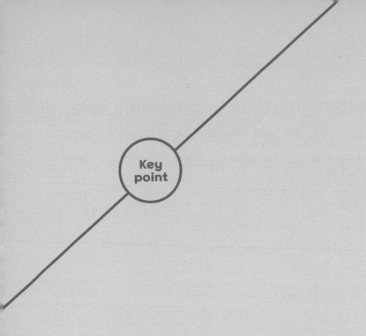

　　스타와 팬의 1대1 대화 메시지 서비스인 '프라이빗 메시지'는 팬들이 매월 일정 금액의 구독료를 지불하고 가입해야 하는 유료 서비스이다. 팬덤을 대상으로 한 스타 마케팅 시장으로서, K-팝 아이돌 위주의 엔터테인먼트 산업에서 출발하여 배우, 스포츠 스타 등으로 확대되고 있으며 해외 시장으로 확장 중이다. 팬덤 문화는 소비자에서 직접 생산과 공유, 소통과 상호작용의 주체가 되는 산업적 현상 팬더스트리로 변화하고 있고, 새로운 디지털 기술은 스타와 팬의 상호작용을 강화하는 미디어 인터페이스 차원으로 적용되고 있다. 특히 커뮤니케이션 자체의 소비, 직접 참여하는 경험의 가치 측면에서 팬덤 플랫폼의 의미를 평가할 수 있다. 이런 측면에서 프라이빗 메시지는 스타와 팬이 함께 만들어내는 상호 소통의 결과물이다. 팬들이 '유료'의 형식을 통해서라도 스타와의 '소통'을 확보하고 싶어하는 서비스 수요의 본질에 대해 스타들의 적극적 인식과 참여가 중요하다.

없는 추억도 만들어낸다 :
겪어보지 않은 것에 대한 향수

우리 대부분은 과거의 인상적인 시간에 대해 애틋해하고 그리워
하는 향수(nostalgia)를 가지고 있다. 그리스어로 '집으로 돌아가다'를 의
미하는 '노스토스(nostos)'와 괴로움을 의미하는 '알고스(algos)'의 합성어
인 노스탤지어, 즉 향수는 과거에 대한 강렬한 갈망을 의미한다. 그
것은 고향이나 여행과 같은 장소가 되기도 하고, 결혼식이나 졸업식
과 같은 이벤트 순간이기도 하다. 과거에 대한 향수를 느끼는 것은
인간 본연의 감정으로 모든 연령대와 문화권의 사람들이 자주 느끼
는 감정이다.

흥미로운 점은 실제로 한번도 경험한 적이 없는 것에 대해서도

장소와 이벤트는 향수를 자극한다_CC0

향수를 느끼고 열광하는 현상인데, '아네모이아$^{(anemoia)}$'라는 새로운 용어로 지칭되기도 한다. 2012년 미국 작가인 존 괴닉$\binom{John}{Koenig}$은 〈모호한 슬픔의 사전$\binom{the}{dictionary\ of\ obscure\ sorrows}$〉에서 한번도 알지 못했던 시대에 대한 향수를 묘사하기 위해 '아네모이아'라는 단어를 만들었다. 당시에는 크게 관심받지 못한 단어이나 최근 자신의 세대 이전에 유행했던 음악과 패션을 좋아하고 자신이 태어나기 전 시대의 거침없고 무질서하던 생활상을 낭만의 시대로 묘사하는 현상을 표현하는 용어로 사용되고 있다. 한번도 본 적 없는 필름 카메라나 바이닐 음반$\binom{vinyl}{record}$의 투박한 영상과 음질을 소비하고, 한번도 살아보지 않은 공간을 추억하거나 심지어는 시골 마을에서 애틋함을 느낀다. 일명 Y2K 감성이 전 세계적으로 상당한 열풍인데, 2000년 이후 태어난 세대는 단 한번도 겪어보지 못한 향수라는 점에서 지나간 과거에 대한 그리움과 향수를 느끼고 즐기는 유행인 복고나 레트로 개념과는 확연히 다르다. 살아보지 않은 시대의 문화를 낭만적 삶으로 정의하고 추억하는 것이다. 겪어보지 않은 시간과 장면에 향수를 느끼는 이유가 무엇일까? 바야흐로 없는 추억도 만들어내는 시대이다.

What do we see?
살아본 적 없는 장소에 대한 추억

향수에 영향을 받는 기본적인 형태는 여행에 대한 추억과 같이 장소와 관련되어 있는데, 한번도 가본 적 없는 장소에 대해 향수를 느끼는 사람들이 모여들고 있다. 과거에 영광을 누렸지만 도시화

인쇄소, 공구상이 밀집한 을지로는 산업은 쇠퇴하였으나
사람들이 모이면서 '힙지로'로 불린다_CC0

와 산업화를 거치면서 잊혀져가는 지역에 젊은 세대가 주축으로 유입되면서 다시 주목받는 사례가 종종 확인된다. 서울에서는 성수동, 을지로, 문래동, 신당동이 대표적이다. 모두 과거 70~80년대에 중심 상권으로 흥하였다가 산업구조의 변화로 쇠퇴된 구도심 지역인데, 지역과 장소에 대한 기억을 소비하는 젊은 층이 유입되면서 새로운 힙한 공간으로 재탄생되었다. 인쇄소, 철공소, 방직공장이 있던 자리는 LP바가 되어 그 시절 음악을 들려주거나, 카페가 되어 옛날 담배나 전통차를 판매하는 등 70~80년대를 추억할 수 있을수록 인기이다. 물론 주로 찾는 20~30대 젊은 층은 과거 영광의 시절에는 태어나지도 않았다. 아네모이아다.

한편 도시화 이후 세대들은 시골 생활을 겪어본 적이 없음에도 촌캉스, 농촌 한 달 살기, 5도2촌(5일은 도시, 2일은 농촌 거주 의

농촌 생활방식이 유지되고 있는 안동 하회마을_CC BY 3.0

미)과 같이 시골에 내려가 음식을 만들어 먹고 시골에서의 일상복을
입고 생활하는 것이 인기이다. 이미 '삼시세끼', '바퀴 달린 집', '안
싸우면 다행이야', '어쩌다 사장', '지락이의 뛰뛰빵빵' 등 여러 예
능 프로그램에서 시골 라이프를 주제로 하고 있다. 정책적으로는 지
방 소멸 이슈와 맞물려 지역에 사람을 끌어들이기 위한 정책으로 청
년을 대상으로 한 달 살기, 워케이션 프로그램을 계획하고 있는데
2024년에는 50여 개 이상의 전국 지자체에서 운영하고 있다. 도시
화 이후 세대들이 시골을 고향으로 둔 세대가 아님에도 시골에 향
수를 가지고 있는 현상은 전 세계적인 트렌드이다. 시골에 있는 작
은 집을 의미하는 Cottagecore, 자급자족 농가 생활을 의미하는
Homesteading 등의 용어가 최근 몇 년간 SNS에서 추구하는 라이
프 스타일로 주목되는 점 등이 글로벌 추세임을 반증한다. 도시 거
주자들이 한번도 알지 못했던 시골 생활에 대해 향수를 가지는 것과
연결된 트렌드이다.

겪어보지 않은 시대에 대한 낭만화

지금 시대에는 상상할 수 없는 1990년대의 무질서하고 다소 과격한 생활사가 낭만의 시대로 불리며 회자되고 있다. 기록적 폭우와 낙후된 인프라로 가슴팍까지 물이 차오르는 데도 웃으며 물길을

1988년 촬영된 20대의 모습(X세대)_CC-BY-SA 3.0

헤쳐 출근하는 모습, 귀성길 정체에는 고속도로에서도 밥을 지어 먹던 모습, 면접에서 대뜸 절을 하는 모습, 방송에서 담배를 피거나 개성과 자유를 나타내는 옷차림과 말투 등인데 대체로 패기와 열정이 넘친다. 이러한 1990년대 생활사가 최근에는 당시 젊은 세대인 X세대(1965년~1970년대생)의 문화를 패러디한 프로그램으로 TV, 유튜브에 편성되면서 화제가 되었다. 과거 생활사를 낭만적으로 바라보는 것에는 일탈과 해방을 추구하는 모습을 순수하게 묘사하는 서사적 관점이 있다.

MZ세대 혹은 Z세대는 태어나기도 전 시대상을 낭만적으로 바라보면서 그 시기의 대중문화, 패션까지 따라 하고 있다. 카고 바지, 통 넓은 힙합 바지, 크롭탑, 작은 숄더백, 키링, 다꾸(다이어리 꾸미기), 필름 카메라, 디지털 카메라와 같은 아이템이 유행이다. 세기말

감성, Y2K(연도 year, 숫자 2, 숫자 1000을 뜻하는 kilo의 앞 글자를 딴 단어) 트렌드로 주로 불린다. 이렇다 보니 30~40년 전 흥행했던 패션 브랜드나 음악이 역주행하는 현상도 빈번하다. 2000년대 데님 브랜드의 대표 주자였던 트루릴리젼, 리^(Lee), 마리떼 등 브랜드가 다시 인기를 얻기도 하고, 80년대 일본 시티팝이나 한국 대학가 요제 노래에 다시 열광하고 있다. 단종된 필름 카메라, 디지털 카메라가 재판매되기도 하고, 음반을 LP와 카세트테이프로 발매하기도 한다.

Y2K 감성을 추구하는 아이돌그룹 뉴진스 앨범 재킷_CC0

과거에서 마주한 위대함

지난 몇 년 동안 한국을 포함한 여러 국가에서는 위대하고 좋았던 과거로의 복귀를 촉진하는 정치 슬로건을 내세우고 있다. 향수는 정치에서도 훌륭한 도구이다. 살아온 시대이

2016년 대선 유세 때 '미국을 다시 위대하게' 모자를 쓴 도널드 트럼프_CC BY-SA 2.0

거나 살아보지 않았던 시대이거나 과거를 더 나은 삶을 살던 위대한 시대로 믿고 위대한 시절로의 회복을 지지하게 만든다. 특정 정부와는 별개이다. 대신 위대한 시대에 대한 서사가 있으며, 유권자로 하여금 현재 상황이 나쁘다고 느낄수록 과거를 장미빛으로 받아들이게 유인한다. 나이 든 유권자들은 그들이 실제로 경험한 과거 중 가장 찬란했던 시절에 대한 그리움이 있고, 젊은 유권자들은 실제 경험하지 않은 시대의 정치 신화에 대해 위대하다고 회자하는 경향이 있기 때문이다.

"Make America Great Again"은 "미국을 다시 위대하게"라는 뜻으로 2016년 미국 대통령 선거 당시 도널드 트럼프가 쓴 대선 구호로, MAGA로 불리며 대선에 중요한 역할을 하였다. 미국 사회가

번성했던 과거에 대한 집단적 향수를 공유하면서 미국의 위대함을 회복하도록 한 점이 트럼프를 집단적으로 지지하고 '팬덤'을 형성하기까지 이르렀다. 2017년 대통령에 취임된 트럼프는 2021년까지 집권하였고, 2024년은 미국 대통령 선거운동 시기로 트럼프는 다시한번 MAGA 구호와 향수 전략으로 지지층을 모으고 있다. 한국의 경우에도 현 정부의 슬로건이 '다시 대한민국! 새로운 국민의 나라'이다. 다시 도약하는 대한민국은 빠른 경제 성장을 이끌어 낸 한강의 기적 같은 업적을 재건하겠다는 희망과 향수를 자극하는 슬로건이다.

Why is it?
historical nostalgia, 간접 경험으로 만들어진 향수

아네모이아$^{(anemoia)}$는 마케팅에서 주로 다루는 역사적 향수$\binom{historical}{nostalgia}$ 개념으로 설명할 수 있다. 향수 현상은 개인이 경험하거나 가치를 둔 과거에 대해 감상적인 갈망이라 할 수 있는데 실제 경험과 연관되어 있기도 하지만 그렇지 않기도 하는 다차원적인 현상이다. 개념적으로는 개인 삶의 경험과 연관되어 있는 개인적 향수$\binom{personal}{nostalgia}$, 개인의 삶의 경험과 연관이 없는 역사적 향수$\binom{historical}{nostalgia}$로 크게 구분할 수 있다. 전자는 주로 사회심리학자들에 의해 연구되는 경향이 있는 반면 후자는 마케팅 분야에서 연구되고 있다. 마케팅 분야에서 상품과

소셜 네트워크는 시공간을 넘어 다양한 경험을 하게 한다_CC BY 2.0

서비스에 대해 소비자로 하여금 향수를 불러일으키기 위해 여러 단서를 사용하거나 원인을 분석하는 것이다. 구체적으로 소비자 행동과 연관되어 있다.

역사적 향수는 과거의 사건이나 이야기를 TV, SNS와 같은 매체를 통해 간접 경험하고 자신의 감정을 대입하기 때문에 만들어진 향수이다. 오늘날 소셜미디어에서 우리는 시공간을 초월하여 모든 것에 접근할 수 있기 때문에 직접 경험해 보지 않더라도 상징적 의미를 강하게 부여할 수 있다. 소셜미디어를 통해 다양한 시대를 훨씬더 가깝게 느낄 수 있는 세상에 살고 있기 때문에 역사적 향수, 다시 말해 아네모이아에 빠지기 좋은 환경인 것이다. 소셜미디어에서는 과거의 생활사 관련 뉴스, 가요 프로그램, 시트콤이나 드라마 등을 보여주는 영상이 화제가 되고 있고, 숏폼 플랫폼에서는 부모님의 과거 리즈 시절과 현재를 비교하는 콘텐츠가 인기이다. 1980~1990년대에 청춘을 누린 세대와 이후에 태어난 세대가 더 많이 연결되어 있고, 반드시 경험과 기억을 가지고 있지 않더라도 동일하게 추억하고 그리워하는 감정을 공유할 수 있다. 시대가 빠르게 변화되고 세대 간 문화적 격차가 클수록 이전의 문화가 강한 향수를 불러일으키는 소재가 될 수 있을 것이다.

narrative, 서사를 찾아서

경험하지 않아도 추억하는 과거는 무엇인가? 지나간 삶에 대해 돌아갈 수 없는 그리움이나 애틋함으로 인해 유행하는 복고 혹은 레트로와는 다르다. 아네모이아는 경험한 삶이 아닌 상상이 중심이 되고 서사가 핵심이 된다. 과거로 돌아가고 싶은 것이 아니라 현재와 다른 시대상에 대해 낭만적 가치를 부여하고 동경하는 서사적인 구성을 말한다. 앞서 살펴본 과거 생활사나 세기말 트렌드에는 무질서한 사회에 대한 도전, 억압 속에서의 개성과 자유, 무모한 사랑과 같은 과거의 시대상이 녹아 있다. 과거를 지나 보다 나아진 현재를 살고 있기 때문에 현재를 사는 사람들에게 과거의 시대상은 재해석되고 미화되어 찬란한 시절로 추억하게 만드는 것이다.

지금은 전통적인 매체인 TV를 넘어서 유튜브, 인스타그램과 같은 SNS를 통해 지나온 어떤 시기보다 많은 이야기가 만들어지고 있지만 정작 서사는 결여된 경우가 많다. 즉각적이고 맥락 없이 자극적인 모멘트만 있다. 특히 틱톡, 릴스, 숏츠와 같은 숏폼 플랫폼이 인기몰이를 하면서 순간 이미지와 이야기는 있지만 서사가 없는 공

내러티브를 상징하는 필름 스트립_CC BY 2.0

허함을 경험한 것이다. 사람들은 소셜미디어에서 경험하는 피상적인 표면 아래에서 더 깊이 파고들어 문화, 세계, 자신에 대해 더 많은 것을 발견하기를 원한다. 서사를 쫓는 것이다. 서사는 이야기 속 참여자들의 사건과 여정을 따라 구조화되고 해석되는 것을 포함한다. 서사는 이야기 그 자체보다 이야기를 구조화하여 서사를 경험하는 사람으로 하여금 감동과 절정을 느끼게 한다는 점에서 다르다. 세계관$^{(universe)}$ 마케팅을 설명하면 이해하기 쉽다. 마블 시리즈에서 각각의 영웅 이야기(아이언맨, 스파이더맨, 캡틴아메리카 등)를 한 편의 영화에 모두 등장하게 구성하거나, BTS나 에스파와 같은 아이돌이 단순히 음악을 하는 가수가 아닌 캐릭터와 상황을 만들어 스토리 라인을 따라가도록 하는 것이 좋은 예이다. 현실과 허구, 과거와 현재를 넘나들어 상황에 몰입하고 따라가게 한다. 과거의 이야기는 자신만의 서사로 해석할 수 있고, 자신과 연결 지어 강한 감정적 유대감을 형성할 수 있는 서사의 소재이다. 거대한 서사 안에서 우리는 경험하지 않은 장소와 시간에도 의미와 낭만적 가치를 부여하는 것이다.

불확실성으로부터의 도피

사실 과거의 시대상을 순수하고 낭만적으로 동경하는 현상은 현재에 대한 불안과 디스토피아적 관점이 깊이 반영되어 있으며, 19세기 낭만주의 사상과도 맞닿아 있다. 급격한 과학의 성장과 산업화, 도시화, 계몽적 합리주의에 대한 불안이 고조되자 문화 예술계에서는 정신적 세계나 자유로운 공상의 세계를 동경하는 낭만주의가 크게 일어났다. 보다 순수하고 감성적임을 중시했으며, 기사도와 영웅주의 문학, 자연 경관을 찬양한 미술 작품이 대거 등장하였다. 살아보지 않은 시대를 낭만화하고 시간과 장소를 추억하는 현상은 그만큼 현재를 살아가는 현실이 가혹하기 때문이다. 코로나 록다운(lock down)을 겪고 다시 일상은 회복되었지만 유례없는 고물가, 고금리, 고환율 이른바 3고(高)가 글로벌 위기로 확산되고 있고, 우울증은 훨씬 만연해져 주요 국가에서는 우울증을 더 이상 개인의 질병이 아니라 보고 국가 차원에서 관리하고 있다.

특히 청년들의 우울감과 고립은 빠르게 전염되고 있는 사회적 문제이다. MZ세대와 Z세대는 2010년즈음부터 글로벌 금융 위기를 겪으면서 노동 시장 진입의 한계, 학자금 대출과 생활비 상승을 겪고, 이어서 2020년 팬데믹으로 인한 봉쇄로 전반적인 라이프 스타일의 격변을 겪어 불확실성에 대한 불안이 가장 큰 세대로도 볼 수 있다. 이전 세대는 부모보다 더 나은 삶을 살았지만 현재 세대는 고용 불안, 엄청난 주택 가격으로 인해 부모 세대보다 더 가난한 최초

도시를 떠나는 사람들은 디스토피아적 미래를 보여준다_CC BY-SA 3.0

의 세대라는 비관적 미래도 널리 퍼지고 있다. 생활적으로 정신적으로 고통스러운 현실에 대한 도피는 1980~2000년대가 비록 무질서와 혼돈으로 가득 찬 시기일지언정 보다 나은 미래에 대한 유토피아가 있었으므로 그 시기를 동경하고 추억하고 있는 것이다.

Where is it going and what should we do?

향수는 주로 복고나 레트로와 같이 불황기 때마다 대중의 관심을 모으고 사라지는 대중문화 유행 중 하나로 접근되어 왔다. 불황일수록 과거에 대한 그리움이 짙어지고 그 시절의 아이템을 소비하면서 위안을 찾곤 하기 때문이다. 이러한 개인적 향수로 발생된 복고 유행은 강렬하지만 짧게 지나가고 새로운 유행에 잊혀지곤 해왔다. 그러나 경험하지 않은 것에 대해 추억하는 아네모이아 현상은 피상적으로 보이는 복고적 대중문화 콘텐츠 소비 이면에 깊이 자리하고 있는 우리 젊은 세대의 불안과 서사에 대한 갈망이 있기 때문에 새로운 정책적 시사점을 던져준다.

첫째, 지역 개발에서 서사의 역할에 보다 집중해야 한다. 아네모이아 현상은 과거의 이야기에서 서사를 형성하고 낭만화하였기 때문에 확대 재생산될 수 있었다. 지역 개발의 경우 사람들이 떠나고 쇠퇴되어 가는 지역일수록 지역(장소)의 과거가 현재와 미래에 대한 맥락을 연결하는 서사를 제공하는 것이 중요한 전략으로 사용될 수 있다. 지역의 흥망성쇠가 가지고 있는 모험, 영웅, 사랑 등 주제는 수 세기 인간 문화의 일부이자 개인의 서사와 연결될 때 새로운 영감을 주기 때문이다. 지역이라는 장소, 공간에서 과거 인간 활동의 유·무형 유적으로 구성된 문화 자원은 서사의 구성에서 상당히 중요한 자원이다. 여기에는 유적, 건물과 같은 유형적인 것도 있지만 축제와 같은 무형적인 것도 포함된다. 물리적 공간에 사회적, 문화적 의미를 결합함으로써 지역 특유의 맥락을 통합하는 서사 전략은 전통적인 도시 개발 방법의 단점을 보완할 수 있다. 전통적인 도시 개발이라 함은 주거, 상업, 통신 등 인프라 개발을 통해 편리하고 쾌적한 도시 환경 조성과 공공복리 증진에 기여하고자 추진되는 개발 중심 방법인데, 이는 장소를 소비 대상으로 보는 관점이 내재되어 있다. 그런데 저출생과 수도권 인구 집중화로 인해 지역 소멸 위기까지 닥친 현재에 있어서 공공 주도의 인프라 개발로 인구를 유입하기에는 한계가 있는 것이다. 서사 전략이 있는 지역 개발은 지역을 장소로서 소비하는 것뿐만 아니라 네트워크에 잘 통합하게 만드는 것이 핵심이다. 서사는 자신과 이야기를 연결하여 몰입함으로써 상호 작용 과정을 거쳐 보다 강한 애착을 형성시키기 때문이다. 사실 지역 개발에서 서사 전략을 활용하는 역사는 상당히 오래되었으나 체계적으로 받아들여지지는 못하였다. 전국 각 지역에는 저마다의 영웅이나 역사 인물을 부각하여 스토리텔링하고 있는 것들도 서사 전략을 활용코자 함이 깃들어 있다. 그러나 실제 정책 실무에 있어서는 서사의 역할보다는 상징물(캐릭터, 건물 등) 설치에 매몰되곤 한다. 서사 전략은 지역의 장소나 공간, 구조물에 연결된 이야기를 개발, 확산, 강화하는 과정을 중시하고, 특히 지속적인 상호 소통 관계를 구축하는 구조를 형성하는 것이 중요하다. 앞서 주지하듯 소셜미디어를 통해 경험하지 않은 과거와 상호 소통하여 Y2K 트렌드가 형성된 점에서 의의를 찾을 수 있다.

둘째, 사회적 연결, 유대감 형성을 위한 투자가 필요하다. 아네모이아는 불확실한 미래에서 과거로 탈출하고자 하는 강력한 감정적 호소이다. 특히 Z세대는 부모보다 더 가난한 첫 세대라는 불안에서 부모 세대의 문화를 일종의 피난처로 여기고 거기에서 안정감을 느낄 수 있었을 것이다. 더불어 과거의 향수는 개인을 넘어 시대를 거쳐 온 모두에게 맞춰진 공동의 기억이고, 이를 통해 유대감을 형성하는 일종의 사회적 감정을 만드는 역할을 한다. 아네모이아 현상은 사회적 연결감에 대한 강한 갈증을 반증하기도 하는 것이다. 한국 사회는 OECD 국가 중에서도 사회적 연결감이 가장 낮은 국가로,

현대로 접어들수록 사람 간의 공감대를 형성하고 서로의 참여를 적극 권장하는 정책이 강조되고는 있지만 실제 이것이 실현되는 과정은 여전히 어렵다. 그런데 아네모이아의 해석에서 확인되듯 유대감을 형성하는 데는 공통의 추억이 필요하고, 이것은 문화가 가진 힘이다. 최근 세계보건기구(WHO, World Health Organization)에서 문화가 가진 정서적, 육체적 효능에 대한 보고가 화제가 된 바 있고, 경제협력기구 국가인 G20은 2020년 정상회담을 통해 문화를 경제·사회적 투자(investment)로 볼 필요가 있음을 강조하고 있다. 사회적 연결의 중심에 문화 투자가 효과적인 방안으로 고려될 것을 기대할 수 있다.

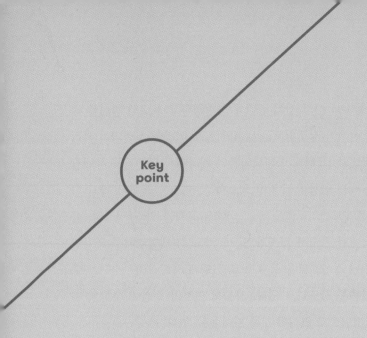

겪어보지 않은 것에 대한 향수는 아이러니하게도 복고나 레트로와 같이 실제 경험한 과거에 대한 향수보다 강렬하고 낭만적인 가치가 부여되곤 한다. 이러한 현상은 현재에 대한 불안이 깊어질수록 상상의 과거로 도피하게 하고, 미래에 대한 디스토피아적 관점이 과거를 유토피아적으로 묘사하는 것으로 볼 수있다. 한편으로는 SNS나 쇼츠, 릴스와 같이 즉각적이고 맥락없는 모먼트에 중독되면서도 벗어나고 싶은 사람들이 늘어나면서 피상적인 표면 아래 더 깊은 이야기, 세계, 자신에 대한 서사를 갈망하는 현상을 보이는데, 과거의 장소와 시간은 서사의 훌륭한 소재이다. 겪어보지 않은 장소와 시간을 자신의 서사로 연결지어 강한 감정적 유대감을 형성할 수 있는 것이다. 1990년대 문화에 대한 그리움은 1980년대 1970년대까지 더욱 깊은 과거의 시간으로 이동하고 겪어보지 않은 시대상과 문화에 대한 낭만화는 지속될 것으로 예상된다.

불확실 시대의
유연성

Chapter **2**

적대적 공생과 협쟁
(coopetition)

2024년 4월에 실시되었던 총선거에서는 기존의 국민의힘과 더불어민주당에서 분리되어 나온 개혁신당과 새로운미래가 참전하여 소위 제3지대를 형성했다. 양대 정당의 상습적 충돌과 불협화음이 팬덤 정치와 편가르기를 조장하여 우리나라의 정치 발전을 막는 현상을 개선하자는 취지였다. 금태섭, 이준석, 이낙연 등 기존 정당에서 이탈한 인사들이 '빅 텐트' 아래에 모일 때만 해도 제3지대가 선거의 판을 흔들 영향력을 발휘할지도 모른다는 예측이 대두되었다.

그러나 이러한 예측에 비해 결과는 빈약했다. 개혁신당과 새로운미래는 각각 지역구에서 1석을 확보하는 것에 그쳤다. 그나마 개혁

정치인들은 종종 적대적 공생 관계에 놓인다_CC BY-SA 2.0

신당이 비례대표에서 2석을 추가했다. 그러나 기존 거대 정당의 위성정당에서 18석과 14석, 그리고 야당과 맥을 같이하는 조국신당에서 12석의 비례대표가 당선된 것에 비한다면 제3지대는 선거에서 사실상 패배했다고 볼 수 있다.

　제3지대의 탄생에 대한 양대 정당의 태도는 다소 복잡미묘했다. 서로에 대한 비판은 여전해 맹렬했지만 제3지대에 대한 태도는 거의 무시에 가까웠다. 어찌 보면 두 정당이 힘을 합하여 제3지대 세력의 실패를 유도하는 모양새를 보이는 듯했다. 양당 모두 상대 정당의 팬덤 정치와 편가르기, 예를 들어 친명과 반명, 친윤과 반윤의 갈등에 대해 조롱하면서도 제3지대가 비판했던 편가르기, 즉 극단적 보수와 극단적 진보 진영으로 편을 나누어 불필요하게 국민을 분열시키는 현상을 개선하겠다는 노력은 보이지 않았다. 즉, 외부에 거대한 악을 설정하고 이와 싸우기 위해 우리 편을 결속하는 가운데에서 외부의 거대한 악은 필요 불가결한 요소가 되어버린 느낌이었다. 2024년 한국의 선거는 적대적 공생의 전형적인 모습을 보여주었다.

What do we see?

적대적 공생은 경쟁 상대와 적대 관계에 있지만 상대의 존재가 나의 이익에 도움이 된다는 점에서 결과적으로 서로 도움을 주는 상황을 말한다. 역사적으로 우리는 주로 정치적 상황에서 적대적 공생의 관계를 목격했다. 소련이 붕괴되기 전 미국과 소련의 관계가 대표적 사례이다. 냉전 시대의 두 진영 사이의 적대적 관계가 심화될수록 두 진영의 극단주의자들은 힘을 얻었다. 군비 경쟁의 결과 방위 산업 분야 기업들도 이 적대적 구도에서 이득을 얻었고, 정치적 로비 등을 통해 이 구도가 정착되는 것을 추구했다.

남북 관계도 그랬다. 해방 이후 남북한에서 각각 정권이 수립된 이후 체제 경쟁을 하는 과정에서 적대적 상대의 존재는 내부적으로 권력을 강화하는데 도움이 되었다. 박정희 정권이 독재적 권력을 강화하기 위해 1972년 유신을 선포하기 전에 두 차례에 걸쳐 북한에 이를 통보했고, 유신 2주일 후 김일성은 수령 절대주의 체제를 강화하는 조치를 내렸다. 결국 피해자는 이러한 조치를 통해 자유를 억압당한 남북한의 보통 사람들이었다.

한국과 일본의 관계도 적대적 공생의 성격을 띠고 있다. 역사적으로 감정의 골이 깊을 수밖에 없는 식민 지배국과 피지배국의 관계를 슬기롭게 청산하고 보다 건설적인 미래로 나아가야 한다는 것은 주지의 사실이다. 그러나 현실에 있어서는 과거사 청산에 대한 일본의 태도와 이에 대응하는 한국의 태도가 양국의 내부적 상황에 의해 매우 정치적으로 결정된다는 인상을 지우기 힘들다. 한국이든 일본

야스쿠니 신사 참배의 문제는 한일 관계의 도화선이 된다_CC AS-4.0

이든 강경파와 온건파의 의견이 혼재한 상황에서 거의 대부분 강경파의 목소리가 더 정치적 힘을 얻는, 적대적 공생의 관계가 계속되고 있다.

적대적 공생의 유사어

두 라이벌이 경쟁을 통해 특정한 이익을 얻는 것을 의미하는 적대적 공생은 이와 유사한 의미를 갖는 개념들을 가지고 있다. 그런데 신기하게도 이러한 개념들은 적대적 공생만큼이나 적대적이거나 부정적인 의미를 갖지 않는다. 여기에서 적대적 공생의 유사어들이 가지고 있는 공통적인 의미와 상이한 의미에 대해 차례로 살펴보기로 하자.

프레너미

프레너미는 friend와 enemy의 결합어로서 경쟁자이자 친구를 뜻한다. 보통 개인적 차원에서 사용되며 감정적 차원과 비감정적 차원을 구분하는 성격을 갖는다. 예를 들어 고등학교 한 반에 두 학생이 1등을 다투고 있는데 그 두 학생이 친한 친구인 경우를 프레너미로 표현할 수 있다. 공식적으로는 석차를 다투는 관계이지만 감정적으로는 서로를 위하는 관계인 것이다.

영원한 라이벌

때로는 특정 분야에서 경쟁 구도를 만들면서 오랫동안 그 경쟁 구도로 인해 인기를 끄는 대상에 대해 영원한 라이벌이라는 별칭을 붙이기도 한다. 예를 들어 대학교 사이의 경쟁 구도 중에서 미국에서는 하버드대와 예일대가, 한국에서는 고려대와 연세대가 전통적인 라이벌 관계로 여겨진다.

연예 분야에서도 이러한 라이벌 관계를 형성하는 연예인들은 특별한 차별성을 획득할 수 있다. 예를 들어 1965년에 데뷔한 남진과 1966년에 데뷔한 나훈아는 20여 년간 라이벌 관계를 유지하다가 1984년 2월 6일에 팔씨름 대결 사진을 신문사에 내면서 '공식적으로' 라이벌 관계를 청산했다. 물론 이러한 쇼를 통해 두 가수의 인기는 더욱 높아졌고, 대중의 관심을 받는 '비공식적' 라이벌 관계는 계

프레너미를 표현한 그라피티_CC AS-4.0

속되었다. 1967년에 데뷔한 송대관과 1973년에 데뷔한 태진아 역시 수십 년에 걸친 라이벌 관계를 예능의 소재로 사용하고 있고, 연기자 정준호와 신현준 역시 수시로 상대의 약점을 언급하면서 라이벌 구도를 만들고 있다.

협쟁(coopetition)

협쟁은 다소 생소한 단어인데, 오히려 코피티션이라고 영어 발음을 그대로 사용하기도 한다. 코피티션은 cooperation과 competition의 결합어로서 협력과 경쟁이 동시에 존재하는 관계를 의미한다.

협쟁은 뉴욕대의 애덤 브란덴버거와 예일대의 배리 네일버프가

1996년에 저술했던 책에서 소개했던 개념이다. 이들은 경쟁과 협력을 조합하는 혁신적 접근법이 경영에서의 게임의 법칙을 바꾼다고 역설했다. 이 내용은 30년이 지난 최근까지도 경영학자들이 관심을 갖고 연구하는 경영 현상으로 자리 잡고 있다. 예를 들어 삼성과 애플은 휴대전화 판매에 있어서 경쟁 관계이지만 동시에 삼성이 애플을 위해 통신 칩을 공급하는 협력 관계이기도 하다.

경쟁 기업들 사이에서 협력이 이루어지는 다양한 이유를 유형별로 살펴볼 수 있을까? 브란덴버거와 네일버프는 2021년 발표한 논문에서 이를 정리했다. 첫째, 유사한 역량을 지닌 두 경쟁 기업이 협력하는 경우인데, 이를 통해 표준 획득 등 이익을 거둘 수 있는 경우이다. 코로나19 사태를 겪는 중에 질병의 확산을 추적하기 위한 시스템을 개발하기 위해 구글과 애플이 협력했고, 이는 정부가 인정하는 표준을 탄생시켰다. 둘째, 상호 보완적 역량을 지닌 두 경쟁 기업이 협력하는 경우인데, 이러한 보완적 역량을 상호 제공함으로써 제3의 경쟁 기업을 물리치는 경우이다. 2013년에 포드와 GM이 기어 부품 관련 기술에서 협력하여 다른 기업들의 경쟁을 뿌리친 것이 대표적 사례이다. 셋째, 하나의 선도 기업에 대해 열위에 있는 경쟁 기업들이 협력하는 경우인데, 이러한 협력은 비록 선도 기업과의 격차가 더 벌어지게 되지만 그래도 이익을 가져오기 때문에 수행된다. 예를 들어 아마존이 단연 선두에 나선 전자상거래 분야에서 다른 중소 플랫폼 기업들도 기꺼이 아마존과 협력하여 생존을 도모하는 것을 볼 수 있다. 넷째, 기술과 유통 등 상이한 분야에서의 역량을 서

로 이용할 수 있도록 협력하는 경우인데, 이것은 단기적으로는 양측에 이득이 되지만 궁극적으로 한 경쟁자가 다른 경쟁자의 역량을 쉽게 습득하게 하는 위험을 내포할 수 있다.

앞에서 설명했던 프레너미와 협쟁은 어떻게 다른 것인지 살펴보기로 하자. 먼저 프레너미에서 발견할 수 있는 우정이라는 개념은 협쟁에서는 발견되지 않는다. 협쟁은 순수하게 경제적인 동기에서 발생하는 것이다. 또한 프레너미에서 중요한 동반 성장이라는 개념도 협쟁에서 필수적으로 발견되는 것은 아니다. 협쟁에서는 순수하게 자기편의 이익을 위해 상대와 협력하는 것이며, 위에서 살펴본 네 번째의 경우와 같이 상대의 존재가 더 이상 나의 이익과 관련이 없을 때에는 가차없이 협력 관계를 중단할 준비가 되어 있다.

영원한 라이벌의 개념도 암묵적으로 우정을 인정하기 때문에 협쟁과 근본적인 차이를 보인다. 또한 영원한 라이벌의 이득은 대중의 주목을 받는 것에 기반하지만 협쟁의 이득은 대중의 주목과는 무관하다. 협쟁에서의 이득은 새로운 차원의 경쟁 플랫폼을 구축하여 발생하는 더 높은 가치 창출에 기반한다. 즉, 기존 질서가 아닌 새로운

적대적 대립이 빈번한 대한민국 국회_CC AS-4.0

질서를 형성하는 과정이 주된 이슈가 된다.

지금까지 적대적 공생과 유사하다고 여겨질 수 있는 개념들인 프레너미, 영원한 라이벌, 그리고 협쟁에 대해 살펴보았다. 그리고 이들의 공통점과 상이점에 대해 간략히 설명했다. 사실 이들 중 가장 바람직하지 못한 관계는 적대적 공생이다. 적대적 공생 관계는 다른 개념들에 비해 여기에 관련된 사람들에게서 창출할 수 있는 가치의 수준은 가장 낮은 반면에 파괴할 수 있는 가치의 수준은 가장 높기 때문이다. 그럼에도 불구하고 우리가 일상적으로 접하는 뉴스는 프레너미와 영원한 라이벌과 협쟁에 비해 적대적 공생을 다루는 경우가 훨씬 많다.

예를 들어 2020년에 개원했던 21대 국회는 180석에 달하는 거대 여당이 상임위원장을 모두 차지하여 여러 법안의 입법을 주도했다. 이에 진보 진영에게 입법 독주 프레임이, 보수 진영에게는 무력한 야당 프레임이 씌워졌다. 이러한 부정적인 프레임은 2022년에 치룰 대선에 있어서 양측 모두 바람직한 상황이 아니었다. 때문에 양측의 이해관계에 따라 2021년 7월에 7개 상임위원장을 야당 몫으로 하기로 했고, 특히 법사위원장은 21대 국회 후반기에는 보수당인 야당이 맡기로 합의했다. 소위 협치가 이루어진 것이다. 그러나 보수당이 집권한 대선 이후 이루어진 총선에서 진보 진영이 대승한 후 개원한 22대 국회에서는 또다시 거대 야당이 상임위원장을 모두 차지하려는 시도가 되풀이되었다. 여기에 우리나라의 헌정 역사상 최초로 야당 단독으로 개원하는 기록까지 세웠다. 이러한 여야의 관계는 프레너미와 영원한 라이벌, 또는 협쟁 어디에도 해당되지 않는 순수한 의미에서의 적대적 공생이며, 국민에게 자긍심보다는 자괴감을 안겨주는 행위임에도 불구하고 여러 차례에 걸쳐 반복적으로 나타나고 있다. 왜 이러한 현상이 일어나는 것이며, 앞으로 개선될 여지는 전혀 없는 것일까?

Why is it?

적대적 공생이 정당성을 획득하는 과정은 쉽게 설명할 수 있다. 집단 양극화(group polarization) 현상이다. 이는 어떤 사안에 대해 사람들이 토론을 거치면서 중립적이고 모호한 입장보다는 단호하고 선명한 주장이 힘을 얻는 현상이다. 예를 들어 말썽을 저지르는 아이에 대해 아빠와 엄마가 의논하는 상황을 떠올려 보자. 아이가 말썽을 일으키는 원인은 복잡다단하기 마련이다. 이 아이에 대해 가장 잘 알고 있는 아빠와 엄마만 한정적으로 이 문제에 대해 논의한다면 여러 가지 가능성에 대해 충분히 논의하고 장기적이든 단기적이든, 또는 긍정적 처방이든 부정적 처방이든 다양한 대책을 마련할 수 있다. 즉, 나름대로 근거를 갖는 여러 처방이 장단점을 가진 채 공존할 수 있는 것이다.

그런데 이에 대한 논의를 열 명이 넘는 친척과 이웃 사람들과 친구들이 모여서 저마다 자기 목소리를 내면서 논의한다고 해보자. 그 중에는 이 아이에 대해 잘 알지 못하는 사람들도 끼어 있지만 아무튼 논의에 참가하게 되었다면, 무엇이든 처방을 내야 한다는 전제하에 자신이 우유부단하거나 이 아이에 대해 잘 모른다는 평가를 받지 않기 위해 가장 선명한 하나의 의견을 지지할 수 있다. 여기에서 가장 선명한 의견이 갖는 특징은 확률적으로 가장 옳은 대안으로서의 의견이 아니라 자신이 모호한 의견을 갖거나 능력이 없다고 간주되는 위험을 피하는 의견이다.

이 불합리한 과정이 지속되면 더욱 황당한 현상이 발생할 수 있는데, 처음에 설정했던 본인의 주장과 다른 사실이 발견되는 경우에도 본인이 옳았다는 것을 증명하기 위해 사실을 외면할 수 있다는 것이다. 사실 이러한 현상은 개인적 수준에서도 발생할 수 있는데 보편적으로 이를 몰입의 상승효과($\substack{\text{Escalation of} \\ \text{Commitment}}$)라고 부른다. 예를 들어 본인이 투자했던 주식의 가격이 하락하는 경우 합리적 투자자라면 손절하고 다른 주식을 매입할 수도 있는데 본인의 잘못된 판단을 용납하기 어려운 투자자는 본인이 투자한 주식의 주가는 언젠가는 상승할 것이라는 잘못된 믿음을 바탕으로 끝없이 물타기를 할 수 있다. 이것은 '호미로 막을 것을 가래로 막는' 잘못된 행동의 사례이다. 그런데 이러한 현상이 집단 수준에서 일어난다고 상상해 보라. 아이가 말썽을 피우는 원인은 본래 복잡다단할 수밖에 없는데 이미 두 집단으로 양극화된 사람들이 그 이유를 각각 한 가지만 지목하고 그 주장을 합리화하기 위해 자신에게 유리한 증거만 인용한다고 해 보자. 이런 상황에서 아이가 적절한 처방을 받을 것이라고 기대하기는 힘들 것이다.

그런데 불행히도 우리는 이러한 집단 수준의 몰입의 상승효과와 이와 관련된 집단 양극화를 종종 목격하곤 한다. 양극화된 집단 내에서도 다양한 사람들이 있기 때문에 이들도 제각기 다른 의견을 가질 수 있다. 즉, 소수 의견도 존재할 수 있다는 것이다. 그러나 앞에서 설명했던 상임위원장 임명과 관련된 여야의 대립에 대해 어떠한 국회의원도 개인적 의견을 내놓았다고 들은 적이 없다. 오히려 우리는 당론에 반하는 의견을 내놓았다가 당원들의 집중적인 비판을 받고 당을 떠났던 몇몇 국회의원들을 기억한다. 양극화된 집단 내에서도 가장 극단적이고 선명한 의견을 가진 집단은 선명성의 상승효과를 내세우며 그렇지 않은 중간적 집단을 경계한다. 이것은 양극화를 유지하기 위한 최고 극단 세력 사이의 적대적 공생을 낳는다.

내부 결속과 단합

적대적 공생도 나름의 장점이 있다. 첫 번째 장점은 이를 통해 각 집단이 내부적으로 결속을 다질 수 있다는 점이다. 그러나 이 장점은 하부 집단의 차원에서 이익이 될 뿐이지 상위 집단의 차원에서는 대체로 부담이 되기 마련이다. 역사적으로 히틀러나 무솔리니나 스탈린이 이끌었던 전체주의적 집단에서 사용된 내부 결속용 구호들은 독일이나 이탈리아나 러시아에 역사적 오점으로 남고 말았다. 즉, 적대적 공생을 통한 내부 결속은 결국 상위 집단의 희생을 기반으로 하위 집단의 이득을 취하는 방법인 것이다.

이러한 효과는 앞에서 비교했던 프레너미, 영원한 라이벌, 그리고 협쟁과 매우 다르다. 예를 들어 1990년대 보이 그룹들 중 라이벌 관계였던 H.O.T와 젝스키스는 강한 팬덤의 충돌을 통해 내부적으로 팬들이 결속하는 유사한 결과를 가져왔으나 이것은 대중음악에 대한 관심을 높여서 음반 시장이 성장하고 외연이 확장되는 긍정적인 효과를 낳았다. 1990년대에 품질 좋은 TV를 생산하여 세계 시장을 석권하겠다며 이루어졌던 삼성과 소니의 전략적 제휴는 많은 소비자들에게 실질적인 이득을 안겨주었다. 반면에 내부적 결속에 주된 초점을 맞추는 적대적 공생의 경우에는 외연의 확장이나 외부 이해관계자의 삶의 질 향상에 관심을 갖지 않는다. 예를 들어 상임위원장의 임명과 관련된 국회에서의 경쟁은 양당의 내부 결속에는 긍정적인 효과를 가져왔으나 양당의 외연 확장이나 정치에 대한 국민의 신뢰가 높아지는 효과는 발견되지 않았다.

합리성의 결여와 획일화

내부 결속을 위한 적대적 공생이 야기하는 비용은 심대하다. 먼저 적대적 공생을 유지하기 위해서는 논리적 일관성과 합리성에 대해 상당 부분 희생해야 한다. 이러한 비합리성은 적대 관계 자체가 자기 집단의 이득이 되어야 하는 근본적 모순 상황에 기인한다. 즉, 어떤 대상을 적대시한다는 것은 그 대상이 사라지는 것이 더 낫다는 것을 전제로 하는데 여전히 그 대상이 필요한 비합리적 상황이 지속되는 것이다. 이것은 시소의 예로 설명할 수 있다. 시소에서 나와 몸무게가 비슷한 상대가 상대편 자리에 있으면 서로 올라가고 내려가는 것을 반복하며 놀이를 계속할 수 있지만, 만약 다투다가 상대가 자리를 박차고 나가 버리면 혼자서 놀이를 할 수 없는 상황이 되어 버리는 것이다.

적대적 공생이 갖는 이러한 비용 역시 앞에서 비교했던 프레너미, 영원한 라이벌, 그리고 협쟁이 갖는 비용의 속성과 매우 다르다. 프레너미 구도에서의 혼란 또는 비용은 감정적 동요 정도이다. 상대가 친구이긴 한데 경쟁해야 하는 불편한 상황에서 겪는 이성과 감정의 충돌이다. 그러나 이성적 판단과 감정적 판단을 분리하는 경우는 일상 생활에서 흔하게 겪는 일이므로 비합리적으로 행동할 문제는 발생하지 않는다. 영원한 라이벌 구도에서 우려되는 점은 그 정체성이 경쟁 속성에만 고착되어 새로운 속성으로 확장되기 힘들다는 것이다. 예를 들어 두 트롯 가수가 트롯 분야에서 라이벌 구도를 형

시소는 상대가 필요한 경쟁 상황이다_CC AS-4.0

성하게 되면 그러한 구도로 대중의 관심을 끌 수 있지만 그 중 한편이 랩이나 발라드 등 새로운 분야로 진출하기 힘들다는 단점을 가질수 있다. 오히려 새로운 이미지를 가지려 할 때 기존의 고착된 라이벌 이미지가 부담이 될 수도 있다. 그러나 이로 인해 비합리성의 문제가 발생하는 것은 아니다. 협쟁 구조에서의 잠재적 문제점은 협력상대가 자기 집단의 이익 극대화를 위해 상대방을 이용한 후 결국경쟁 상태로 돌아가는 것에 대한 우려이다. 협쟁 상태에서는 경제적논리만 존재하므로 영원한 친구도 영원한 적도 없다. 즉, 우정 등 감정적 요인이 작용하는 프레너미 또는 영원한 라이벌 관계와는 다른차원의 비용이 존재한다. 그러나 이것은 국제 관계에서나 경영 분야에서 매우 당연하게 여겨지는 관습이다. 자국의 이익을 우선시하는외교나 자사의 이해관계자의 이익을 우선시하는 경영 관례를 비합리적이라고 평가하지 않는다. 결론적으로 프레너미, 영원한 라이벌, 협쟁, 그리고 적대적 공생 중 비합리성의 문제를 안고 있는 경쟁 관계는 적대적 공생이 유일하다.

Where is it going and what should we do?

지금까지 최근 발생했던 적대적 공생의 여러 현상들과 그 유사 개념들, 그리고 여러 단점에서 불구하고 적대적 공생이 계속적으로 발생하는 이유에 대해 살펴보았다. 어떤 현상이 발생하는 이유는 단순히 말해서 그것에 관련된 비용보다 이득이 크기 때문이다. 적대적 공생이 초래하는 비합리성과 획일화의 비용에 비해 그것이 가져오는 내부 결속이라는 이득이 더 크기 때문에 양극화된 두 집단은 큰 고민없이 적대적 공생이라는 선택지를 고를 수 있다.

그러나 적대적 공생은 영원한 라이벌이나 협쟁의 경우와 같이 경쟁 상태를 둘러싼 포괄적 사회에게 이득을 가져오는 것이 아니라 오로지 하위 집단, 그 중에서도 가장 양극화된 소수 집단에게 이득을 가져오기 때문에 사회 전체로 보아서는 그다지 바람직한 것은 아니다. 만약 적대적 공생을 추구하는 집단이 태도를 바꾸어 협쟁을 추구하게 된다면 어떨까? 그것은 과연 가능할 것인가?

첫째, 적대적 공생은 그 선택에 부과되는 추가적인 큰 비용이 발생할 때에는 중단될 수 있다. 예를 들어 1986년에 미국에서는 이란에 잡힌 미국 인질을 석방하는 대가로 이라크와 전쟁 중이었던 이란

이란 콘트라 청문회는 레이건 행정부를 탄핵 위기로 몰았다_CC AS-2.0

에 불법적으로 무기를 판매하고 그 대금으로 니카라과 반군을 지원했던 이란 콘트라 사건의 청문회가 열렸다. 법적으로 수출 금지 제재를 가하던 이란이었지만 니카라과 반군을 지원하기 위해 적대적 공생을 택했던 것이다. 그러나 이 공생은 미 의회가 임명한 특별검사의 조사로 인해 세상에 폭로되었고 중단되었다. 그 결과 레이건 행정부의 지지율은 급락하고 탄핵의 위기까지 몰렸지만, 정의를 추구한다는 미국의 의지를 세상에 알린 사건이었다. 또한 니카라과 반군으로부터 지원의 대가로 받은 마약을 미국에서 판매하는 비윤리적 관행을 알리고 중단하게 된 중요한 계기가 되기도 했다. 행정부를 감시하는 국회의 권한이 행정부가 자행할 수 있는 적대적 공생의 행동에 큰 비용을 부과했던 하나의 사례라 할 수 있다.

만약 NGO 또는 시민 단체 등이 적대적 공생 행위를 적발하고 그 고리를 끊는 행동을 할 수 있다면 어떨까? 어떤 비평가들은 일부 재벌과 귀족 노조가 적대적 공생 관계를 맺고 노동 시장을 교란한다고 지적한다. 겉으로는 노사가 극한 대립하는 모습을 연출하면서 정작 노조의 소수 간부와 재벌이 상호 이득을 취하는 방식으로 협상을 한다는 것이다. 이 현상은 이러한 비합리적 관행을 적발하여 큰 비용을 부과할 수 있는 감시자가 활동할 때에 중단될 수 있다. 더 바람직하게는 노사 관계를 협쟁의 관계로 발전시킬 수도 있을 것이다. 사안별로 협력하여 공동으로 상대하는 정부에 대해 유리한 협상을 진행하거나 경영권 또는 노동권이 침해되지 않는 범위에서 기업의 성과를 극대화할 수 있는 방안을 찾는 작업을 선별적으로 진행할 수도 있을 것이다. NGO 또는 시민 단체 등이 적절하고 공정한 감시자 또는 고발자의 역할을 할 수 있다면 비윤리적인 적대적 공생은 큰 비용을 지불하거나 또는 중단될 수 있다.

둘째, 적대적 공생은 다른 대안을 선택했을 때에 추가적인 큰 이득이 발생할 경우에도 중단될 수 있다. 예를 들어 1993년 미국의 중재로 이스라엘과 팔레스타인은 백악관에서 역사적인 평화 협정을 맺었는데 이 협상은 사전에 오슬로에서 비밀리에 이뤄졌다고 해서 오슬로 협정으로 불린다. 미국은 쿠웨이트를 침공했던 이라크에 대한 전쟁인 걸프전에서 1991년 승리하였으며, 더 나아가 중동 지역의 중재자를 자처했다. 이 평화 구도에 동참하는 것은 이스라엘과 팔레스타인 모두에게 이득이 될 수 있었다. 이스라엘의 라빈 총리와 시몬 페레즈 외교장관, 그리고 PLO의 아라파트 의장은 1994년 이

공로를 인정받아 노벨 평화상을 수상했다. 물론 이러한 구도가 항상 안정적인 것은 아니다. 온건파였던 라빈 총리가 암살당하고 팔레스타인에서도 강경파인 하마스가 집권하자 다시 중동

지역은 불행히도 적대적 공생 구도로 회귀했다.

만약 적대적 공생을 중단한 주체들에 대해 이와 관련된 이해관계자가 큰 보상을 제공할 수 있다면 어떨까? 앞에서 설명했던 일부 재벌과 귀족 노조의 적대적 공생 관계를 다시 가져와 보자. 만약 노사 갈등이 일부 노조 강경파와 사측 강경파 사이의 의도적인 파국에 의해 조성되고 그것을 해결하는 대가로 그 강경파들이 보상을 받는 비정상적인 구도에 의해 진행된다면, 노사 관계를 관장하는 별도의 기구를 발족시켜 원만한 노사 협약에 대해 매우 큰 보상을 부여하는 제도를 운영하는 것도 생각해 볼 수 있겠다. 이러한 과정을 통해 임금 협상으로 얻을 수 있는 최대 임금 상승분보다 더 큰 이익을 노조가 얻을 수 있고, 파업으로 인해 입을 수 있는 손실보다 적은 비용을 사측이 지불하게 된다면 양측의 강경파가 적대적 공생을 도모할 여지가 줄어들 것으로 기대해 볼 수 있지 않을까. 물론 여기에 노사가 적대적 관계가 아니라 협쟁의 관계일 수 있는 조건들이 마련된다면

더 좋겠다.

　2024년 총선을 앞두고 비례대표 국회의원 제도에 대해 여야 양당은 피차 문제가 많다고 인정했던 위성정당을 그대로 시행하는 것으로 결론지었다. 그것 이외에 확실하게 비례대표 의석을 확보할 대안을 찾지 못해서다. 이 결정은 결국 소수 정당의 국회 입성을 장려하자는 비례대표제도의 본래의 목적을 저버린 적대적 공생 행위였다. 이러한 적대적 공생 관계는 소수 집단의 이득을 위해 많은 이해관계자에게 피해를 끼치는 결과를 가져온다. 비합리적인 적대적 공생 관계를 이성적 협쟁 관계로 전환하는 일은 우리 사회 모두의 과제라 할 것이다.

적대적 공생 관계는 사회가 양극화되면서 점차 위력을 더해가고 있다. 소수 양극 집단의 이익을 위해 다수 중도 집단이 비용을 지불하는 이 구도는 사회 전체의 가치를 파괴한다. 이를 회피하기 위해서는 적대적 공생 관계가 초래하는 비용은 늘리고 동시에 적대적 공생을 중단했을 때의 이득은 증가시키는 노력이 수반되어야 한다. 더 나아가 적대적 공생과 유사하지만 합리적 이성을 기반으로 하는 협쟁(coopetition)으로 전환하는 노력이 이루어져야 한다.

머피 베드
인생

머피 베드($^{Murphy}_{bed}$) 혹은 머피 침대는 벽, 옷장 또는 캐비닛 내부에 수직으로 보관할 수 있도록 경첩을 달아 놓은 침대를 의미한다. 접이식 붙박이 침대 혹은 폴딩 베드, 월 베드, 빌트인 접이식 벽 침대 등 다른 이름을 쓰기도 하는데, 특히 좁은 공간에서 침대와 옷장, 혹은 데스크 겸용으로 모두 사용할 수 있는 다기능 가구다. 머피 침대는 공간을 절약하면서, 단 몇 초 만에 방을 변화시킬 수 있다. 따라서 기본 침대나 게스트를 위한 손님용 침대로 사용할 수 있는 등 활용도가 매우 높다. 또한, 전통, 현대 등 다양한 분위기를 내는 여러 스타일로 발전되어 인테리어 측면에서도 많은 도움을 주고 있다.

1인 가구, 홈오피스
에 대한 수요가 많아지
면서 공간의 활용도를
고심하고 있는 현대인에
게 머피 베드는 여러 가
지 인사이트를 주는 아
이템으로 급부상하고 있
다. 작은 곳에 살아도 침
대를 숨겨 공간을 효율

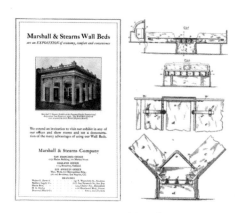

머피 베드(Murphy bed) 혹은
월 베드(Wall bed)의 초기 아이디어

적으로 넓게 만들 수 있는 마법을 만들어 낼 수 있으며, 여러 가구들
을 따로따로 두는 것보다 하나의 가구로 여러 기능을 해결할 수도
있다. 이러한 '범용성'의 의미를 기반으로, '머피 베드'는 2025년에
는 더 심도 깊고, 증폭된 트렌드를 만들어내는 단어로서 이름을 올
릴 수 있을 것이다. 예기치 못했던 '코로나 팬데믹'과 같이, 삶에 대
한 불확실성이 더 짙어진 지금, 이제는 변화가 쉬운 것이 더 유리한
세상이 되었다. 4차 산업혁명과 100세 시대, 불안한 고용 시장과 주
52시간 근무제, 높은 물가 등에 따른 N잡러들의 증가 트렌드는 '변
화'에 적응하며 범용성을 키운 '변신'이 얼마나 값진 것이 되는지 보
여주고 있다.

이제 우리의 인생도 '머피 베드'처럼 마법을 부려야 한다. '전문
성'만을 강조해 온 시대는 지났다. 이에 따라, 우리의 인생 챕터가
여러 번 짧게 바뀌면서 은퇴도 빨라지고, 은퇴 후의 재교육도 여전

데스크와 침대로 활용 중인 머피 베드

히 중요해진다. 또한, 물건으로 치자면, 여러 산업에 있어서 복합적 기능을 가진 제품이나 서비스로 더 큰 기회를 창출할 수 있어야 한다. 즉, 범용성과 다용도를 추구하는 역량이 필요한 시기이다. 과연 2025년도에 강조될 '머피 베드 인생'은 어떻게 구현될 수 있을까?

What do we see?
'변화'의 핵심은 '변신'

머피 베드에서 볼 수 있듯이 현대인은 '변신'에 주목해야 한다. 본업 외에 다른 일을 가진 경우, 과거에는 '부업'이라 부르면서 하나 정도의 일을 더 추가하는 경우가 많았다. 그러나 지금은 'N잡러' 혹은 '부캐'라는 신조어가 일상적인 용어로 사용될 정도로 부업에 대한 사람들의 갈망이 높아졌고, 이는 실제로 현실화되고 있다. 2024년 3월 방송된 KBS 뉴스 방송에 따르면 국내 N잡러는 사상 최대에 이르렀다고 한다. 통계청의 경제 활동 인구 조사인 마이크로 데이터 분석 결과에 따르면, 2023년 기준 우리나라 부업 인구는 약 57만5000여 명으로 역대 최대 규모를 기록했다. 이러한 결과 발표 훨씬 이전에 시행된 조사의 결과들도 비슷한 얘기들을 담고 있다. 구인, 구직 사이트에서 1324명의 직장인을 대상으로 조사한 결과에 따르면, 직장인 91%가 'N잡러'를 고려하고 있다고 밝혔다. 세대마다 그 이유는 다르겠지만, 보통은 추가 수익을 위해, 그리고 자기만족을 위해서라도 N잡을 갖고 싶어한다. 특히 부업 인구의 증가는 디지털 플랫폼, 디지털 경제의 확산과도 연결되는데, 더 많은 일자리가 창출되고는 있지만, 전통적인 일자리에 비해 노동 시간과 소득면에서 긍정적이지는 않다. 즉, 노동 시간은 짧고 소득이 낮아 여러 일자리를 겸해야 하는 상황이 발생한다. 이렇다 보니 강제적으로라도 퇴근 뒤에 다시 출근하는 현상이 생기게 되고, 부캐와 본캐를 오고 가면서 여러 가지 일을 겸하는 상황에 빠지게 되었다. 잡코리아에서 직장인 771명을 대상으로 한 조사(복수 응답 가능)에서도 이러한 상황은 드러난다. 직장인 10명 중 8명은 현재의 직장이 '평생직장'이 아니라는 것에 동의했는데, 정년까지 보장받는 안정적인 직장이 아니라는 이유(45.6%) 이외에도, 업무량 대비 급여가 적기 때문에(44.5%), 혹은 회사 복지가 없거나(40.5%), 워라밸이 보장되지 않아서(23.3%) 등의 답변이 줄을 이었다. 아울러 이직/창업을 준비하

고 있다는 답변도 34.4%에 이른다. 직장인 1020명을 대상으로 한
중앙일보(2021)의 또 다른 조사에서는 조사 대상의 거의 반(49.2%)
이 N잡러라고, 즉 월급 외 소득이 있는 것으로 나타났다.

유튜버가 지배하는 N잡러의 세상

이미 '평생직장'의 개념은 없어진 지 오래되었다. 그렇다고 한 분
야만 파고들어 전문가가 되어야 한다는 주장도 이제 신빙성이 없어
졌고, 조금은 안일하게까지 느껴진다. 빠르게 변화하고 있는 시대에
변화에 대한 감지 및 적응 감각을 기르고, 관성을 탈피해서 역동성
과 범용성을 강화시킨 액션을 취해야 한다. 우리가 N잡의 예로 많이
언급하는 직업들이 있는데, 1인 크리에이터가 가장 대표적이다. 그
밖에도 재능 공유 아르바이트라든지, O2O 플랫폼 배달 아르바이트
같은 것들이 있다. 특히 유튜버로 알려진 1인 크리에이터는 일반인
들뿐만 아니라 많은 연예인들이 본인의 채널을 만들어 브이로그를
통해 일상을 보여주거나 자신의 재능과 연계된 활동을 보여주고 있
는데, 수익까지 창출할 수 있어서 새로운 직업군으로 제대로 자리매
김했다.

포브스코리아가 2019년부터 조사하기 시작한 '대한민국 파워
유튜버'의 2023년 순위를 보면, 상위 10개 채널의 추정 연 소득이
100억 원 이상으로 나타나 시장이 폭발적으로 팽창한 것을 알 수 있
다. 특히 1위는 한국인 남편과 베트남인 아내가 운영하는 '구래' 채

널로 나타났다. 2023년 왕좌로 등극한 이들의 추정 연 소득(광고 노출 단가와 최근 1개월 평균 조회수로 계산되며, 동영상의 광고 유형이나 시청 지역에 따라서도 달라질 수 있음)은 544억원에 이른다. 구독자 수 1040만 명, 시청 횟수 71억 건에 따른 결과다. 이들은 커플 사이에서 일어나는 여러 일들과 먹방, 그리고 해외 밈(유행 콘텐츠, meme)을 다루는 숏폼 콘텐츠를 만들고

2023 대한민국 파워 유튜버 TOP 10

있는데, 이들이 만든 영상은 글로벌 시청자들에게 도달하고 있다. 댓글의 64%가 영어, 15%가 한국어, 프랑스어와 스페인어는 각각 3%, 아랍어 2% 순이다. 또한 이들이 만든 영상은 유튜브 쇼츠뿐만 아니라 틱톡과 인스타그램, 페이스북 등에서 매우 높은 수의 업로드와 조회수를 기록했다. 10위권 중 숏폼 채널이 8곳이나 된다고 하니 숏폼으로 인한 디지털 생태계 변화도 감지할 수 있다. 특히, 성공만 한다면 유튜버는 웬만한 직업군 여러 개를 합치고도 남을 정도의 이익을 가져오니, 요즘 초등학생들이 꿈꾸는 1위 직업이 '유튜버'라는 게 별로 놀랍지는 않다. 대부분 이러한 크리에이터들의 시작은 단순했다. 그러나 구독자 수가 늘고, 이에 따른 소득이 급격하게 늘어남

순위	채널	구독자수 (만 명)	시청횟수 (억 건)	업로드 (건)	추정 연소득 (억원)	전년 순위 (변동)
1	블랙핑크	9000	323	542	162	2(▲1)
2	뉴진스	456	15	285	104	신규
3	(여자)아이들 공식	643	32	726	80	8(▲5)
4	르세라핌	356	14	523	58	신규
5	방탄TV	7580	209	2274	55	1(▼4)
6	세븐틴	990	44	1600	46	4(▼2)
7	트레저	712	21	780	38	17(▲10)
8	nct dream	633	14	611	32	13(▲5)
9	아이브	282	12	445	23	15(▲6)
10	fifty fifty 공식	143	4	104	22	신규

2023 대한민국 파워 유튜버 [셀럽리그 30]

에 따라 온전히 유튜브 크리에이터로 전향하거나, 이를 기반으로 또 다른 사업을 시작한다. 제대로 N잡러 세계에 발을 내딛은 것이다.

한편, 대한민국 파워 유튜버 순위에서 셀럽 순위는 더욱 흥미롭다. BTS의 군백기로 인해 그동안 양대 산맥을 이루던 BTS와 블랙핑크의 균형은 깨졌고, 뉴진스를 비롯한 4세대 걸 그룹들이 매우 빠르게 치고 올라오는 중이다. 글로벌 팬덤을 기반으로 하다 보니 K-팝 가수들의 구독자는 넘볼 수 없는 수치가 되었다. 본업이 가수인 그들이 유튜버로서, 콘텐츠를 만들어내는 크리에이터로서 부캐를 만들고 있다.

그러나 젊은 세대 K-팝 가수들만 범용성을 넓히고 있는 게 아니다. 신동협의 〈짠한형〉, 성시경의 〈먹을텐데〉, 이지혜의 〈밉지않은 관종언니〉, 홍진경의 〈공부왕찐천재〉, 모델 한혜진의 〈Han Hye

Jin〉, 최화정의 〈안녕하세요, 최화정이에요〉, 오상진, 김소영 부부의 〈김소영의 띵그리TV〉, 장영란의 〈A급 장영란〉 등 많은 연예인들이 본업을 뒤로 한 채 유튜브 채널을 오픈하고 있다. 사실 연예인이라는 직업이 어떠한 직업군에 비해서 훨씬 불안정성이 크고, 팬덤에 기반한 인기의 미래는 확실히 알 수 없으며, 소득 면에서도 극과 극을 이룬다. 그렇다보니 어찌 보면 다른 일반인들에 비해 연예인이 N잡러가 되는 것은 어느 정도 수긍이 간다.

공무원으로 유튜브 세상에서 한참이나 화제가 된 충주시 김선태 주무관. 그는 충주시 공식 유튜브 채널인 〈충TV〉를 맡아서 운영한 충주시청의 홍보팀 직원이다. 그런데 이제 그는 충주시의 홍보맨을 넘어 공공기관과 대학 등 여러 곳에서 특강을 요청해 오는 유명 인사가 되었다. 시정 홍보를 위해 한 지방자치단체의 유튜브 채널이 개설 약 5개월 만에 구독자 6만여 명을 모은 것도 대단한 일인데, 이제는 자연스러운 바이럴 효과를 타고 더더욱 상승세에 있다. 이러한 결과가 나오기까지 그만의 노력과 시행착오, 아픔도 있었다. 그러나 '충주시 페이스북'을 브랜드화하고, 홈페이지뿐만 아니라, 유튜브, 오프라인 포스터, 신문 기사나 현수막 등 다양한 플랫폼 활동을 통해 '충주시'를 즐겁고 재밌게 알리려고 하는 그만의 노력은 가치 있는 결과로 나타났다. 영상 편집 프로그램에 대한 지식이 없던 그가 스스로 책을 보며 공부하고 배워가면서 만든 영상들로 인해 개인의 명성은 물론이고, 충주시의 유튜브 채널은 아주 신선한 대세로 떠올랐다. 머피 베드 인생이란 바로 이런 것이다. 이제 현대인은 본인의 전문적인 영역을 뛰어넘어 새로운 영역으로 범위를 넓혀갈 수 있다. 이를 통해 새로운 자아실현의 수단으로도 사용하고, 더불어 또 다른 부캐를 활용한 수익 창출도 가능하다. 이것이 바로 '머피 베드 인생'인 것이다. 이제는 '평생직장'이라는 어떤 특정한 곳에 머무르기보다는 '평생 직업'이 될 수 있는 영역의 범용성을 찾아 행보를 바꾸어야 한다.

Why is it?
동적 역량에 대한 믿음

경영 전략에서 중요하게 여기는 '동적 역량($\text{dynamic capabilities}$)'이라는 개념이 있다. 동적 역량은 기업이 보유한 자원이나 능력을 상황에 따라 변화 혹은 변혁시키고 재구성할 수 있는 능력이다. 즉, 4차 산업`혁명 시대, 포스트 코로나 시대에서와 같이 급격하게 변화하는 내부와 외부 환경을 '감지'하고, 이에 대한 기회를 '포착'함과 동시에, 내부와 외부의 자원과 역량을 통합하여 '변혁'을 가져올 수 있는 힘을 의미한다. 이 동적 역량의 개념은 사실 경영학계에서는 그리 새로운 단어가 아니다. 이미 오래전부터 글로벌 기업의 성공과 장수의 원인을 파악하기 위해 동적 역량의 개념은 늘 언급되고 적용되어 왔다. 체인을 통한 에스프레소 커피 비즈니스의 가능성을 인식한 스타벅스가 그랬고, 세계 최대 전자 상거래로 성장한 아마존이 그랬으며, 국민 메신저로 자리매김한 카카오의 시작이 그랬다. 변화를 감지한

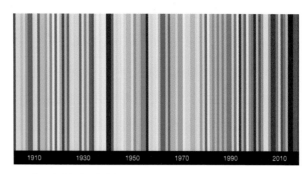

연도별 기온 변화가 감지되는 것처럼 인생도 변화의 감지가 필요_CC BY 4.0

덕분에 이들은 적절한 타이밍에 자원을 동원하고 투자했으며, 시장에서 커다란 가치를 창출하는데 성공했다.

그러나 이렇게 새로울 것 없는 경영 전략의 개념 '동적 역량'은 이제 새로운 시대상을 마주하면서, 새로운 세대와 함께 다시 급부상하고 있다. 특히 이제는 기업의 문제가 아니라, 고정되지 않은 변수인 '소비자 측면의 변화'가 화두다. 환경이 바뀔 때 우리는 삶에 또다른 루틴을 만들어 낸다. 그리고 그 루틴에 적응하면서 자신이 가진 자원과 역량을 몰입시킨다. '동적 역량'이라는 단어를 나누어, '동적'과 '역량'의 의미를 따로 떼어내어 생각해 봐도 이는 쉽게 이해된다. 변화하는 환경에 맞추어 기업 혹은 조직, 개인의 역량을 지속적으로 발전시키고 바꿔주는 능력이 '동적' 개념이라면, 기업 내외부의 여러 자원과 기술, 기능을 변화에 맞도록 조정, 통합하고, 재구성해 주는 힘은 '역량'이라 표현된다. 이들은 바로 '머피 베드 인생 설계'에 매우 필요한 근간이 된다. 과거의 정체성은 내려놓은 채,

즉 과거 속 자신의 삶에 갇히지 않고, 앞으로 전진하는 삶을 설계하는 것이다. 특히 개인은, 자신의 삶을 이끌어야 하는 성인은 새로운 일을 맡거나, 경력을 전환하는 중대한 인생사를 거칠 때 과거에 얽매이기 쉽다. 그러나 현재의 정체성을 이해하면서 과거의 모습을 과감히 탈피하면 미래를 향해 한걸음 더 나아갈 수 있다.

빠른 트렌드를 따라가야 하는 분야 중의 하나는 '패션'이다. 계속해서 변화하는 트렌드와 소비자들의 다양한 욕구를 충족시킴과 동시에, ESG경영으로 대두되는 환경에 대한 이해를 바탕으로 발 빠른 움직임을 보여야 한다. 이래서 나오게 된 게 '패스트 패션(fast fashion)' 시장이다. 이를 빠르게 감지한 스페인 의류기업 인디텍스(Inditex) 그룹의 '자라(ZARA)'는 수백 명의 디자이너들이 세계 주요 도시의 길거리에서 고객의 기호 변화를 직접 분석, 평가하고 이를 디자인에 반영한 덕분에 이 시장의 주도권을 쥐게 되었다. 2~3주 만에 신제품을 출시했고, 전 세계 매장에서도 고객이 입어본 후 구매하지 않거나 구매한 이유를 실시간으로 수집해 바로 즉시 제품 디자인에 반영했다. 동적 역량이란 바로 이렇게 신속하게 환경을 감지해서 이를 반영한 제품으로 출시하는 역량을 갖추는 것이다. 그런데 자라는 여기서 더 나아가 패션에만 머물러 있지 않고 '자라 홈(ZARA HOME)' 등의 매장을 열어 다양한 인테리어, 홈, 리빙, 주방, 욕실용품 등과 관련된 영역으로도 발을 넓혔다. 경쟁사 H&M도 마찬가지인데, 이들은 패션이 전문 영역이긴 해도, 범용성을 놓치지 않고 트렌드를 따라가려는 동적 역량을 잘 보여주고 있다. 이러한 동적 역량은 빠른 추종자(follower)가 되기보다는 자신이 선두 주자(pioneer)가 되려고 노력할 때 비로소 그 길을 잘 열 수 있다.

그러나, 이러한 동적 역량은 기업에게만 한정된 얘기가 아니다. 기업에 적용되기에 앞서 조직, 그리고 그 안에 있는 개인에게 먼저 요구되는 역량이다. "어떤 '인재'가 되어야 할 것인가?", "이 시대에 적합한 '인재'란 무엇을 갖추고 있어야 하는가?" 무수히 많은 지혜로운 답변들이 있겠지만, 경영학적 관점을 가지고 이 시대를 바라보았을 때는 '범용성'까지 두루 갖춘 '동적 역량'이, 그리고 이를 활용한 '머피 베드 인생'이 정답이 될 수 있겠다.

머피 베드의 법칙 vs. 머피의 법칙

한편, 머피 베드 혹은 머피 베드의 법칙(murphy bed's law)과 오묘하게 닮아 있는 단어로 '머피의 법칙 (murphy's law)'이 있다. 머피의 법칙은 하려는 일이 제대로 되지 않고, 원하지 않는 방향으로만 자꾸 일이 진행되는 현상을 의미한다. 이는 1949년 미국 항공 엔지니어였던 에드워드 머피 (Edward Murphy)가 충격 완화 장치 실험의 실패를 경험한 뒤 했던 말에서 유래했는데, 그는 "잘못될 가능성이 있는 일은 항상 잘못된다"고 하여 좋지 않은 일들이 자꾸 반복된다는 것을 말하고자 했다. 예를 들면, 약속 시간이 빠듯한데 차에 시동이 잘 안 걸리고, 모든 신호등마다 걸려서 멈춰야 했으며, 바로 앞에서 엘리베이터 문이 닫혀 기다려야 했다. 설상가상으로 급하게 엘리베이터에서 뛰어나오는

변화를 감지하는 힘, 그리고 인생을 변화시키는 변신

도중 들어오는 사람과 정면으로 부딪쳐 얼굴과 몸을 심하게 다쳤다. 이렇게 어떤 일이 갈수록 꼬이기만 하고 나쁜 방향으로만 흘러갈 때 우리는 머피의 법칙을 외친다. 그런데 이 머피의 법칙은 생각해 보면 머피 베드 혹은 머피 베드 법칙의 반대 선상에 서있는 것 같다. 내 삶의 모든 영역에 범용성을 높여 다용도를 추구하는 동적 역량을 키울수록 좋은 방향으로 우리의 인생이 흘러갈 수 있고, 자신이 원하는 방향대로 배의 키를 잡고 내 삶을 조정할 수 있기 때문이다. 이럴 때 우리는 '머피 베드의 법칙'을 외칠 수 있겠다. 이는 분명 일이 꼬이고 풀리지 않는 '머피의 법칙'과 완전히 정면으로 배치된다.

Where is it going and what should we do?
머피 베드 인생 설계

2030년이 되면 약 20억 개의 일자리가 사라지며, 포춘 글로벌 500대 기업의 절반이 문을 닫을 거라는 조사 결과가 있다. 2025년을 기점으로 보았을 때, 그리 멀지 않은 미래에 이 같은 변화가 생긴다는 사실에 또다시 절망감이 앞선다. 그러나 삶은 계속되어져야 한다. 이러한 변화의 시기일수록 새로운 산업과 일자리도 동시에 생겨날 것이며, 이에 따라 우리에게도 새로운 인생 컨설팅이 필요해진다. 벽장 안으로 들어갈 수 있는 침대, 침대였다가 소파였다가 테이블로도 변신하는 머피 베드처럼 '머피 베드 인생 설계'가 2025년도에는 크게 떠오를 것이다. 이를 위해, 이제 우리 각자는 인생을 위한 개인별 '스핀오프(spin-off) 프로젝트'를 진행해야 한다. 스핀오프란 단어는 원래 비즈니스 세계에서 많이 사용되었는데, 주로 회사를 분할(특히 인적 분할)하는 것을 의미한다. 특히 스핀오프는 기업의 성장과 포트폴리오 최적화, 혹은 자산 관리를 위해 자회사와 같은 형식으로 사업을 분리해 낼 때 쓰이는데, 독자적인 경영을 수행하고, 자체적으로 성장할 수 있다는 기회가 생긴다는 점에서 많은 기업들이 시도하고 있다. 이처럼 비즈니스 세계에서 쓰였던 스핀오프는 현재 영화나 드라마, 만화, 혹은 예능같은 엔터테인먼트 산업에서도 적용되고 있다. 이는 기존 작품에서 파생된 새로운 프로젝트를 의미하는데, 즉 기존의 성공적인 콘텐츠 작품이나 상품, 브랜드를 기반으로 새로운 것을 창출하는 것을 뜻한다. 원래의 스핀오프는 오리지널 원작의 세계를 확장하여 다양한 이야기를 탐구하는 것이다. 예를 들면, 'MUC, 즉 마블 시네마틱 유니버스(Marvel Cinematic Universe)'는 어벤져스, 아이언맨, 토르, 캡틴 아메리카 등의 마블 코믹스의 캐릭터를 기반으로 한 스핀오프 시리즈의 대표적인 사례이다. '미스터리 서스펜스 시어터'인 〈The Twilight Zone〉은 미스터리와 공포를 주제로 한 드라마 시리즈인데 이 또한 대표적인 스핀오프 사례로, 각 에피소드마다 다른 배우들이 출연하여 다른 이야기로 시리즈를 이어 나갔다. 한편, 명품 브랜드에서도 스핀오프 프로젝트의 예를 살펴볼 수 있다. 프라다는 '미우미우(MIUMIU)'라는 브랜드를 스핀오프하여 고객의 타깃층을 매우 넓혔고, 마켓컬리 또한 '컬리'로 사명을 변경하면서 브랜드 이미지를 바꾸었다. 이 같은 스핀오프 아이디어를 우리의 인생 설계에도 활용해 볼 수 있다. 본업이 있지만, 그 외의 여러 프로젝트를 진행하면서 본인의 타깃 시장을 넓혀나가는 것이다. 그것은 개인의 취미생활과 경험에서 확장될 수도 있고, 새롭게 익히는 기술에서도 뻗어 나갈 수 있다.

한편, 머피 베드 인생 설계를 위해 '스핀오프 프로젝트'라는 단어 이외에도 '브리콜라주'라는 단어를 주목해 봐야 한다. 자동차왕 헨리 포드가 만들었던 컨베이어 벨트를 통한 공장에서의 대량 생산, 대량 소비 시스템은 자본주의적 생산을 만들어 내는데 결정적인 역할을 하였다. 포드 자동차 회사는 이를 통해 효율적인 노동 시스템으로서 '분업'을 만들어 내었고, 이러한 분업 시스템은 현재까지도 유용하게 쓰이고 있다. 그러나 다른 한편에서는 원시 시대의 손재주꾼이라 불리었던 '브리콜라주(bricolage)'에 빠져 있었다. 프랑스의 인류학자 레비스트로스는 브라질의 원시 부족을 연구하면서 발표한 1962년 저서 〈야생의 사고〉에서 바로 이 단어를 사용했는데, 야생의 사고를 가지고 길들여지지 않은 원시인들이 여러 분야에서 다양한 일을 해

맥가이버
MacGyver

장르	첩보, 액션
방송사	abc
방영 기간	1985년 9월 29일 ~ 1992년 5월 21일
방영 횟수	139화

다양한 일을 능숙하게 해내는 사람을 뜻하는
'브리콜뢰르'의 대표 주자, 맥가이버

내는 것을 발견한 것이다. 특히 이 부족 사회의 문화 담당자를 '브리콜뢰르(bricoleur)'라 불렀는데, 이는 '여러 가지 작업이나 일에 손을 대는 사람'으로서, 부족 사회에서 제한된 도구와 한정된 재료를 사용해서 다양한 일을 능숙하게 해내는 사람을 의미한다. 바로 이에 기반해서 여러 상황에 따라 새로운 것을 만들기 위한 수단으로 활용하면서 혁신을 만들어 내는 사람과 같은 손재주꾼이나 마술사, 혹은 그러한 기술을 '브리콜라주'라고 한다. 21세기의 브리콜뢰르를 찾아본다면, 우리는 단연 스티브 잡스나 일론 머스크 같은 사람을 생각해 보겠지만, 저 멀리 과거로 돌아가 생각해 보면 1980~1990년대 미국 드라마의 주인공이었던 '맥가이버(Macgyver)'도 떠올릴 수 있겠다. 자신의 주변에 있는 다양한 도구를 사용하여, 현재 직면하고 있는 상황을 제대로 파악한 뒤 자신이 가진 물리학, 화학, 지질학 등과 같

은 과학적 지식에 기반에서 위기를 극복해 내는 사람 말이다. 이는 마치 마술사들이 여러 도구를 활용해서 다양한 방법의 기술을 접목시켜 다양하고도 새로운 기술을 선보이는 것과 같다. '머피 베드 인생 설계'란 바로 이러한 '브리콜라주'에 주목한다. 어떠한 상황을 접하든 만능 재주꾼이 되어, 인생에 마법을 부릴 수 있는 능력 말이다. 그것이 N잡러의 형태로 나타날 수도 있겠지만, 미래 신산업을 예측하면서 새로운 일을 만들어낼 수도 있다. 지금 우리에게 있는 많은 산업이 미래에 없어지겠지만, 다시 새로운 소득원을 만들어낼 수 있는 신산업과 신제품이 필요하다.

머피 베드 제품 설계

머피 베드 인생 설계는 더 나아가 '브리콜라주'를 활용하여 만들어내는 제품 및 서비스 설계까지에도 이어진다. 주어진 재료를 활용하여 최고의 작품(제품과 서비스) 혹은 다양한 기술을 만들어 내는 능력인 '브리콜라주'는 이제 우리 생활 속에서 더 쉽게 발견될 것이다. 새로운 시대에는 미래 신산업에서 4조달러의 수익 창출의 기회가 생기며, 5조 기가바이트의 데이터가 사용된다. 또한 2500만 개의 어플리케이션이 새롭게 선보일 것이며, 40억명의 사람들은 서로 쉽게 연결될 것이다. 다기능을 가지면서 마법을 부릴 수 있는 제품들이 스마트 인공지능과 연계되어 더욱 각광받을 것이다. 예를 들면, 그냥 메트리스 기능만 있는 것이 아니라, 자는 동안 수면의 질을 다양한 방식으로 측정할 수 있는 '스마트 메트리스'라든지, 스마트폰과 초음파를 연결해서 임산부 뱃속 태아의 상태를 실시간으로 확인하는 '스마트 초음파'라든지, 인터넷이 연결되는 의상, 인터넷이 연결되는 독서용 안경, 당연히 교사의 역할을 모두 겸할 수 있는 인공지능 티처봇의 등장도 모두 예견된 머피 베드 제품들이다. 머피 베드 제품들과 함께 전례 없는 기회의 시대가 올 것이 분명한 만큼 미래는 어떤 종착지가 아니라 계속될 여정을 위해 변신을 모색해야할 때다.

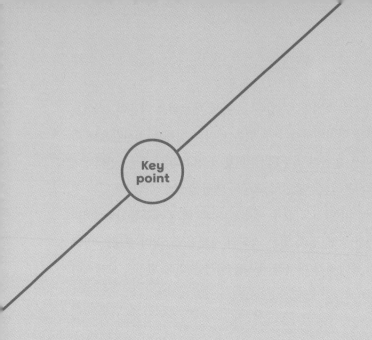

　　2025년은 마치 마법을 부리듯, 다양한 일을 능숙하게 해내는 '브리 콜뢰르'의 시대다. 벽장 안으로 들어갈 수 있는 침대, 침대였다가 소파였 다가 테이블로도 변신하는 머피 베드처럼 이들이 펼치는 '머피 베드 인 생'이 주된 화두로 떠오를 것이다. 4차 산업혁명 시대, 포스트 코로나 시 대에서와 같이 급격하게 변화하는 내부와 외부 환경을 '감지'하고, 이에 대한 기회를 '포착'함과 동시에, 내부와 외부의 자원과 역량을 통합하여 '변혁'을 가져올 수 있는 '동적 역량'은 바로 머피 베드 인생을 설계하기 위한 밑거름이 된다. 2025년은 우리 각자가 스핀오프 프로젝트를 진행 하여, 인생에 마법을 부려야 할 때다.

멀티 레이블의
명과 암

한때 우리는 "뭉치면 살고 흩어지면 죽는다"는 비장한 격언으로 무장한 채 단일 대오를 형성하여 적과 맞서는 것만이 승리하는 길이라는 믿음을 신봉해 왔다. 멸사봉공의 정신과 일사불란한 행동이 강조되었고, 한 명이 잘못해도 단체 기합을 받는 것을 당연시했다. 고등학교 때 받던 교련 수업에서는 오와 열을 맞추어 하나의 부대가 마치 한 사람처럼 움직이는 것을 가장 아름다운 경지로 받아들였다. 심지어 중국집에서 음식을 시켜도 메뉴를 통일하는 것이 자연스러웠다. 물론 이러한 관습은 아직도 곳곳에 남아 있다. 각각 개인이 헌법기관이라고 자처하는 국회의원들도 수시로 당론에 따라 개인의

주장을 굽혀야 하고, 이를 따르지 않으면 선공후사의 덕목을 지키지 않는 배신자라는 낙인이 찍힌다.

그러나 오늘날에는 몇몇 경직된 조직 이외의 일반 사회에서는 보다 유연한 사고와 행동이 허용된다. 아니 권장된다. 기업 조직에 대해 경영학에서는 수뇌부의 의견을 무조건적으로 따르는 수직적 조직 구조와 조직 구성원들의 의견이 자유롭게 개진되어 하의상달이 잘 이루어지는 수평적 조직 구조는 각각 장단점이 있다고 설명한다. 이를 감안하면 아주 위급하고 신속한 대응이 필요한 경우를 제외하고는 원활한 정보의 소통이 이루어질 수 있는 수평적 구조가 대체로 바람직할 수 있다. 더구나 조직 구성원의 개성과 전문성이 그 조직 전체의 성과에 도움이 되는 경우에는 최대한 개성과 전문성을 발휘할 수 있도록 권한을 위임하고 독자적인 활동을 할 수 있도록 지원한다. 때로는 조직 내 구성원들 사이, 또는 부문 사이의 경쟁을 조장하여 더 큰 성과를 내도록 부추기기도 한다.

그런데 이렇게 되고 보니 오히려 조직 내 내부 경쟁이 문제가 되는 시대가 되었다. 2024년 초 하이브에서 발생했던 내분 사태는 멀티 레이블이라는 체제가 건전한 내부 경쟁을 통해 더 높은 성과를 가져올 것이라는 믿음이 무너지고 기업 가치가 단기간에 1조원 이상 증발하는 악몽의 대표적 사례가 되고 말았다. 이 사태는 하이브를 넘어서 우리나라 4대 엔터테인먼트 기업의 주가 하락으로까지 번졌다. 어떤 사람들은 멀티 레이블이라는 체제가 본질적으로 갈등의 씨앗을 품고 있다는 점에서 불안정한 체제이고, 특히 수직적 문화에 익숙한 한국에서는 적합하지 않을 수 있다고 주장하기도 한다.

그러나 그렇다고 해서 다시 멸사봉공과 일사불란의 시대로 돌아가는 것은 아무래도 시대착오적일 것 같은 느낌이 든다. 사실 경영학에서는 중앙 집권화와 분권화의 균형을 지키며 장점만을 취할 수 있는 여러 모델을 제시한다. 한국의 엔터테인먼트 기업들도 '따로 또 같이'의 현명한 길을 걸을 수 있지 않을까?

What do we see?
블랙핑크의 따로 또 같이

2024년 1월, 대표적인 한류 아이돌 그룹인 블랙핑크는 다소 의외의 뉴스를 전했다. 제니, 지수, 로제, 리사는 블랙핑크라는 그룹으로 활동은 계속하겠지만 개별 활동은 더 이상 YG 소속으로 하지 않을 것이라는 소식이었다. 제니는 2023년에 '오드 아틀리에'라는 개인 레이블을 설립해서 솔로 활동을 시작했고, 지수는 가족이 대표로

'따로 또 같이' 활동하는 블랙핑크_CC-BY-4.0

있는 기업이 설립한 신생 기획사 '블리수'에 소속되었으며, 리사는
개인 레이블 'LLOUD'를 설립했다.

사실 네 명의 멤버 모두가 각자 다른 글로벌 명품 브랜드의 앰배
서더로 활약하고 있다는 점을 작년 트렌드에서 소개한 바 있다. 제
니는 샤넬, 지수는 디올, 로제는 생로랑, 그리고 리사는 셀린느의 앰
배서더인 것이다. 이처럼 '따로 또 같이' 하는 활동은 이미 예전부터
시작되었다. YG엔터테인먼트에서는 이들의 개별 활동과 관련해 독
립 레이블로 이탈하기 이전부터 개인적인 활동을 관리하는 시스템
을 가동했을 가능성이 높다.

음반 기획사의 멀티 레이블 전략

그러나 음반 기획사에 소속된 아이돌 그룹이나 가수를 개별적으로 관리하는 체제에 관한 한 YG는 다른 기획사들에 비해 가장 보수적이었다고 평가된다. 즉, 양현석 프로듀서가 모든 소속 가수들의 활동에 대해 깊게 관여하는 1인 체제를 유지했다는 것이다. 물론 YG에서도 안무에 전문성이 있는 YGX 레이블이 있고, YG 내부에서 성장해서 독립한 더블랙 레이블이 있기는 하다.

이와 대조적으로 JYP엔터테인먼트는 박진영 프로듀서의 1인 체제에서 벗어나 4개의 본부를 운영하기 시작했다. 1본부는 2PM과 스트레이키즈와 니쥬를, 2본부는 ITZY를, 3본부는 트와이스와 VCHA를, 4본부는 엔믹스를 관리한다. 또 나중에 본부로 개편된 STUDIO J에서는 2개의 밴드를 관리한다. 이 본부들은 자율성을 가지면서 서로 경쟁도 하는 독립적인 활동을 수행한다. SM엔터테인먼트 역시 2023년 3월에 SM3.0이라는 새로운 체제를 발표했는데 5개의 프로덕션을 운영하면서 소속 가수들을 나누어 관리한다.

어쩌면 가장 독립적인 멀티 레이블 전략을 추진하는 기획사는 하이브라 할 것이다. 하이브는 BTS의 성공에 힘입어 고속 성장을 이루었으나 단일 그룹에의 의존도가 높다는 불확실성에 직면하게 되었고, 특히 멤버들의 군 입대 시기가 다가오면서 단기간에 수익원을 분산시켜야 하는 과제를 안게 되었다. 이를 위한 가장 신속한 처방은 외부 기획사를 인수하는 것이었다. 2019년 소스뮤직을 시작으로

2020년에 플레디스 엔터테인먼트와 케이오지 엔터테인먼트를 인수했다. 2021년에는 민희진 대표를 영입하여 어도어를 설립했다. 기존의 빅히트뮤직과 추후 포함된 플레디스, 어도어, 빌리프랩의 가치를 합하면 12조원으로 추정된다. 이 레이블들은 JYP의 경우와 유사하게 독립적으로 운영되면서 경쟁과 협력이 이루어지는 관계를 갖는다.

그런데 하이브의 멀티 레이블 체제와 다른 기획사의 멀티 레이블 체제에는 근본적인 차이가 있는데 법적 독립성의 차이가 그것이다. 하이브는 별도의 독립 법인으로 멀티 레이블을 유지한다. 이에 반해 다른 기업들은 본사 내에 있으면서 독립적인 구조로 멀티 레이블을 유지한다. 따라서 이 음반 기획사들이 모두 '따로 또 같이'를 표방지만 하이브의 경우 '따로'가 강조되는 반면에 JYP와 SM의 경우는 '같이'가 강조된다.

Why is it?

카리스마적 요인: 웰치 vs. 이멜트

우리나라의 엔터테인먼트 분야에서 최근에 발견되는 현상이지만, 조직 내에 유사한 성격의 하부 조직을 두어 서로 경쟁하게 하거나 아니면 외부의 하청 기업과 경쟁하게 하는 경우는 일반적인 경영 실무에서는 드물지 않다. 강력한 카리스마를 지닌 전설적인 경영자로 널리 알려진 제너럴 일렉트릭^(GE)사의 잭 웰치는 1981년부터

2000년까지 20년 간 CEO로 재임하면서 기업의 주가를 130억달러에서 3900억달러로 끌어올렸으며 연간 수익률 23%라는 기록을 남겼다. 많은 사람은 그의 성공이 혹독한 내부 경쟁을 북돋았기 때문이라고 분석한다. 예를 들어 그는 스택 랭킹(Stack Ranking)이라는 제도를 운영했는데 직원들을 상위 20%, 중간, 하위 10%로 구분하여 상위 집단에게는 매우 관대한 보너스와 스톡옵션을, 하위 집단에게는 해고 등 가혹한 벌을 내렸다. 다각화된 계열사를 관리하는 방법에서도 그의 가혹함은 돋보였다. 각 업계에서 1등 또는 2등을 하지 못하는 계열사의 최고경영자를 해고하고 실적이 부진한 회사를 매각해 버리는 식의 구조조정을 통해 시장의 변화에 따른 조직의 변화를 추구했다. 즉, 조직의 변화에 저항하는 타성을 극복하기 위해 조직은 원래 변화하는 것이라는 인식을 직원들에게 심어주려 했던 것이다.

이러한 강력한 카리스마가 직원들의 반발을 불러오지 않았을까?

내부 경쟁을 경영에 활용한 잭 웰치_CC-BY-SA-3.0

물론 직장에서 해고되거나 다른 기업으로 매각된 사업체에서 근무하는 직원들은 불만을 갖지 않을 수 없었을 것이다. 그러나 그가 45세에 GE 사상 최연소 CEO에 취임할 당시 GE는 비대한 관료적 조직에다 부서 간 소통마저 부족해 외부 변화에 둔감한 총체적 위기 상황에 놓여 있었다. 이러한 난국은 이 젊은 CEO의 과감한 조치를 허용할 수밖에 없었을 것이다. 즉 위기에 빠진 기업을 회생시켜야 한다는 시대적 공감은 격렬한 내부 경쟁을 유도하는 카리스마를 용인했을 것이다.

반면에 잭 웰치가 퇴임한 후 그 뒤를 이었던 이멜트는 직원 사이의 소통과 지식의 공유를 중시하는 방식을 채택했다. 잭 웰치식의 무한 경쟁은 동료에 대한 견제와 경계심을 불러일으키기 쉽고, 따라서 기업 전체에 소통되어야 할 중요한 정보를 다른 부서 또는 다른 직원에게 숨기려는 동기가 될 수 있었다. 잠재적 경쟁자인 동료 직원이 어떤 중요한 정보에 대해 알게 되면 결국 그 칼끝이 본인을 향할 수도 있기 때문이다. 이것은 전체 기업으로 볼 때 치명적인 문제가 될 수 있다. 이멜트는 GE의 최고경영진 교육장 격인 크로톤빌 연수원을 세계 각국에 분산된 경영진이 한자리에 모여서 다양한 사례를 공유하는 장소로 활용했다. 매년 1조원 이상의 예산을 소진하는 이 연수원은 1950년대에 미국 최초의 사내 대학으로 탄생했다. 잭 웰치는 이 곳을 GE의 변화를 주도하기 위한 최고경영진의 교육기관으로 활용했는데, 그 역할이 점차 확대되어 외부 고객 기업을 초청하여 아이디어를 교환하거나 내부 임원들의 인적 관계를 강화하는 수단으로도 활용되고 있다.

사실 직원들을 지나친 내부 경쟁으로 몰아가면 많은 부작용이 발생할 수 있다는 것은 많은 경영학자가 지적하고 있다. 국내에서 〈생각의 속도로 실행하라〉로 번역된 책에서 미국의 경영학자인 페퍼와 서튼은 조직 내 복지부동이 발생하는 원인은 직원들이 기업의 전략이나 방향성을 알지 못해서가 아니라 지나친 내부 경쟁으로 인해 실행력이 저하되기 때문이라고 주장했다. 피터 드러커도 〈마지막 통찰〉에서 기업에서의 내부 경쟁보다는 외부에서의 기회에 집중해야 한다고 주장했다. 원칙적으로는 모두 옳다. 그런데 문제는 내부 경쟁에서 얻을 수 있는 성과가 너무나 직접적이고 가시적이라는 것이다.

역량적 요인: 지식의 창출 vs. 이전

사실 한국의 음반 기획사의 구조를 중앙집권적으로 할 것인가 아니면 분권식으로 할 것인가를 결정하는 가장 단순한 기준은 총괄 프로듀서의 지식 창출의 수준에 달려 있다고 할 수 있다. 만약 한 명의

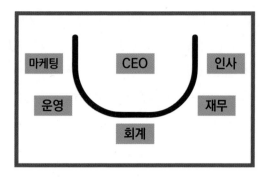
U형 구조-최고경영자의 지식 창출에 의존

총괄 프로듀서가 기획사 내에서 가장 유능하여 지식 창출을 도맡아해야 한다면 모든 조직은 그 한 명이 관장하는 것이 옳은 선택일 것이다. 왜냐하면 사내에서 다른 프로듀서가 손을 댄 아티스트는 가장유능한 프로듀서의 디렉팅을 받을 기회를 잃게 되고 그것은 불공평한 일이니까. 그러므로 시간이 걸리더라도 가장 유능한 총괄 프로듀서의 역량에 의존하는 것이 가장 현명한 일이고, 기획사 내의 모든조직은 총괄 프로듀서의 업무를 가장 효율적으로 뒷받침하는 구조를 갖추어야 한다.

이러한 구조를 경영학에서는 U$^{(Unitary)}$형 구조라고 하고, 다른 말로기능적 구조라고 한다. 조직 내 모든 정보는 최고경영자가 관장하고, 모든 역량의 근원도 최고경영자인 조직 구조이다. 다른 하부 조직들은 마케팅, 운영, 회계, 재무, 인사 등 최고경영자의 지식 창출을 돕는 기능적인 활동으로 제한된다.

반면에 의사결정이 분권식으로 이루어져서 하부 조직의 장이 폭

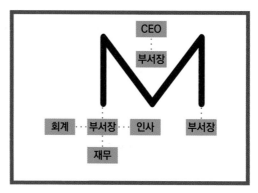

M형 구조-최고경영자는 지식의 이전 활동에 초점을 맞춤

넓은 권한을 가질 수도 있는데, 이 경우 하부 조직의 장은 각각 마케팅, 운영, 회계, 재무, 인사 등에서 비록 낮은 수준이라도 전반적인 의사 결정 권한을 갖는다. 예를 들어 음반 기획사를 분권식으로 경영한다고 하면 특정 하부 조직의 장, 즉 프로듀서들은 그 조직에 속한 아티스트의 활동을 뒷받침하는 마케팅 등을 독립적으로 수행하게 된다. 이 말은 총괄 프로듀서의 역할은 여러 프로듀서의 활동을 조정하고 통제하는 것에 제한되고 직접적으로 아티스트들을 디렉팅하는 지식 창출은 매우 제한적으로 이루어진다는 의미이다. 즉 다양한 하부 조직에서 창출되는 지식의 이전과 조정에 초점을 맞추게 된다. 이 구조를 M($^{Multi-}_{division}$)형 구조라고 한다.

U형과 M형 중 어느 쪽이 더 나은 것인가에 대한 정답은 물론 없다. 다만 조직 규모가 빠르게 확대될 때에는 U형을 유지하면서 효과적으로 활동하기 매우 힘들 수 있다. 실제로 미국에서 1950년대에

M형 구조가 탄생했던 배경에는 미국 기업들이 급속히 글로벌화되면서 외국 지사를 독립적으로 운영하기 위해 지사장을 육성할 필요가 있었던 것을 들 수 있다. 미국 국내에서 마케팅이나 재무 담당 최고 경영층을 역임했다 해도 그 분야의 전문가일 뿐 전반적인 경영 능력을 갖춘 경영자는 아니었기 때문에 외국 지사장으로 임명되어도 어려움을 겪었다고 한다. 이를 극복하기 위해 여러 기능의 활동을 조정하고 지식을 이전하는 역할을 담당하는 부서장 출신 인사를 육성해 외국 지사장으로 임명했으며, 더 나아가 기업 총수 후계자 그룹으로 관리했던 것이다.

이를 2024년 현재 한국의 음반 기획사에게 적용해 보기로 하자. 전술한 바와 같이 하이브는 법적 독립성을 부여한 비교적 독립적인 M형 구조를 갖추고 있는 반면에 JYP나 SM 등은 비록 제한적인 멀티 레이블의 구조는 갖추었으나 하나의 체제 안에서 기능적 구조를 구축하여 멀티 레이블 구조를 뒷받침하는 형태를 유지하는 것으로 보인다. 이 말은 즉, JYP나 SM은 총괄 프로듀서가 바쁘게 움직여야 하지만 기획사의 성장 속도에는 제한이 존재하는 데다 추후 기획사 전체의 후계자를 선정하는 기능 또한 상대적으로 약한 반면에 하이브의 경우는 여러 독립된 레이블의 수장들이 상호 경쟁을 통해서 빠르게 성장할 수 있는 데다 그 과정에서 후계자 후보 그룹도 자연스럽게 형성될 수 있다는 의미이다.

성장성 요인: 통제 vs. 기회 탐색

앞에서 설명했던 시대적 요인과 내부 환경적 요인과 더불어 여기에서 설명하는 요인 역시 '따로 또 같이'에서의 방점의 위치에 영향을 미칠 수 있다. 이것은 기업이 추구하는 방향이 확고한 내부적 통제를 바탕으로 하는 성장인가 아니면 다양한 방향으로 촉수를 뻗어가는 아메바형 성장인가에 대한 것이다.

성장 기회의 탐색은 기업의 생존에 있어서 매우 중요한 속성이다. 이는 환경이 끊임없이 변화하기 때문이다. 사실 음악 산업에 멀티 레이블 조직이 탄생하게 된 배경에는 기업 인수로 영입된 아티스트들을 안정적으로 운영해야 하는 현실이 있었다. 예를 들어 미국에서는 2000년대 이후 유니버설 뮤직 그룹, 소니 뮤직 엔터테인먼트, 그리고 워너 뮤직 그룹이 소위 3대 음반사라고 불리는데 이들은 수차례의 인수 합병을 거쳐 각각 수많은 레이블을 거느리며 다양한 팬의 수요를 충족시켰다.

그런데 새로운 취향의 음악 청취자가 나타나면 그들을 고객으로 잡아두기 위한 새로운 조직이 필요하다. 기존의 레이블에 새로운 음악을 도입하거나 접목하는 것은 거의 불가능해서다. 음악의 색조도 다르고 전문성도 다르기 때문이다. 이런 경우에는 기존의 브랜드와 다소 거리가 있는 새로운 브랜드가 필요하다. 사실 제조업에서도 독립적인 브랜드의 정체성을 확립하기 위해서는 기존과 전혀 다른 이름을 사용하는 것이 관례이다. 예를 들어 일본의 도요타는 기존

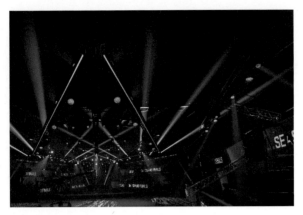

게임 업체들은 멀티 스튜디오 전략을 추구_CC-BY-SA-4.0

의 가성비 좋은 브랜드보다 훨씬 럭셔리한 브랜드의 정체성을 확립하기 위해 렉서스라는 새로운 브랜드를 출시하고 기존의 도요타와 가급적 거리를 두었다. 게임 산업도 마찬가지이다. 비교적 성공적인 멀티 스튜디오를 운영한다고 평가되는 게임 업체들은 복수의 게임 스튜디오를 운영할 때 독립채산제를 적용하여 성과의 독립성을 유지하는 것은 물론 물리적 입지조차도 서로 거리를 두어 상호 개입 가능성을 줄인다고 한다. 국내에서 큰 성공을 거둔 게임 업체들도 외국 시장으로 확장하기 위해서는 기존의 경영진 또는 제작진으로부터 독립적인 새로운 게임을 개발해야 했던 것이다.

그러나 만약 음반 기획사가 그 자체로 독특한 색채를 지니고 있고 그 특색을 잃는 것이 시장에서의 존재감을 잃는 것을 의미한다면 다양한 레이블을 생성하기보다는 핵심 역량을 지키고 강화하기 위해 통제의 수준을 높이는 것이 더 나을 수 있다. 예를 들어 클래식 음반을 전문적으로 발매하는 음반 기획사 또는 특정 지역의 고유한 장르의 음악을 다루는 기획사는 굳이 복수의 레이블을 두어 새로운 장르의 음반 기획을 추구하기보다는 매니아층의 요구에 적극적으로 반응하고 전문성을 높이는 것이 경쟁력 향상에 도움이 된다. 경영학에서도 전통적으로 이러한 매니아 성격의 구매 집단이 존재하는 시장을 틈새시장 또는 니치라고 하는데, 예를 들어 1970년대에 이미 시장에서 사라졌던 진공관 기술을 활용한 스피커는 몇 억 원을 상회하는 니치 시장을 형성하기도 한다.

Where is it going and what should we do?

단일 아티스트에 대한 과도한 의존을 줄이고 기획사 영역의 확장성을 높이기 위해 도입된 멀티 레이블 체제는 2024년 한국의 음반 시장에 많은 이슈를 남겼다. 멀티 레이블의 효과에 대한 평가는 경영의 효율성에 의해 이루어져야 하는데 그보다는 다른 요인들이 부각되는 경향도 발견되고 있다. 예를 들어 레이블 수장에 대한 보상이나 이사의 해임 등 레이블의 지배 구조가 법적 판단에 맡겨지고 기자회견 등 여론전이 발발했던 것은 아마도 멀티 레이블을 도입할 당시에는 예상하지 못했던 사건들이었을 것이다.

그러나 이러한 문제점들로 인해 멀티 레이블 제도 자체를 포기하는 것은 올바른 방향은 아니다. 오히려 이러한 문제를 현명하게 해결할 수 있는 기획사 특유의 체제를 개발하려는 노력은 다른 기업이 모방하기 힘든 경쟁력을 창출할 수 있다. 사실 역사적으로 많은 기업들은 자신들을 둘러싼 환경적 요인과 자사의 특성에 적합한 독특한 조직 구조를 개발하기 위한 노력을 기울임으로써 경쟁력을 강화해 왔다. 한국의 음반 기획사들도 이 같은 노력을 기울일 수 있다면 이것은 어쩌면 한류가 또 한 번의 도약을 이룰 수 있는 조직 문화적 기틀을 마련하는 계기가 될 수 있을 것이다. 그 반대로 예상하지 못했던 부작용에 굴복하여 새로운 방식의 시도를 주저한다면 역사적으로 잠시 빛을 보았다가 사라졌던 홍콩 영화나 J-팝과 같은 운명이 K-팝의 앞날에 기다리고 있을지도 모른다. 이 같은 암울한 미래를 피하기 위해 멀티 레이블이 긍정적으로 진화할 수 있는 조건을 다음과 같이 정리할 수 있다.

첫째, 모든 멀티 레이블이 동일한 형태를 갖는 것은 아니라는 것을 인식하고 가장 적절한 형태를 찾아야 한다. 멀티 레이블의 유형은 결국 최고경영자 또는 총괄 프로듀서의 역할에 따라 결정되어야 하며, 그것은 또한 환경의 특성을 반영해야 한다. 앞에서 설명했듯이 JYP나 SM의 경우 기획사 내에서 아티스트들을 별도로 관리하는 사업부 수준의 레이블을 운영하는 반면 하이브는 독립법인으로 운영하는데, 이러한 결정에는 환경과 역할에 대한 충분한 검토가 선행되어야 한다는 것이다. 예를 들어 기획사 내 아티스트 간의 상호 차별점이 크지 않다면 경쟁의 폐단이 더 클 수 있는 독립채산제 레이블을 회피하고 다양한 역량의 이전과 학습이 용이한 사업부 수준의 레이블이 적절할 수 있다. 그러나 새로운 장르의 음악에 대한 니즈가 신속하게 부상하는 등 환경의 변화가 심하다면 이를 총괄 프로듀서가 혼자서 관리하는 것보다는 독립적 권한을 가진 프로듀서를 레이블의 수장으로 임명하여 음반 기획사의 영역을 확장하도록 지원해야 한다. 만약 유사한 성격을 가진 아티스트들을 독립적인 레이블에 배치하면 상호 지나친 경쟁 또는 불필요한 표절 등의 문제가 발생할수 있고, 기존의 아티스트와 매우 상이한 성격을 가진 레이블을 기획사 내 사업부로 관리하면 독자적 역량이 침해되는 문제가 발생할수 있다.

둘째, 기회의 속성에 대한 총괄 프로듀서의 인식에 따라 레이블의 형태가 결정될 수 있다는 점을 고려해야 한다. 경영 전략 분야의 구루인 제이 바니 교수는 사업의 기회는 발견될 뿐만 아니라 창조되기도 한다고 설명하면서 이를 에베레스트산의 존재로 비유했다. 즉, 에베레스트산이 존재한다는 것을 알고 있는 산악인들은 이 산을 오르는 기회를 추구하기 위해 노력할 것이지만, 만약 사람들이 에베레스트산이라는 것을 모른다면 이들에게 있어서 에베레스트산은 아무의미가 없다는 것이다. 그는 이 상황을 기업인에게 적용하면서 기존의 경영 이론들은 외부 환경에서의 기회를 인지한다고 가정하지만실제로 많은 기업인들은 외부 환경의 기회를 인지하지 못하는 경우가 많다고 설명했다. 음반 산업에서 활동하는 프로듀서의 경우도 이와 유사할 것이다. 본인의 역량 이외의 장르에 관심이 적은 프로듀서는 부상하는 기회에 대해 인식할 필요성을 느끼지 못하므로 따라서 기획사 내 사업부 수준의 레이블을 관리하는 것이 적절하다. 그러나 본인의 역량 이외의 장르에서 부상할 수 있는 기회에 관심을 두는 프로듀서라면 독립적 권한을 가진 멀티 레이블에 배치하여 다양한 학습을 진행하도록 하는 것이 더 적절할 수 있다. 그러나 이때에는 기존의 역량을 활용하지 못한다는 비판을 감수해야 한다. 예를 들어 하이브가 2023년에 엑사일 콘텐츠 음악 부문을 인수한 것은 라틴 장르로 진출하는 첫발을 내디딘 것으로 평가되는데 이것이 단기적인 성과를 낼 것이라고 기대하는 것은 힘들 수 있다.

셋째, 조직이 변화할 때에는 조직 문화도 함께 바뀌어야 한다는 인식을 공유해야 한다. GE가 잭 웰치의 시대에서 제프리 이멜트의 시대로 전환될 때 11개 사업군에서 6개 사업군으로 대대적인 조직 개편이 단행되었는데, 이 과정에서 단순히 조직만 개편된 것은 아니었다. 신흥 시장 개척과 창의적 아이디어 자극을 위한 조직 문화 변화 노력도 병행되었다. 우리나라의 음반 산업도 마찬가지가 아닐까 한다. SM이 집중적 총괄 프로듀서의 체제에서 멀티 레이블 체제로 변화하면서 SM3.0 체제를 선포하고, YG가 블랙핑크의 개별 활동에 대해 소속사 선택의 자유를 부여하고, 하이브가 1조원을 들여 미국의 이타카 홀딩스를 인수할 때 이러한 조직 변화에 적합한 조직 문화의 개선 활동도 병행되었을 것이다. 이러한 문화적 진화의 성과가 발견될 때 진정한 K-멀티 레이블의 경쟁력이 발현될 것으로 기대된다.

우리나라의 엔터테인먼트 기업들이 활용하고 있는 멀티 레이블 조직은 한류의 지속 가능성을 높일 수 있는 기법일 수도 있고, 내부 혼란의 씨앗일 수도 있다. 서구에서 발달한 이 경영 기법을 우리의 문화에 맞게 정착하는 것은 이제 우리의 몫이다.

디지털 시대의
미술품 투자

2023년 미술품 경매 총 낙찰율은 약 51%에 머물러, 비수기인 2019년 수준이다. 2019년 코로나19로 인한 급격한 유동성 투하 및 금리 인하로 인한 사상 초유의 저금리 상태로 인한 인플레이션 심화로 인한 부작용을 타파하기 위해 2023년 이후 미국 중앙은행의 금리 인상 및 유동성 회수로 인해서 부동산, 주식, 미술 시장이 급격히 위축되었고, 또한 세계 경기 및 중국 시장의 영향이 높은 국내 투자 시장은 더욱더 타격을 받았다. 미술 시장도 마찬가지로 침체의 늪을 비켜가지는 못했다. 2024년 하반기 글로벌 주식 시장은 미국, 일본 등 주요 선진 시장에서 사상 최고가 수준으로 올랐지만 고금리에 민감한 부동산 시장 및 미술 시장은 아직도 회복이 요원하다. 2025년 미술 시장 또한 전망이 밝지 못하다는 것이 대부분 전문가의 시각이다.

그럼에도 미술 투자는 계속된다. MZ 컬렉터의 등장으로 미술 시장은 과열이 되었다. 한국미술품감정센터^(KAAAI)는 미술 시장의 과열과 하락세는 이전에도 보였던 현상으로 오히려 지금 다시 일상적인 시장으로 되돌아오고 있다고 이야기한다. 미술품 투자는 장기로 이뤄지기 때문에 오히려 시장이 차분해진 지금 시점이 미술 시장을 공부하기 좋은 때라는 것이다.

현재까지 우세한 견해는 비관론이다. 전문가들은 국내 갤러리와 경매 업계의 매출이 전년 대비 30~40% 감소할 것으로 예상한다.

하지만 올해 미술 시장 전체 규모는 1조원에 달할 것으로 예상이 되는데, 한국에 진출한 페이스 갤러리, 리만 머핀, 타데우스 로팍과 같은 해외 갤러리들이 국내 시장 규모를 키우는 데 상당한 기여를 했다고 여기기 때문이다.

특히 2024년에는 리움과 같은 사립 미술관에서 이들 메가 갤러리에 소속된 스타 작가들의 전시가 계획되면서 그들이 국내 미술 시장에 미치는 영향력을 더욱 확대할 것으로 예상된다.

What do we see?

새로운 트랜드로 온라인 경매, NFT 미술품, STO 조각 미술품 등이 다가왔다.

코로나19 이후 전 세계의 모든 분야는 '온라인'이라는 세상에 갇혀 버렸다. 물론 대면 접촉을 해야 되는 분야도 있었지만 대부분은 그렇지 않았다. 2023년 엔데믹 이후로도 디지털 기술의 발달로 그보다 더 발달된 AI 산업의 비약적 발전으로 인해서 세상은 더욱더 스스로 고립되어 갔다.

미술 시장도 예외는 아니어서 국내외 주요 메이저 경매사들도 온라인 경매를 일정하게 주기적으로 개최하고 있다. 물론 크리스티의 디너쇼와 같이 톱 랭커 작가들의 작품은 아니더라도 말이다.

NFT($^{Non-Fongible}_{Token}$)의 의미는 블록체인 기반의 대체 불가능한 토큰을 의미한다. 이는 1:1 거래가 주이고, 대량의 거래가 가능하지 않고, 디지털상의 블록체인 개념을 주원리로 사용하고 있어서 출력이 되지 않는 전자 증표로서의 특징을 띤다. 디지털상의 온라인을 유일한 무대로 설정해서 작품을 만들고 또한 작품을 사고판다.

STO 조각 미술품 분야는 MZ세대를 중심으로 예술품 소유욕 및 투자 수익을 동시에 추구하려는 열정으로 어느 정도 붐을 일으키고 있고, 미래의 '이 분야'를 매력적으로 보는 전문가들이 늘고 있다.

주요 증권사 IB들은 이미 조각 미술품 판매를 승인받은 테사, 소투(서울옥션), 아트앤가이드(열매컴패니), 아트투게더(K옥션) 등에 몇십 억에서 100억 단위까지 투자를 집행하는 등 미래의 먹거리로 보고 있다.

2023년 국내 미술 시장 세부 영역 현황

코로나19초기 주춤했던 국내 미술 시장은 2020년 이후로는 메이저 경매사들의 온라인 경매와 디지털 플랫폼 등으로 성장을 지속했는데, 2021년도에 비해 2022년도에는 대폭 증가하였다. 하지만 2023년도에는 인플레이션으로 인한 금리 인상과 부동산 시장의 냉각으로 인해 큰 폭의 하락을 경험하였다.

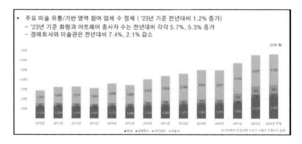

미술시장 연도별 종사자 수

전반적으로 미술 유통 관련 사업체 수는 2021년에 비해 2022년에 대폭 증가했으며, 2023년에도 갤러리와 아트페어 섹터는 증가했다.

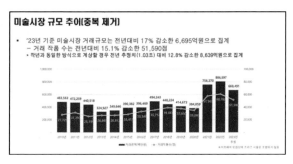

한국 미술 시장 결산 및 전망 세미나

    거래 규모는 활황기였던 2021년, 2022년에 큰 폭으로 증가했다가 2023년에는 대폭 감소했다. 거래액이 16~17% 줄었고, 작품수도 15% 정도 감소했다.

2024년 1분기 미술 시장 브리프

    2024년 1분기 국내 미술품 경매 시장은 2023년 같은 기간에 비해서 다소 회복세를 나타내고 있다. 국내 경매사들의 2024년 1분기 매출은 295억원의 낙찰 총액을 기록했는데 이는 2023년 1분기 대비 약 7% 상승한 수치이며, 판매 작품 수량은 전년 1분기 대비 1.5% 증가했다.

    그러나 고가격대의 작품들 매매는 둔화되고 있고, 가격 하락은 전반적인 조정기로 분석된다. 최고가는 낙찰가 50억원인 김환기의 1971년도 작품 '3-V-71#203'이 차지했고, 그 다음은 안중근 의사의 유묵이었다.

온라인 경매, NFT, STO 조각 미술품의 부상 이유

2019년 코로나19, 2023년 엔데믹을 거치면서 디지털 기술 및 그로 인한 AI 분야는 놀라울 정도로 발달을 거듭했다. 그리고 또 하나 주목할 부분은 MZ세대가 온라인상의 미술품 투자에 대거 참여하면서 커다란 패러다임이 새롭게 나타나고 있다는 점이다. 이러한 MZ세대의 투자 성향을 파악해 보는 것이 디지털 온라인상의 미술품 투자를 이해하는데 큰 도움이 될 수 있다.

첫째, SNS를 통한 자기표현이다.

미국의 시사 주간지 타임(TIME)에서는 밀레니얼 세대를 가리켜 "미 미 미 제너레이션($^{Me\ Me\ Me}_{Generation}$)"이라고 칭했다. 이 기사에 따르면, MZ세대는 어떤 것보다도 자신을 우위에 두는 "미 퍼스트($^{Me}_{first}$)"세대로, 자신의 사생활과 가치관을 무엇보다도 우선순위에 둔다. 또한 MZ세대는 어릴 때부터 디지털 기기와 함께 성장하여 소셜 미디어 활용률이 다른 세대와 비교해 볼 때 월등히 높은 특성을 보인다.

둘째, 체험 과시적 소비다.

이러한 자기표현 행위는 때로는 과시적 소비 성향으로 이어진다. 과시적 소비 성향은 자신의 능력을 다른 사람으로부터 인정받기 위해 고가의 제품을 구매하고 그것을 가시적으로 드러내는 것을 뜻한다. 자신이 구매한 제품의 브랜드가 은근히 또는 노골적으로 드러나 있는 사진이나 동영상을 게시하여 다른 이들에게 자신이 추구하는 이상적인 이미지를 보여주려는 행동이 과시적 소비 성향을 보여주는 대표적인 사례이다. 이러한 행동은 자신이 소비하는 브랜드를 통해 자신의 취향을 드러내고 그 과정에서 자신의 정체성을 다른 사람에게 각인하고자 하는 자기표현 욕구의 연장선상으로 볼 수 있다.

셋째, MZ세대들은 예술품을 소유욕 충족 및 투자 수익을 올릴 수 있는 방안으로 본다.

MZ세대들은 그전의 베이비부머 및 X세대 만큼의 경제적 여력이 부족하다. 그러므로 그들의 예술적 소유욕을 충족시키기 위해선 기존의 값비싼 거장의 일반적인 유화 작품을 완벽히 소유하기보다는 NFT를 통해 거장의 작품을 부분적으로 소유할 수밖엔 다른 방법이 없다. 그러나 금전적인 것만을 그 원인으로 내세우기에는 미흡하다. 그들의 디지털 숙련도가 그전 세대들보다 월등하다는 점이 이쪽 분야에 관심을 돌리게 된 주요 이유라 할 것이다.

Where is it going and what should we do?

미술 시장은 2022년 활황을 이룬 직후 2023년 큰 폭의 하락을 경험했다. 이는 아마도 전 세계적인 인플레이션 지속으로 인한 경기 침체와 이에 따른 주식, 부동산 등 투자 시장의 침체에 영향을 받았다고 볼 수 있다. 2008년 미국 금융 위기로 인한 금융 시장 붕괴 이후에 미술 시장은 2014년 682억달러라는 사상 최고의 거래액을 기

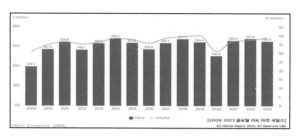

THE ART BASEL & UBS, ART MARKET REPORT

록했다. 이후 미국 FRB의 금리 인상 및 긴축으로 인해 2016년까지 569억달러로 감소한 뒤 2018년에는 677억달러까지 증가했다. 그러나 코로나19로 2020년 503억달러로 대폭 감소한 후 2022년에서야 678억달러으로 다시 회복됐다. 이 대목에서 한번 눈여겨 볼 것은 2014년 682억달러라는 최고 거래 규모를 10여 년의 부침이 있었더라도 아직 크게 돌파하지 못하고 있다는 사실이다. 물론 2022년의 볼륨이 위의 그래프보다는 증가한 700억달러 가까웠다는 수치가 있기는 하다. 하지만 그 수치도 2014년보다 다소 증가한 수준에 불과하다. 이는 미국의 긴축 정책 이외에 다른 요인도 있었다고 분석된다. 2010년 이후 중국의 거액 컬렉터들이 마구잡이로 고가의 미술품을 사들였지만 트럼프가 미국 대통령으로 취임한 2017년부터 중국에 대한 제제가 시작된 데다가 중국 경제 또한 침체된 것이 영향을 미쳤을 것이다. 그외에 사람들이 기존 시장에서의 거래 행태들외에 다른 무엇이 있다고 상상한 것도 주요 원인일 수 있지 않을까 생각해 본다. 심미안적이거나 또는 그런 종류의 투자 대상이 다변화되어서 미술 시장의 폭이 좁아 졌다고도 볼 수 있다는 것이다. 또 다른 관점은 온라인 미술, NFT 미술과 STO 조각 미술품 시장의 대두 등으로 기존 대표적인 거래 시장이 새로운 대체 미술품 시장으로 전이됨으로써 나타난 일시적인 현상이라고 추정할 수도 있겠다.

NFT

전 세계의 컬렉터들에게서 잊혀질 듯하던 NFT 분야가 다시 부각되고 있다. 세계 유수의 가전업체인 삼성과 LG에서 지속적으로 NFT 작품들을 내놓고 있어서다. 물론 자사 제품 홍보 차원이지만 말이다. 다소 차이는 있다. 삼성전자가 스마트TV에 다른 여러 앱을 끌어들인 거라면, LG전자는 자사가 개발한 앱을 장착했다. 즉, 'LG 아트랩'에서 NFT 작품을 판매 및 구매할 수 있다. 삼성전자와는 달리 미국에서만 판매가 가능하다. 다음 페이지의 작품은 세계 3대 아트페어의 1나인 프리즈에 출품한 베리엑스볼(Barry X Ball) 작가의 작품이다.

NFT는 2022년 말을 기점으로 북미를 중심으로 큰 폭의 하락세에 접어들었다는 게 전반적인 시각이다. 하지만 홍콩을 중심으로 MZ세대에서 여전히 거센 돌풍을 일으키고 있다. 국내에서도 높은 작품 가격에서의 거래는 줄었지만 MZ세대를 중심으로 전반적으로 거래가 다시 활성화될 조짐이 나타나고 있다.

최근 NFT 시장의 침체에도 불구하구 글로벌 유수의 경매사들이 계속해서 NFT 아트 작품의 경매를 진행시키고 있다. 그러한 이유들

LG OLED 아트 프로젝트_ Frieze Los Angeles 2023

로는 다음과 같이 집약할 수 있다.

작품 보증성이다.

NFT란 구조적으로 블록체인 시스템 속에서 분산 저장 처리장치에 의해서 거래의 기록이 기재되므로 작품이 위작일 가능성은 전혀 없다고 볼 수 있다. 그러므로 기존 거장들의 끊이지 않는 위작 논쟁에서 NFT 미술 작품은 한발 물러설 수 있다.

디지털 시대의 등장으로 인한 새로운 패러다임이다.

2000년 밀레니엄 시대의 등장과 함께 인터넷 시대의 개막을 알렸고, 2019년 코로나 전염병을 거치면서 세계는 온라인 속으로 더욱더 깊숙이 들어가 버렸다. 2023년 엔데믹 시대에도 모든 생활은 디지털 세상에서 이루어진다고 해도 과언이 아니다. 올해의 화두가 AI인 것도 디지털 세상에서 구현하는 좀 더 획기적인 변화인 것처럼 말이다. 이러한 시대에 NFT는 디지털 세계에 기존 아트 작품을 연계하려는 시도로 볼 수 있다.

	Artist	Turnover	Lots sold	Best result	Record	Personal Record
1	Matthew WONG (1984-2019)	$14,116,706	7		$6,662,115	✓
2	Dmitri CHERNIAK (b. 1988)	$7,110,450	7		$6,215,100	✓
3	Loie HOLLOWELL (b. 1983)	$5,756,267	11		$2,252,383	✓
4	Jadé FADOJUTIMI (b. 1993)	$4,288,516	15		$1,157,959	
5	Avery SINGER (b. 1987)	$4,063,984	2		$4,063,451	
6	Tyler HOBBS (b. 1987)	$3,962,699	11		$1,016,000	
7	Ewa JUSZKIEWICZ (b. 1984)	$3,198,240	13		$762,371	
8	LIANG Hao (b. 1988)	$3,140,164	1		$3,140,164	✓
9	Lucy BULL (b. 1990)	$2,898,618	8		$1,206,207	
10	Aboudia DIABRASSOUBA (b. 1983)	$2,880,822	43		$180,278	
11	Michaela YEARWOOD-DAN (b. 1994)	$2,663,040	7		$684,349	✓
12	CHEN Fei (b. 1983)	$2,534,089	6		$803,071	
13	Salman TOOR (b. 1983)	$2,401,303	8		$558,800	
14	Michael ARMITAGE (b. 1984)	$2,265,682	4		$2,239,854	✓
15	Amoako BOAFO (b. 1984)	$2,042,059	10		$609,895	
16	Anna WEYANT (b. 1995)	$2,003,295	9		$609,600	
17	Flora YUKHNOVICH (b. 1990)	$1,720,125	6		$1,129,906	
18	MR DOODLE (b. 1994)	$1,624,534	102		$242,675	
19	Louis FRATINO (b. 1993)	$1,623,293	16		$335,918	
20	Julien NGUYEN (b. 1990)	$1,584,950	5		$501,534	
21	LARVA LABS (b. 2005)	$1,456,075	7		$571,500	
22	Njideka Akunyili CROSBY (b. 1983)	$1,391,000	1		$1,391,000	
23	Anna PARK (b. 1996)	$1,359,722	11		$355,928	
24	KYNE (b. 1988)	$1,099,832	33		$172,650	
25	Emma WEBSTER (b. 1989)	$1,086,317	4		$488,607	✓

MZ세대 NFT 아티스트 작품 판매 순위

다양성적인 측면의 큰 장점을 가지고 있다.

디지털을 기반으로 한 미술 작품을 창작함으로써 미술 시장에 혁신적인 작품을 내놓을 수 있는 기회 확대, 즉 미술 작품의 다양성을 증가시킬 수 있다.

STO 조각 미술품

2023년에 테사, 소투(서울옥션), 아트앤가이드(열매컴패니), 아트투게더(K옥션) 등이 조각미술품을 토큰 형식으로 투자를 받을 수 있다고 금융감독원으로부터 허가를 받았다. 블록체인 기반의 토큰 형식으로 미술품 청약자를 모집해서 투자 업무를 할 수 있게 된 것이다. 이로써 앞의 4개 사는 증권사 IB 등으로부터 100억원 안팎의 투자를 받을 수 있었다. 그러나 아직까지 전자 토큰은 법률 정비 미비로 발행이 되지 않고 있다. 이 때문에 아직도 단순히 미술품 매입 자들이 주식 공모주 청약처럼 지분별 청약을 해서 원구입한 그림을 지분 쪼개기로 그림을 나눠 주는 단순한 역할만 하고 있을 뿐이다.

이마저도 2023년 12월~2024년 1월에 아트앤가이드, 아트투게 더와 소투 등에서 조각 미술품 청약을 실시하였으나, 청약율이 저조 하여 미달분 상당액을 발행사 스스로가 인수하는 조건으로 가까스 로 청약에 성공했다.

하지만 국내 MZ세대의 열풍으로 미국 금리 인하 및 미술품 시 장 회복 등 순풍이 분다면 언제든지 조각 미술품 시장에서 순풍이 광풍으로 바뀔 수도 있을 듯하다.

STO 조각 미술품이 차후 미술품 대체 시장에서 각광받을 수밖 에 없는 이유로는 앞의 블록체인을 기반으로 한 NFT와 같은 논리로 작품 보증성 외에도 다음과 같은 장점이 있다.

첫째, 비대칭적인 작품 가격의 완화성이다.

하나의 작품에 수많은 수익자가 청약으로 참여함으로써, 원작의 가격이 적정 가격으로 회귀하게끔 유도하는 효과가 있다. 만일, 작 품의 청약 가격이 비싸다고 인식하면 청약자들이 청약을 포기해서 청약 미달이 발생해 공모 자체가 실패하는 사례가 발생할 수도 있기 때문이다.

둘째, 금융 당국의 투자계약증권 인정이다.

STO 조각 미술품을 투자계약증권이라고 금융당국은 발표하였 다.(2022년)

이는 사행성 거래가 아닌 금융위, 금감원의 감독을 받는 제도권 거래이므로 참여하는 투자자는 증권과 같이 엄격한 보호를 받는 장점이 있다. 또한 증권회사 등이 미술품 조각 투자를 적극 도입하는 상황이 된다면 조각 투자가 아닌 전반적인 미술 시장에도 확대될 여지가 있고 이는 결국 미술 시장에 만연해 있던 고질적인 가격 및 정보의 왜곡 현상을 타파할 수 있을 것으로 판단된다.

활성화 방안

국내 미술 시장이 GDP 대비 1% 수준까지 올라가서 세계 주요 선진 시장에 합류하려면 여러 가지 현안이 해결되어야 하지만 필자가 보기엔 다음의 해결책이 선결되어야 한다.

거래소의 관점

NFT 관련 고지 의무 준수 및 작품 가격의 적절성에 대한 환기가 중요하다.

NFT 유통 거래소는 원작자, 판매자, 구매자의 권리가 침해되지 않도록 세심한 주의를 다 하여야 한다. 즉, 판매자는 구매자에게 해당 작품의 권리를 어느 정도까지 이전하는지를 명확하게 설명해야 한다. NFT 거래소는 거래 시에 이를 명확하게 설명해야 한다. 즉,

일정한 조건을 넘어서는 계약은 무효라고 판매자와 구매자에게 인식시켜야 한다. 원작자의 동의 없이 판매자가 구매자에게 판매한 것, 즉 저작권 등은 민형사상의 소송에도 해당되므로 거래소는 세 주체에게 주의 깊게 환기시켜야 한다.

NFT의 속성이 다수의 판매자와 다수의 계약자와의 관계가 아닌 1:1의 구조이기에 가격 왜곡이 심할 수 있다. 가격이 적절한지 평가하기는 어렵다고 해도, 최소한 NFT 거래소는 거래 가격을 공개하여 가격이 적절한지 여부를 구매 예정자에게 맡겨야 한다. 디지털 작품이라 할지라도 기존 작품처럼 호당 가격제, 장르, 유명 작가, 그 작가의 이전 작품 가격 등을 비교할 수 있는 틀을 제공해야 하기 때문이다.

STO 조각 미술품 시장 발행회사의 관점

발행 조건 완화 및 미술품 ETF 종목 설정 등을 강구해 봐야 한다.

원작품의 청약 가격의 적절성 및 원작품 매도 기간의 단축이 필요하다. 최고가의 미술품은 흔히 얘기하는 '갑부'들의 유희성 및 세금 탈루적인 컬렉팅으로 이어진다고 볼 수 있다. 하지만 요즘 붐이 되고 있는 STO 조각 미술품 및 NFT 미술품 거래는 MZ세대가 참여해 투자 이익을 목적으로 행해진다.

열매컴패니 및 아트앤가이드 등 몇몇 조각 미술품 회사의 청약

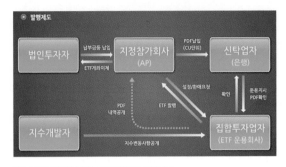

제2화 ETF의 발행제도, 발행조건 및 상장절차

이 완료는 되었지만 원활하게 성공했다고 보기 어려운 것은 청약 대상 미술품의 적정 가격과 원작품의 매도 불확실성, 즉 매도 기간이 너무 길거나 매도 전에 미술품 부분 소유자의 재매도가 쉽지 않다는 데 있다.

물론 기업이 이윤을 남기려고 노력하는 것은 바람직한 방향이라고 볼 수 있지만 발행가가 너무 높아서 청약 실패로 공모 자체가 무산되기보다는 발행가를 낮추고, 또한 원작품의 매도 기간을 조금 더 단축시키고 원작품의 매도 전이라도 청약에 참여한 원작의 지분 투자자들이 좀 더 용이하게 지분 매각을 할 수 있게끔 유도한다면 STO 조각 미술품 시장은 좀 더 활성화될 수 있을 것이다.

이러한 문제를 해결하는 데 있어서 주식 청약 시장에 일부 종목에서 시행하고 있는 '환매청구권'을 도입해 보면 어떨까 한다. 5년 후 원작품을 매도할 때 매수 가격 이하로 매도할 경우 5년 전 매수 가격에 낮은 이자를 붙여서 되돌려주는 방안이 그것이다.

ETF란 법인투자자가 지정참가회사(증권사)를 통해 납부금 등을 납입하고 신탁업자(은행)에 CU단위로 PDF를 납입하고 지정참가회사는 집합투자업체(ETF 운용회사)에 ETF 설정 및 환매 요청율 하고 신탁업체가 집합투자업체에 주식 납입 확인 요청을 하고 집합투자업체가 확인을 하면 ETF가 발행된다. 여기에서 ETF지수 개발자는 집합투자업체가 해당된다.

2024년 1분기 국내 경매시장 낙찰률 1위는 이우환 작가로 2023년 쿠사마 야요이로부터 1위 자리를 탈환했다. 예를 들어 3년간 경매 낙찰률 상위 10위 작가의 작품가를 가중 평균한 뒤 가격을 지수화하여 ETF를 만들 수 있다면 국내 미술 시장의 활성화에 큰 도움이 될 것이다. 물론 규모가 큰 운용사에서 이들 작가의 미술품을 설정 ETF 금액만큼 사들여야 하는 난제가 있지만 유명 작가의 작품이기 때문에 미술에 식견 및 애호가 충분한 법인투자가들이 얼마든지 참여할 수 있는 관계로 금융감독원의 적절한 지원 및 통제만 있다면 가능할 수 있다고 생각한다.

관계 당국의 관점

갤러리와 옥션의 협조를 받아서, 또한 기타 금융 시장과의 형평성을 고려하여 디지털 법령 제정 및 개정으로 인한 미술품 세금 체계 확립 및 궁극적으로는 한국거래소(KRX)와 같은 민간 합동 형태인 미술품 거래소를 설립하는 것을 목표로 해야 한다.

KYC는 '노우 유어 클라이언트($^{know}_{your\ client}$)'의 약자다. 갤러리에게 구매 고객의 신상을 확인하게 하고, 신분 증명 자료를 규제 당국에 제출하게 하는 제도다. 미술품의 불법 거래 활성화를 막고 시장을 투명화하기 위한 선진 규준이다. 우선 독일, 영국 등 유럽에서는 미술품에 대한 KYC 규제가 엄격하게 진행되는 분위기다. 한 독일계 갤러리 관계자에 따르면 당국에서 갤러리들에게 직전 2년간의 고객 신상 자료까지 요구하고 있다고 한다. 미국은 현재 골동품에 한해 KYC를 적용하고 있으며, 점차 전체 미술품을 대상으로 그 범위를 확대할 것으로 예상된다.

물론 미술품 거래 자료를 세밀하게 공시하는 것이 의무이다. 하지만 재벌 및 고액 자산가들은 세금 이슈로 미술품 거래 내역을 공시하는 것을 꺼리고 있다.

쉽지는 않겠지만 만약 현재 미술품 비과세 양도과세액을 6000만원, 1억원 또는 그 이상의 가격까지 올린다면 미술품 거래 가격을 공시하는 비율이 현격히 올라갈 수 있을 것이다.

미술품 거래 가격의 정확한 공시는 지금까지 거래되지 않은 다른 유사 작품의 가격을 유추해서 거래할 때 가격을 확정하는 것도 가능하고, 이렇게 모아진 데이터는 미술품 거래소를 설립하는데 초석이 될 것이다.

가상자산은 2025년 1월 1일 이후로 기타소득으로 분리과세할 방침이라고 정책 당국은 공표했다. 하지만 STO 조각 미술품 및 NFT는 올바르거나 명확하지 않다고 필자는 생각한다.

STO 조각 미술품은 증권계정으로 간주해 2025년 1월 이후 금투세가 시행되면 증권상품과 동일하게(주식:5000만원 이상 수익, 기타 상품 250만원 이상 수익에 20%, 주식 차익 3억원 이상에서는 25%) 소득세 10%의 세금을 물린다는 방침을 정했다.

NFT 거래는 불특정 다수에게 거래되는 속성이 아니므로 가상자산과 같은 기타소득으로 과세할 수도 없고, 디지털 파일을 증권과 같은 소유권 이전의 개념도 적용하기도 애매하여 과세 당국의 세목 결정은 미루어져 있다.

하지만 미술 작품의 일종이므로 기존의 미술품 거래처럼 6000만원 한도로 생존 작가에 대해선 세금을 부과하지 않는다면 미술품 거래가 더욱더 활성화될 수 있을 것이다.

미술품 거래소는 미술품에 대해서 실시간 거래 가격을 제공한다. 한국의 과점 경매사들은 그들이 애매하더라도 미술품 거래 가격을 공개한다. 왜냐하면 외부 공시가격이고 작고한 작가의 6000만원 이상 작품이면 세무 당국에 세금 납부 의무가 있기 때문이다. 하지만 갤러리는 작품 거래가 프라이빗하기에 작품가 공개에 적극적이지 않고 그들의 편의에 따라 공개되곤 한다. 이와 같은 행태를 방지하기 위해선 대체 상품으로서 미술품 거래소 설립이 필요하다.

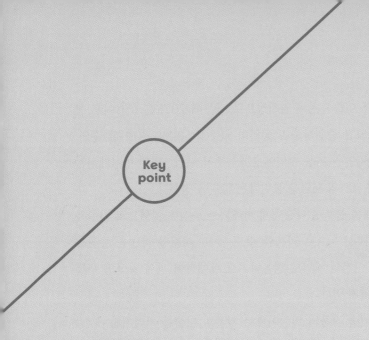

Key
point

 미술품 시장은 2023년 최악의 해를 보내고 2024년 1분기 다소 회복세를 보였다. 미국 FRB(연준)이 2024년 9월 금리를 인하한데 이어 12월에도 금리 인하를 할 것으로 예상하는데 그때 이후인 2025년부터 침체에서 벗어나 본격적으로 회복될 것으로 보인다. 하지만 2025년도는 기존의 거래 행태와는 다른 모습을 보일 수 있다. 이는 앞서 설명한 것처럼 디지털 기술의 급진적인 발전으로 미술 작품의 선호도가 바뀔 수도 있음을 예상할 수 있다. 혹자는 STO 조각 미술품을 투자에 눈먼 가난한 MZ세대의 투기적 행태라고 비난할 수도 있지만 다른 한편에서는 거장의 고가의 작품을 여럿이 나누어 사서(펀드의 LP 형태) 궁극적으로는 거부인 컬렉터에게 팔기 때문에 효율적이라고 주장하기도 한다. 블록체인 형태인 코인으로 거래되어서 위작의 위험성도 없으니 말이다.

재미있거나
혹은 진지하거나

Chapter **3**

노는 게 제일 좋아,
펀플레이션(funflation)

월스트리트저널^(WSJ)에서는 팬데믹 이후 재개된 다양한 공연과 이
벤트의 가격이 전례 없는 수준으로 상승하면서 보통의 미국 가정이
이러한 여가 활동을 포기하는 수준에 이르렀다고 보도하며, 이러한
현상을 즐거움을 의미하는 펀^(fun)과 물가 상승을 의미하는 인플레이
션^(inflation)을 결합한 '펀플레이션^(funflation)'이라고 표현했다. '펀플레이션'
현상은 대중 음악 공연 분야에서 가장 두드러지는데, 현재 미국에서
가장 인기 있는 가수인 테일러 스위프트의 콘서트 티켓 평균 가격은
254달러(약 34만4000원)에 달하며, 재판매 티켓은 평균 1095달러
(약 148만원)에 거래되고 있다. 이러한 비용 상승은 놀이공원, 스포

펀플레이션 현상이 두드러지게 나타나는 공연 분야

츠, 관광 등 여가 활동 전반으로 확산되고 있으며, 이는 가계 경제에 많은 부담을 주고 있다. 그런데, 이와 같은 현상이 미국에 국한되지 않는 것으로 보인다. 우리 사회에서 펀플레이션은 어떻게 관찰되며, 왜 이러한 현상이 발생하는지 함께 살펴보자.

What do we see?
이선좌와 피케팅

혹시 '이선좌'라는 표현을 들어보았는지. 이씨 성을 가진 누군가의 이름이 아니라 공연 팬들 사이에서 흔히 사용되는 줄임말 표현이다. 보고 싶은 공연을 예매하기 위해 타이머까지 맞춰 놓고 예매 사이트에 들어가지만 예매를 시도할 때마다 '이미 선택된 좌석입니다'라는 메시지를 보고 돌아설 수밖에 없는 팬들의 아쉬움이 담긴 표현

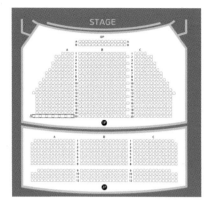
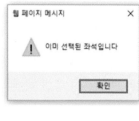

인기 공연 예매 시 흔히 볼 수 있는 텅빈 좌석과 '이선좌' 메시지

이다. 피 튀길 만큼 치열한 티케팅이라는 의미의 '피케팅'과 취소된 좌석이라도 예매하려는 '취케팅' 역시 공연 예매의 어려움을 담아낸 또 다른 줄임말들이다.

통계청에 따르면 평균 공연 입장료는 1년 사이 6.3 % 상승했다. 같은 기간 소비자 물가 지수가 3.8% 상승한 것과 비교해 보아도 훨씬 높은 수준이다. 유명 블록버스터 뮤지컬의 경우 VIP석 평균 가격이 19만원에 달하며 티켓 가격은 천정부지로 높아지고 있는데도 여전히 인기 공연은 티켓을 구하기가 어렵다. 가수 임영웅의 전국 투어 콘서트의 경우 정가가 16만5000원임에도 불구하고 예매 시작과 동시에 매진 행렬이고, 높은 티켓 가격에 스타 마케팅이라는 비판을 받고 있는 대형 뮤지컬들도 이러한 비판을 비웃기라도 하듯 예매 전쟁이 치열하다.

이러한 관람 비용 증가에는 암표라고 불리는 재판매 티켓이 한

묷하고 있다. 원래 티켓 가격에 '프리미엄'을 붙여 파는 암표는 온라인 예매 확대와 공연 관람 수요 증가로 더욱 성행하고 있다. 2023년 대만에서 열린 그룹 블랙핑크의 암표 가격은 1700만원까지 올랐고, 가수 임영웅의 공연 티켓은 정가의 30배가 넘는 500만원을 호가한다. 비단 대중 음악 공연뿐만 아니라 클래식 공연, 배우 팬미팅 등 한정된 좌석에 많은 팬들이 몰리는 경우에는 늘 암표 거래가 문제가 된다.

중요한 것은, 이러한 암표 거래를 막을 법적 근거나 확실한 방법이 없다는 데 있다. 티켓 재판매를 위한 플랫폼이 버젓이 존재하고, 수요와 공급의 법칙에 따라 원하는 사람이 더 많은 비용을 지불하겠다는 개인 간의 거래를 제재하기 어렵기 때문이다. 암표 문제를 막기 위해 2024년 3월부터 '개정 공연법'을 시행하여 암표 판매에 대한 처벌을 강화하였으나, 대상은 매크로를 이용해 티켓을 구매한 판매자에게만 적용될 뿐이다. 이 때문에 가수나 소속사가 직접 나서 암표 거래를 통해 구매한 입장객을 제지하는 방법을 취하고 있지만 스스로 예매가 어려운 디지털 약자에 대한 고려가 부족하여 논란이 되기도 했다. 결국 지금의 공연 티켓 가격 상승은 증가하는 수요가 가장 큰 원인으로 보인다. 내 돈 주고 내가 보겠다고 해도 티켓을 구하기 어려운 상황에 고개가 저어질 따름이다.

스트림플레이션

그럼 집에서 드라마나 영화를 보며 주말 내내 뒹굴뒹굴한다면 펀플레이션 여파에서 좀 비껴갈 수 있지 않을까? 안타깝게도 그렇지 않은 것 같다. OTT 플랫폼들이 콘텐츠 구독료를 잇달아 인상하면서 '스트림플레이션(streamflation)'이라는 신조어도 등장했다. 스트림플레이션은 음성이나 영상 콘텐츠를 실시간으로 재생하는 기법을 뜻하는 스트리밍(streaming)과 인플레이션(inflation)의 합성어로 OTT 구독료 인상으로 소비자들의 부담이 가중되는 현상을 의미한다. OTT 플랫폼들은 서비스 도입 초기 구독자 확대를 위해 저렴한 요금제를 내세웠지만 OTT 사업 환경 변화로 인해 2024년 앞다투어 구독료를 인상했다.

구글은 '유튜브 프리미엄' 구독료를 월 1만450원에서 1만4900원으로 42.5% 인상했고, 디즈니플러스는 월 9900원 구독료를 1만3900원으로 40.4% 인상했다. 넷플릭스는 가장 저렴한 요금제 가격을 월 9500원에서 1만3500원으로 변경했고, 쿠팡 역시 쿠팡플레이의 와우멤버십 구독료를 기존 월 4990원에서 7890원으로 인상했다. 지난 5월 티빙까지 연간 구독권 가격을 기존 대비 20% 인상하면서 통신사들의 OTT 결합 상품까지 줄인상 되는 현상이 나타났다.

이와 같은 구독료 상승은 OTT 시장의 성장률 둔화와 이로 인한 OTT 플랫폼 간의 경쟁 심화를 원인으로 볼 수 있다. 2016년 넷플릭스는 국내 시장에 진출하면서 〈킹덤〉, 〈스위트홈〉과 같은 강렬한 오리지널 콘텐츠로 이용자들을 사로잡으며 몸집을 키웠다. 그 이후로도 〈D.P.〉, 〈오징어 게임〉, 〈더 글로리〉와 같이 막대한 제작비를 투자한 넷플릭스 오리지널 시리즈가 흥행에 성공하자 티빙, 웨이브뿐만 아니라 후발 주자인 쿠팡플레이와 디즈니플러스까지 가세하며 오리지널 콘텐츠 경쟁이 치열해졌다. 그러나 팬데믹이 종식되고 OTT 구독자 증가율이 둔화되면서 오리지널 콘텐츠 제작에 쏟아부은 막대한 제작비를 회수하지 못하는 경우가 늘어나고 있다. 더 이상 구독자 수 증가로 인한 매출 증가를 기대하기 어렵게 된 것이다.

결국, OTT 플랫폼들은 구독료 인상과 광고 요금제 도입, 가족 외 계정 공유 제한 등의 카드를 꺼내 들었다. 잇따른 요금 상승으로 부담을 느낀 이용자들은 비교적 저렴한 광고형 요금제를 선택하거나 요금을 분담하기 위한 계정 공유 등 나름의 자구책을 찾고 있지만 요금 인상의 여파를 피하기는 쉽지 않아 보인다. 구독료 인상 동의 창을 바라보며 한숨짓는 이용자가 점점 늘어나고 있다.

더 이상 소소하지 않은 행복

한때 소확행 열풍이 불었던 시절이 있었다. 나를 지금 즐겁게 해줄 수 있는 소소하고 확실한 행복을 추구하던 사람들은 어느덧 오른 물가에 그 소소함이 더 이상 소소하지 않다는 것을 깨닫고 있다. 오늘 아침 나를 행복하게 깨워주는 커피 한 잔, 사무실 내 책상 위에 올려놓을 디퓨저 하나, 하루 동안 고생한 나를 위해 퇴근하고 맥주 한 잔, 이런 작은 행복들을 모아보니 거대한 지출이 되어 버렸다. 비교적 대중적인 여가 활동으로 볼 수 있는 영화 관람도 상영관과 좌석에 따라 2만원을 넘는 경우가 많고, 노래방과 PC방 같은 여가 비용도 각각 6.9%와 5.3% 상승해 소비자들의 부담이 가중되고 있다.

값비싼 놀이동산에서의 행복한 하루

가족들과 함께 즐길 수 있는 대표적인 여가 활동인 놀이동산도 팬데믹이 끝난 후 줄지어 이용권 가격을 인상하여 이제 4인 가족(성인 2명, 어린이 2명)의 일일 이용권 금액이 25만원을 웃돈다. 믿기 어렵지만 블룸버그통신은 미국에서 4인 가족이 디즈니월드의 모든 것을 즐기기 위해서는 6박 7일 동안 무려 4만달러(약 5000만원)을 지출해야 한다는 계산을 내놓기도 했다. 그러면서 디즈니월드에서 가족과 휴가를 보내기 위해 2년 동안 돈을 모으고도 부족해, 5000 달러(약 700만원)를 대출받아야 했다는 한 남성의 사연을 소개했다.

우리들의 소소했던 행복이 비싸지는 데는 좀 더 나은 서비스를 받고 싶어 하는 소비자들을 타깃으로 한 간접 가격 상승도 한몫하고 있다. 주말 놀이동산을 가보면 정작 놀이기구 이용 시간은 3분 정도인데 대기 시간은 1시간 이상인 경우가 빈번하다. 그래서 줄을 서지 않고 바로 놀이기구를 탈 수 있는 일종의 패스트 트랙(fast track) 이용권을 구매하는 경우가 있는데, 추가 비용이 만만치 않다. 그래도 재미있게 놀고 싶어서 왔는데, 좀 돈이 들더라도 차별화된 서비스를 누리고자 하는 소비자들의 마음을 제대로 파고든 전략이다.

최근 아이들이 직접 공주 의상을 입고 퍼레이드에 참여할 수 있는 체험 행사를 기획한 한 놀이동산은 퍼레이드 참가 비용을 35만 원~70만 원으로 책정하였다. 착용하는 주얼리 종류, 퍼레이드 카 탑승 여부 등에 따라 가격은 차등화되는데 30분의 짧은 체험임을 감안하면 결코 저렴하지 않은 비용이지만 주말에는 예약이 몰릴 만큼 인기를 얻고 있다. 동화 속 주인공처럼 좋아하는 캐릭터와 함께 퍼레이드에 참여하는 것은 다른 곳에서는 경험하기 힘든 추억이라는 점이 부모들의 마음을 자극한다.

그것뿐만 아니다. 귀여운 머리띠, 팝콘, 그리고 아이스크림까지 하나씩 사다 보면 오늘 하루 행복해지자고 시작했던 일이 순식간에 텅장(텅빈 통장을 일컫는 표현)을 만들어내는 경험을 하게 된다.

Why is it?
놀 수 있을 때 놀자

경제 침체가 계속되고 있지만, 소비자들의 지갑은 '놀 수 있을 때 놀자'는 방향으로 열리고 있는 듯하다. 신한카드 빅데이터 연구소가 발표한 2023년 연령대별 카드 매출 비중을 살펴보면, 20대는 엔터테인먼트 서비스 비중이 가장 높았고, 40대는 테마파크 비중이 가장 높았으며, 50대는 스포츠 비중이 가장 높았다. 총 카드 매출 중 엔터테인먼트 서비스 업종의 매출 증가가 눈에 띄며, 보드게임 카페, 코인 노래방, 무인 사진관 등 여가 산업 매출은 전년 대비 약 20% 증가했다. 2023년 팬데믹이 끝나

흥행 열기가 가득한 프로야구 구장

자 뮤지컬을 포함한 공연 시장의 매출이 1조원을 넘어서며 사상 최고치를 기록했는데, 이는 인플레이션에 따른 총 비용 증가뿐만 아니라 여가 소비 자체의 급격한 증가에도 기인했다.

이러한 현상은 코로나19로 인해 제한되었던 여가 활동을 마음껏 하려는 보상 심리로 볼 수 있다. 예상치 못한 단절과 고립을 경험한 소비자들은 갈증을 느꼈던 여가 활동에 이제 기꺼이 지출하기 시작했다. 가족 및 친구들과 시간을 보낼 기회가 늘어나면서 느껴왔던 고립감과 스트레스를 해소하기 위한 다양한 체험 활동의 필요성이 증가했다. 특히 콘서트와 스포츠와 같이 현장성 높은 여가 활동에 대한 수요가 급증하면서 전체 문화 분야의 가격 인상을 부추기는 것으로 보인다.

특히 2024년은 프로야구의 인기가 치솟았던 한 해였다. 지난 6

월 1일 285경기 만에 400만 관중을 돌파했으며, 종전 기록인 2017년 840만 명을 넘어 KBO 리그 역대 최다 관중을 돌파했다. 시즌 초반 '코리안 몬스터' 류현진이 국내로 복귀하며 한화의 선전이 화제가 되었으며, 전통의 인기 구단인 KIA와 삼성이 전반기 좋은 성적으로 많은 관중을 끌어들였다. 프로야구 관람은 나이와 성별을 가리지 않고 즐길 수 있다는 특징과 특유의 응원 문화, 다양한 야구장 먹거리 등으로 대표적인 스포츠 여가 활동으로 꼽힌다. 관중들은 야구장에서 같은 팀을 소리 높여 응원하고 응원가를 부르며 카타르시스를 느낀다. 육성 응원과 치맥이 금지되었던 팬데믹 시절 야구장을 생각해 보면 지금의 즐거움이 더 소중해진다.

팬데믹을 경험했던 사람들은 더 이상 먼 미래의 즐거움을 위해 지금의 시간을 인내하려고 하지 않는다. 아무도 예측하지 못했던 상황을 겪은 세대들에게는 어쩌면 당연한 일일지 모른다. 그 누구도 나중의 상황을 장담할 수 없다는 것을 뼈저리게 느꼈기 때문이다. 그래서 사람들은 이제 놀 수 있을 때 놀아야 한다. 아주 신나게.

자신만의 가치가 소중한 사람들

최근의 펀플레이션 현상에는 소비 행동에서 자신이 추구하는 가치를 가장 높게 고려하는 젊은 세대의 특성이 영향을 미쳤다고 볼 수 있다. 〈2024 문화 소비 트렌드〉에서 언급했던 '이코노-럭스' 문화 소비 경향과도 유사하다. 평소에는 경제적 합리성을 고려하다가도 ^(economically), 자신에게 가장 큰 행복을 안겨주는 소비에 망설이지 않는 ^(luxuriously) 사람들을 우리는 '이코노-럭스($^{econo-}_{lux}$)' 소비자라고 부른다. 다른 사람의 시선보다는 자신이 원하고 경험하는 것에 가장

큰 가치를 두고 아낌없이 투자하는 이와 같은 소비자들이 지금 여가 소비 시장에서 가장 높은 영향력을 발휘하고 있다. 실제로 미국의 한 여론 조사에서 응답자 중 20%가 좋아하는 가수의 공연 등 참석하고 싶은 이벤트가 있을 경우 빚을 내서라도 입장권을 구입하겠다고 응답하기도 했다.

팬데믹과 미디어 환경의 급변으로 인해 위기에 봉착한 영화 산업은 새로운 경험을 원하는 소비자의 니즈 증가에 발맞춰 차별화된 서비스 제공으로 극복하려 하고 있다. 독립된 소규모 상영관에서 가족, 친구들과 편안하게 관람할 수 있는 '프라이빗 박스'나 반려견과 반려인이 함께 이용할 수 있는 '퍼피 시네마' 등 특별관이 전국적으로 확대되어 가는 추세다. 일반 영화 좌석보다 상대적으로 높은 티켓 가격에도 불구하고 자신만의 특별한 경험을 위해 투자하는 소비자들의 소비 패턴 변화가 영화관 이용에서도 나타나고 있다. 아이맥스, 4D, 스크린X, 돌비 시네마 등 특별관의 매출은 전년보다 36.9%

상승한 195억원으로 증가했고, 이러한 수요를 반영한 듯 특별관을 운영하는 극장 수도 2019년 131개에서 2023년 204개로 증가했다. 2월에 개봉한 〈듄2〉도 '슈퍼 플렉스', 'MX4D' 등 특별관이 일반관 대비 좌석 점유율이 높아 특별한 경험을 원하는 관람객 수요가 증가하고 있음을 확인할 수 있다. 그리고 일반 상영관 대비 높은 특별관의 티켓 가격은 평균 영화 티켓 가격 상승에 영향을 미치고 있는 것으로 보인다.

자신만의 가치를 추구하는 소비 현상은 관광 분야에서도 확인할 수 있다. 최근 관광 분야에서 떠오르는 키워드는 더 이상 호캉스도 맛집 투어도 아니다. 여행객들은 뻔한 관광을 벗어나 자기에게 의미 있는 경험을 찾기 위해 노력한다. 영화나 TV쇼, 다큐멘터리 촬영지로 여행을 떠나는 세트제팅($_{jetting}^{set-}$)이나 콘서트, 축제 같은 특별한 이벤트가 여행의 주요 목적인 이벤트 관광($_{tourism}^{event}$)이 주목받고 있으며, 오롯이 휴식을 위해 여행을 떠나는 사람도 늘어나고 있다.

이제 소비자들은 자기만의 가치관과 기준에 따라 소비하며 남들과는 다른 새로운 경험을 추구한다. 최근의 여가 활동이 전통적 인기 분야인 여행, 스포츠, 공연 관람 외에도 다양한 체험 활동으로 확산되는 것도 이러한 이유이다. 새로운 경험을 하고 싶어 하는 사람들이 많아지면서 팝업 스토어나 체험형 전시에 소비자들이 몰리고 있으며, 경험과 재미를 주는 소비 활동에 사람들이 더 많은 돈을 지출하고 있는 것이다.

과시적 소비가 된 여가활동

펀플레이션이 지속되면서 '공연 한 번 보기 힘들다'거나 '놀기 위해 너무 많은 돈이 든다'는 이야기가 곳곳에서 들린다. 그런데 왜 여가 비용이 계속 오르는 것일까? 그 해답을 얻기 위한 힌트는 인스타그램과 같은 소셜미디어에서 찾아볼 수 있다. 우리는 여가 시간 보내는 것 하나까지도 소홀히 하지 않고 소셜미디어에 남긴다. 그 효과는 생각보다 커서 포스팅을 보는 이들로 하여금 저 사람은 근심 걱정 하나 없이 여가를 즐긴다고 착각하게 하기도 한다.

이제 여가를 즐기는 것 자체가 자신의 정체성을 드러내는 수단이 되었다. 내가 뮤지컬을 보고 왔다는 사실은 높은 티켓 가격을 감당할 '경제적 여유'와 공연을 보러 갈 '시간적 여유', 그리고 공연을 충분히 이해하고 좋아할 수 있는 '문화적 이해'를 가진 사람임을 상징하는 의미를 가지게 된 것이다. 거기에 더해 온라인 예매 경쟁이 치열해지면서 '디지털 활용 능력'까지 함께 인정받을 수 있게 되었다. 그래서 사람들은 여가 활동을 통해 다른 사람에게 자신을 과시하려는 경향이 눈에 띄게 증가하고 있으며, 이는 명품 가방을 사는 소비심리와 유사하다.

과시적 소비는 자신이 특정 계급에 속해 있다는 것을 드러내기 위해 부를 과시할 목적으로 행하는 소비를 의미한다. 전통적인 수요-공급 법칙에 의하면 가격이 상승하면 수요가 줄어들어야 하지만, 과시적 소비 대상의 경우 가격 상승이 수요 감소에 영향을 미치지

소셜미디어를 통해 과시되는 여가 활동

않는다. 오히려 가격이 낮아지면 그 매력이 떨어져 수요가 줄어들기도 한다. 명품 브랜드들이 소비자들의 눈치를 보지 않고 해마다 가격을 올리는 것이 바로 그러한 이유 때문이다. 따라서 여가 활동이 과시적 소비화가 된다는 것은 공연 티켓 가격이 올라도, 호텔 숙박비가 올라도 수요는 줄어들지 않는다는 것을 의미한다. 그런 소비일수록 사람들은 소셜미디어에 사진을 올리며 여가를 즐기는 자신의 모습을 드러낼 것이다. 펀플레이션에도 여가 소비가 줄지 않는 또 하나의 이유가 바로 여기에 있다.

Where is it going and what should we do?

2000년대 주 5일 근무 제도 도입은 우리나라 여가 시장을 폭발적으로 성장시켰다. 지금의 젊은 세대는 상상할 수 없겠지만 토요일에도 모두 학교에 가고 직장에 출근하는 것이 당연하던 시절이 있었다. 일요일에 좀 놀고 싶어도 다음 날 또 출근할 생각을 하면 선뜻 밖으로 나가기가 어려웠다. 주 5일제가 시행되고 나서야 사람들은 비로소 늘어난 여가 시간을 충분히 즐길 수 있게 되었고, 친구들과 영화도 보고 여행도 가며 여가 시장 확대에 기여했다.

20여 년이 지난 지금, 그동안 농담처럼 바래 오던 주 4일제에 관한 논의가 정계와 재계를 중심으로 수면 위로 올라왔다. 세계 각국에서 주 4일제에 대한 여러 방식의 실험이 진행되고 있는데, 싱가포르는 유연근무제를 확대해 아시아 최초로 주 4일제가 가능한 기반을 마련했다고 평가받고 있으며, 영국과 일본, 스페인 등에서도 주 4일제를 시행한 후 기업과 근로자들의 변화를 평가하는 방식이 시도되었다. 국내에서도 코로나19로 인해 유연한 근무 방식을 경험한 기업들이 주 4.5일제 근무나 한 달에 한 두 번 더 쉬는 탄력 근무제 등의 방식을 도입하면서 주 4일제에 대한 기대감이 커지고 있다. 물론 1998년 노사정위원회에서 처음 논의된 주5일제 도입이 2003년이 되어서야 국회를 통과하여 사회 전반에 정착되기까지 10여 년의 시간이 걸렸던 것을 생각해 보면 본격적인 주 4일제 시행은 좀 더 기다려야 할 듯하다. 하지만 OECD 국가 중 5번째로 많은 우리나라 근로자의 노동 시간을 줄이자는 움직임은 계속되고 있다. 이러한 움직임은 결국 지금보다 더 많은 여가 시간을 우리에게 줄 것이고, 그에 따른 여가 시장의 수요 확대는 지속될 것으로 보인다. 당분간 경기 침체가 이어질 것으로 보이지만, 펀플레이션 역시 쉽게 사그라들 것 같지 않은 것도 바로 이러한 이유 때문이다.

국내 최초 공연 전문 '인스파이어 아레나'_ⓒ연합뉴스

그간 우리나라는 늘어나는 공연 관람 수요와 K-팝의 위상 확대에도 불구하고 전문 대형 공연장이 없다는 것이 아쉬운 점으로 손꼽혔다. 1만 석 이상 수용 가능한 공연장이 없어 대부분 KSPO DOME(구체조경기장), 고척스카이돔, 잠실실내체육관과 같은 스포츠 시설을 활용해야 했다. 전문 공연장이 아니기 때문에 늘 부족한 음향 시설, 무대와 객석의 먼 거리, 잔디 훼손 문제, 그리고 시야 확보 어려움 등의 문제를 가지고 있었다. 최근 이러한 문제를 해결할 수 있는 공연 전문 아레나(arena)의 건립이 활발해지고 있는데, 아레나는 라이브 공연에 최적화된 설계를 갖춘 1만~2만 석 규모의 공연 시설을 뜻한다. 인천 영종도에 2023년 말 개장한 국내 최초 공연 전문 아레나 '인스파이어 아레나'는 개장과 함께 멜론뮤직어워드, 동방신기, AKMU, Maroon5 등 국내외 정상급 가수들의 공연과 스포츠 경기 등을 개최하며 관람객을 끌어 모으고 있다. 올해 착공을 시작한 서울 도봉구의 '서울아레나'는 최대 2만8000명을 수용 가능한 규모로 설계되었으며, 각 지역에서도 앞다투어 전문 공연장을 건설하려는 움직임을 보이고 있다. 이와 같은 인프라가 구축되면 국내 공연 산업 성장도 더욱 탄력을 받을 것으로 예상되며, 대형 공연장 개장에 따른 주변 지역 상권과 교통 인프라 또한 함께 성장할 것이라는 점에도 주목할 필요가 있다.

2025년에도 재미와 행복을 제공하는 대상에게 소비자들의 지갑은 상대적으로 쉽게 열릴 것으로 보인다. 그리고 이러한 차별화 포인트를 만들어내는 것이 기업의 상품 기획 전략에서 중요한 지점이 될 것이라는 점은 분명해 보인다. 앞서 놀이동산의 어린이 페스티벌 참여 프로그램의 예에서 봤듯이 사람들이 기꺼이 많은 돈을 지불하는 것은 '지금, 여기'에서 우리를 즐겁게 해줄 경험과 추억을 구매하려 하기 때문이다.

물론 여가 소비의 양극화 심화에 대한 우려가 나타나는 것도 사실이다. 펀플레이션으로 여가 생활에 많은 부담을 느끼거나 심지어 포기를 고민하는 사람들이 증가하고 있는 만큼, 이들을 위한 상대적으로 저렴한 여가 활동의 인기가 높아질 것이다. 과거 노래방의 인기를 현재 코인노래방이 이어받은 것처럼 소규모화, 분절화를 통한 가격 차별화 전략이 유효할 것으로 보인다.

꼭 비싼 돈을 들여야 남과 다른 경험을 할 수 있는 것은 아니지 않는가? 여가를 즐기기 위한 다양한 접근을 고민해 봐야 할 시점이다.

　팬데믹 이후 여가 소비 수요 증가와 새로운 나만의 경험을 원하는 소비자들이 늘어나면서 여가를 즐기는데 소요되는 비용이 증가하는 '펀플레이션(funflation)' 현상이 두드러지고 있다. 2024년은 OTT 플랫폼들이 콘텐츠 구독료를 20~40%가량 잇달아 인상하며, 상대적으로 저렴하게 여겨졌던 스트리밍 콘텐츠 감상도 가계에 부담이 되었다. 이처럼 전반적인 여가 활동의 비용이 급격히 상승하면서 이제 여가 활동에서 '과시적 소비'의 특성이 두드러지게 관찰된다. 여가를 즐기는 것 자체가 경제적 여유, 시간적 여유, 문화적 이해, 그리고 디지털 활용 능력까지 함께 인정받을 수 있는 도구가 되면서 SNS를 통해 과시하려는 사람들이 늘어나고, 이는 가격 상승에도 소비가 줄지 않는 주요 원인이 되었다. 늘어나는 공연 관람 수요에 맞춰 '아레나' 형태의 전문 대형 공연장 개관과 건립이 활발해지고 있는 만큼 이와 관련된 주변 지역 상권과 교통 인프라 확대에도 주목할 필요가 있다. 2025년에도 기업으로서는 재미와 행복을 제공할 수 있는 차별화 포인트를 찾아내는 것이 또 하나의 기회가 될 것이다. 한편, 펀플레이션으로 여가 활동에 부담을 느끼는 사람들을 위한 소규모 여가를 통한 가격 차별화 전략이 유효할 것으로 보인다.

숏폼 영상과 횡단보도
잔여 시간과의 함수

인천경제자유구역청은 2022년 송도·영종·청라 국제도시 교차로 17곳에 스마트 횡단보도를 설치할 계획이라고 밝혔는데, 지역별로는 송도 8곳, 영종 4곳, 청라 5곳이며 총 10억원의 예산이 투입되었다. 어린이 보호 구역과 사고 다발 지점을 위주로 설치되는 스마트 횡단보도는 첨단 정보통신기술(ICT)을 활용해 보행자 안전을 강화한 교통안전 보조 장치다. 교차로 특성에 맞춰 횡단보도 바닥형 LED 보행 신호등과 보행자 위치별 음성 안내 시스템이 도입되고 보행자가 길을 완전히 건너지 못한 경우 보행 신호가 5~10초간 자동으로 연장되는 시스템도 구축된다. 이 같은 스마트 횡단보도는 인천 지역

바닥에 설치된 LED 스마트 횡단보도:
모바일을 사용하느라 시선이 바닥을 향해 있는 현대인들에게 도움을 준다

뿐만 아니라, 강남 및 서울 시내 곳곳을 비롯, 지방의 매우 다양한 곳에 적용되었는데, 스마트 교통 인프라가 실제로 체감될 수 있도록 계속 증가하고 있다.

이러한 스마트시티 공공 서비스를 자세히 들여다보면, 현대인의 생활상이 반영된 결과임을 알 수 있다. 스마트폰 대중화와 함께, 대다수의 사람들이 횡단보도 앞에서 스마트폰을 사용하고 있는데, 그렇다보니 그들의 시선은 항상 바닥을 향해 있다. 그래서 횡단보도의 불이 언제 바뀌었는지 인지를 못하고 있다가 뒤늦게 길을 건너는 일이 자주 발생했다. 스마트 횡단보도는 바로 여기에 착안해서 개발되었다. 특히 이 짧은 순간을 기다리는데 안성맞춤인 숏폼 콘텐츠의 증가는 스마트 횡단보도의 증가와 함께 더 주목받게 되었다. 이제, 현대인에게는 현재의 숏폼도 길게 느껴져서 3초, 혹은 10초만에 시청하던 콘텐츠를 꺼버리고 다른 것으로 바꾸거나, 2배속으로 영상을 보고 있다. 이러한 현상은 우리에게 숏폼에 대한 또다른 인사이트를 제시해준다.

　도파민 중독이나 팝콘 브레인, 혹은 스마트폰으로 인해 무뎌진 집중력과 시간 관리를 어찌 해야 할지는 개인의 문제이나, 다른 한 편에서는 역으로 이를 이용해 기업의 비즈니스와 마케팅은 어떻게 할 수 있을지 또 다른 인사이트를 던져준다. 동영상의 성격, 콘텐츠의 속성마다, 주어진 상황, 생활 패턴에 따라 적당하게 생각하는 영상의 길이와 주제가 있기 때문이다. 이에 따라, 2025년은 개인이 할애할 수 있는 시간에 따라 그에 딱 맞는 숏폼 영상을 소비할 것이고, 이는 바로 개인의 라이프 스타일 분석으로 이어질 것이다. 이를 활용해 기업은 매출과 직접적으로 연결될 숏폼 제작과 유통에 더 주목할 것이다. 즉, 이러한 숏폼 활용 트렌드는 이를 이용(시청)하는 사람들이나, 만드는(제작하는) 사람들 혹은 기업, 협찬이나 광고를 원하는 기업에 큰 시사점을 줄 수 있다. 숏폼 영상과 횡단보도 잔여시간과의 함수 문제는 바로 이렇게 풀어나갈 수 있겠다.

What do we see?
틱톡피케이션(tiktokfication)의 전면전

　2024년 2월 9일에 방송된 MBC 예능 〈나혼자 산다〉의 배우 설현 편은 숏폼 시청의 생활화를 단적으로 보여주면서 화제가 되었다. 평소 지하철 타기를 즐긴다는 설현은 그에 대한 이유로 '숏폼 콘

숏폼을 보기 위해 지하철을 애용한다는
AOA 출신 배우 설현

텐츠'를 볼 수 있기 때문이라 했다. 또한 모든 사람들이 휴대폰을 쳐다보고 있기 때문에 (다른 사람에게 관심을 갖고 쳐다보지 않기 때문에) 연예인이라도 아무 불편함없이 대중교통을 이용할 수 있다고 말했다. 지하철을 타서 숏폼보기는 바로 현대인의 삶의 단상을 보여주는 모습이다. 이처럼 숏폼 시청의 대중화(생활화)는 연예인이건 일반인이건 상관없이 현대인의 모습을 단적으로 보여주는 트렌드로 자리잡았다. 그런데 여기서 더 나아가, 지하철을 타고 이동하는 시간은 역간 거리 계산에 따라 거의 정해져 있으므로, 이동하는 지하철역 숫자(즉, 시간)에 맞춰 숏폼 영상을 몇 개 볼 수 있는지 역으로 계산이 가능하다. 이 말인즉, 우리의 삶을, 혹은 우리의 시간을 숏폼 시간에 맞추어 계산해 볼 수 있고, 이를 활용해 개인은 시간 관리를, 기업은 틈새 시간을 활용한 마케팅 활동을 할 수 있게 된다. 단순히 '숏폼 시청'은 콘텐츠를 즐기는 트렌드에서 끝나지 않고, 이를 어떻게 전천후로 활용할 수 있을지에 대한 인사이트를 안겨준다.

2023년 9월, 와이즈앱·리테일·굿즈에서 발표된 내용에 따르면, OTT 플랫폼과 숏폼 사용 시간을 비교해 본 결과 온라인 동영상 서비스인 OTT보다 숏폼 콘텐츠를 사람들이 더 즐기는 것으로 나타났다. 월평균 넷플릭스나 디즈니플러스, 티빙, 쿠팡플레이와 같은 OTT는 9시간14분을 시청한 반면, 쇼츠 영상을 보여주는 유튜브는 1인당 46시간29분으로 5배나 더 이용한 것으로 나타났다. 또한, 짧은 콘텐츠의 대명사가 되어 버린 틱톡의 1인당 월 시청 시간은 21시간25분인데, 이 또한 넷플릭스 같은 OTT와 비교된다. 1인당 넷플릭스의 월평균 시간은 7시간7분으로, 틱톡의 3분의 1 수준밖에 안 된다. 사용자 수는 넷플릭스 1207만명으로, 663만명인 틱톡보다 월등히 많지만, 월 사용 시간을 합한 숫자에 있어서는 틱톡의 33억분과 비교하기 힘들다. 긴 호흡을 가지고 봐야하는, 긴 분량의 드라마나 영화의 경우, OTT 플랫폼을 이용해 오리지널 콘텐츠를 전부 시청한 것보다, 짧게 축약된 유튜브 축약본이 더 인기를 끌었다고 볼 수 있는 것이다. 즉, 전 연령대가 짧은 호흡으로 끝낼 수 있는 콘텐츠를 선호하고 있다는 것이 드러난 결과이다. 우리의 집중력은 도둑맞았다. 요한 하리, 〈도둑맞은 집중력〉의 저자는 스마트폰 사용 전 12초였던 우리의 집중력은 몇 년 사이에 8초대로 떨어졌다고 말했다.

코로나19 팬데믹으로 인해 한동안 집에서 OTT를 즐겼던 사람들이 다시 오프라인 삶으로 환경이 변화하자, 이에 따라 분, 초로 보여지는 숏폼 콘텐츠에 더 열광하고 있는 것이다. 성장세가 완전히 꺾여버린 OTT 플랫폼들도 위기감을 인지하고 있으며, 이에 따른 수익

유튜브, 인스타그램, 페이스북과의 연동을 종료,
자체 숏폼인 '클립'을 강화한 네이버의 MAU 변화

성 악화도 본격화되고 있다. 국내 OTT 사업자의 경우, 영업 적자가 2020년 385억원에서, 2022년 2964억원으로 크게 확대되었다. 이에 따라 OTT 요금 인상도 함께 일어나고 있는데, 구독자들의 이탈도 예상되고 있다. 여기에 콘텐츠들의 높은 제작비, OTT 업체들 간의 출혈 경쟁도 심화되고 있어서 OTT 업계의 상황이 우려스럽기까지 하다. 그런데 이와 함께 또 다른 플랫폼에서는 숏폼 콘텐츠의 사용 인구 증가와 시청 시간의 증가로 함박웃음을 짓고 있다.

이러한 변화에 위기를 느끼는 것은 OTT 기업만이 아니다. 최근 네이버는 유튜브와 인스타그램, 그리고 페이스북과 같은 소셜 네트워크 서비스와의 연동 종료를 선언했다. 짧은 콘텐츠로 인기를 끌고 있는 이들 때문에 네이버의 사용 시간이 줄어들자, 네이버도 자체 숏폼인 '클립'을 만들어 추가했고, 플랫폼 간의 쉬운 이동을 막기 위해서 검색 결과 내에서 SNS가 연결되지 않도록 한 것이다. 이러한 네이버의 조치는 MAU(Monthly Active Users, 이는 '월간 활성 사용자'를 의미하는 단어로, 해당 서비스를 한달 동안 사용한 순수 이용자 수를 나타내는 지표임) 증가라는 즉각적인 결과로 나타났다. 아울러, 네이버는 향후 공공 기관의 보도 자료나 공지 사항 중심으로 사이트를 개선해 나갈 예정이라 밝혔다. 이것은 '공공성을 가진 IT기업으로의 재탄생'을 예고한 것이고, 다른 방식으로 숏폼 트렌드를 반영시킬 방안을 마련한 것이다.

숏폼에 적응된 '팝콘 브레인'과 '팝콘 인내심'

15초 동영상 틱톡, 60초 동영상 유튜브 쇼츠, 그리고 인스타그램 및 페이스북의 릴스까지 짧은 영상으로 이뤄진 '숏폼'이 전 세계적인 대세이다. 이에 따라 한국의 IT 공룡, 네이버와 카카오, 그리고 당근마켓까지 숏폼을 포함한 플랫폼으로 전환했다. 2023년 12월 한국리서치 조사에 따르면, 숏폼 콘텐츠의 시청자는 국민 4명중 3명인 75%에 달하며, 60세 이상의 고연령층도 10명 중 6명, 즉 59%에 이른다고 한다. 이제 전 연령대의 인구가 숏폼 콘텐츠를 생활화하고 있으며, 이에 따라 미디어 플랫폼의 지배적인 세계도 숏폼을 기반으로 변화하고 있다.

그런데 이렇게 짧은 동영상 시청에 익숙해지다 보니, 웬만큼 자극적인 콘텐츠에 우리 뇌는 반응하지 않게 되었다. 또한 약간이라도 긴 분량의 콘텐츠 영상은 더더욱 보기 힘들게 되었다. 이 플랫폼들이 제공하는 알고리즘 추천에 따라 또 다른 영상을 이어서 보게 되므로, 자연스럽게 스마트폰 사용은 늘어날 수밖에 없다. 이에 전문

23억5000만명에 달하는 인스타그램 릴스의 월간 활성 사용자
(MAU: monthly active users)

가들은 무의식적인 숏폼 몰입 시청에 대해 '틱 장애' 혹은 '틱 유사 행동 증후군'이 유발될 수 있다는 경고까지 날렸다. 즉, 지속되는 숏폼 몰입 시청은 뇌 건강에 좋지 않은 영향을 미칠 수 있다는 것이다. 팝콘처럼 튀어 오르는 강렬한 자극에만 우리의 뇌가 반응하는 '팝콘 브레인'을 가질 수 있고, 쉽게 짜증 내고 충동적인 행동, 과잉 행동, 폭력성을 보이는 '팝콘 인내심'을 가질 수도 있다.

특히, 소셜미디어 업계는 잔뜩 긴장 중에 있다. 소셜미디어에서 '소셜'과 '미디어'가 드디어 분리되고 있는 현상이 눈에 띄게 보이고 있기 때문이다. 친구들 혹은 지인들과의 사적 대화는 카카오톡과 같은 메신저 기능을 이용하면 되고, 그들의 근황이 궁금하여 페이스북이나 인스타그램의 공개 피드를 보면서 '좋아요'와 '댓글'을 남기는 것은 이제 너무 오래된, 낡은 습관 혹은 소통 방식이 되어 버렸다. 물론 틱톡에도 수많은 댓글이 달리긴 하지만, 이것은 사적인 영역이 아니라, 불특정 다수가 표현하는 공감일 뿐, 친구 사이의 사적 공간이 아닌 것이다. 전통 소셜미디어에 관심이 없는 Z세대들에게는 더욱 그렇다. 2022년 7월 21일 마크 저커버그는 페이스북의 변화, 특히 진화 방향을 소개했는데, 틱톡의 〈For You Page〉와 유사하게 〈피드〉라는 탭을 론칭했다. 한국의 페이스북은 〈피드〉 탭의 'Suggested for You'라는 추천 콘텐츠 형식으로 제공되고 있다.

틱톡의 추천 알고리즘 형식이 이용자들의 사회 관계망과는 무관하게 작동하기 때문에, 이러한 정반대의 영역에 있는 틱톡을 페이스북과 같은 전통 소셜미디어들이 어떻게 따라잡을 수 있을지는 미지수다. 소비자 혹은 이용자 측면뿐만 아니라, 기업의 측면에서도 '숏폼' 트렌드에 대한 변화에 어떻게 맞서야 하는지는 여전히 어려운 숙제이다.

그럼에도 불구하고, 우리는 현세대의 대세로 자리 잡은 '숏폼'을 어떻게 긍정적으로 활용할 수 있을지 고민해 봐야 한다. 이에 따라, 2025년은 숏폼의 활용 방안이 더 다변화되는 시작점이 될 것이다. 개인의 라이프 스타일과 처해 있는 상황, 남아 있는 시간을 모두 고려하고, 인공지능의 도움을 받아 개인화된 숏폼이 피드 알고리즘 진화를 통해 다시 정리될 수 있다. 이렇게 되면 숏폼으로 볼 수 있는 시간을 활용해 나에게 맞는 시간 관리가 가능해질 수 있다. 정보 과잉이 넘쳐나는 시대이고, 콘텐츠가 넘쳐나는 시대이기도 하지만, 이를 잘 활용만 한다면 개인의 삶을 위한 필터링을 성공적으로 구축할 수 있는 기회의 시대로 만들 수 있다.

Why is it?
미디어 사용의 변화에 따른 역설의 시대

숏폼 콘텐츠를 만들어 내는 사람들이 많을수록, 즉 많은 콘텐츠가 생산될수록 이용자와 사업자, 광고주들의 기대는 더욱 올라간다. 특히 콘텐츠는 이들의 다양한 이해와 관심사를 모두 반영해야 하므로, 우리가 흔히 말하는 '피드 구성의 알고리즘'은 고정된 값이 아니라, 계속해서 진화해야 하는 값으로 작용해야 한다. 피드 알고리즘은 이렇게 다양한 가중치가 들어간 함수 공식과도 같은데, 개별적인 숏폼 콘텐츠가 특정 이용자에게 가지는 순서값이 정해지면, 이 수치를 반영하여 콘텐츠가 노출된다. 보통 이용자 수가 적으면 피드는 시간순으로 구성되는데, 반대로 이용자 수가 증가할 경우 상황은 완전히 달라진다. 이용자 수 증가 시 콘텐츠 수량의 급증과 콘텐츠의 텍스트화, 이미지화, 영상까지 확대되면서 추천 알고리즘으로 진화된다. 숏폼의 첫 문을 연 틱톡은 〈팔로잉〉 피드와 〈(For You) 추천〉 피드를 가지고 있다. 팔로잉은 마치 인스타그램이나 페이스북과 비슷해서 소셜 그래프가 피드 알고리즘을 구성하는 식이고, 틱톡을 성공시키는데 기여한 〈추천〉 피드는 콘텐츠 그래프 또는 관심사[interest] 그래프에 기초한다.

2021년 뉴욕타임즈에서 틱톡의 추천 알고리즘 기본 구조를 공개했는데, 이의 핵심 공식에서 보는 바와 같이 상호 작용이 없는 콘텐츠는 가중치가 제로(0)로 부여된다. 즉, 이미 어떤 영상에 '좋아요'가 10만개 표시되었어도 특정 이용자가 이 영상에 '좋아요'를 표

(Plike X Vlike) + (Pcomment X Vcomment) + (EPlaytime X Vplaytime) + (Pplay X Vplay)

○ **Plike**: 이용자 A의 좋아요 수로 0 또는 1의 값을 가짐
○ **Vlike**: 영상 전체 좋아요 수
○ **Pcomment**: 이용자 A의 댓글 수로 0 또는 1 이상 값을 가짐
○ **Vcomment**: 영상 전체 댓글 수

01   02   03   04   05   06   07   08

EPlaytime: 이용자 A의 재생 시간 ○
Vplaytime: 영상 전체 X 재생 시간 ○
Pplay: 이용자 A의 (반복) 재생 수로 1 이상 값을 가짐 ○
Vplay: 영상 전체 (반복) 재생 수 ○

뉴욕타임즈가 공개한 틱톡 추천 알고리즘의 기본구조

시하지 않는다면 이 영상의 (plike × vlike) 값은 제로가 된다. 틱톡은 이용자 개인의 참여에 높은 가중치를 부여하고 있는데, 이것이 다른 미디어 플랫폼들과 결정적인 차이를 만들어 내며, 이는 숏폼 영상의 반복 재생수를 늘리는 것이 매우 중요하다는 것을 보여준다. 이 같은 원리의 이해를 기반으로, 숏폼 영상들의 평균 시청 시간을 분석해보면 더욱 흥미롭다. 틱톡은 평균 15초 정도의 영상 길이를 가지고 있는 반면, 유튜브는 3분이라 할 경우 동영상 길이의 평균 50~60%만 시청을 하므로, 이를 역으로 계산해 보면 평균 시청 시간 1분40초~50초가 나온다. 즉, 한 시간 동안 유튜브 동영상은 42개 정도 볼 수 있는 반면, 틱톡은 최대 240개까지 가능해진다. 이렇게 틱톡의 이용자가 짧은 동영상을 더 많이 소비할수록 틱톡의 알고리즘은 이용자의 라이프스타일이나 취향을 더 효과적으로 분석할 수 있게 된다. 즉, 기계 학습 데이터가 풍부해지며, 이에 따라 인공지능을 활용한 추천 알고리즘은 더 세밀하게 들어갈 수 있게 된다.

Chapter 3 재미있거나 혹은 진지하거나

바로 이 같은 원리에 따라 틱톡은 이용자뿐만 아니라 이들을 대상으로 제품을 팔고 싶어 하는 기업과 광고주에도 탁월한 정보를 제공해 줄 수 있다. 이것을 역으로 활용하여, 밀도 높은 콘텐츠를 보면서 시간을 어떻게 활용할지에 대한 혜안을 갖게 해준다. 또한, 스마트폰을 사용하여 모바일로 즐겼던 숏폼은 TV, 태블릿과 같은 다른 디바이스로도 옮겨가고 있으며, 틱톡의 숏폼 영상이 인기를 끌수록 오히려 (이러한 내용을 묶어 출판함으로써 베스트셀러가 되는) 역으로 종이책이 거꾸로 사랑받는 '역설의 시대'도 시작되었다. 종이책이 사랑받는 시대가 다시 온다는 것은 상상하기 어려웠다. 그런 점에서 디지털 기기가 보편화된 현대 사회에서 종이책의 중요성과 매력이 여전히 유지되고 있는 것은 놀라운 일이다. 즉, 숏폼 영상이 몰고온 또 다른 트렌드는 아이러니하게도 우리가 보지 않을 것 같았던 종이책의 인기를 불러온 것이다. 아울러 디지털 기기 사용에 따른 눈의 피로, 집중력 저하, 개인 정보 보호 우려 등의 문제들 또한 일정 부분 종이책 인기에 기여할 수도 있다. '숏폼 영상'의 인기가 오히려 디지털 라이프 스타일에서 벗어나 조화로운 독서 경험, 오프라인 시대로 회귀하는 역설의 시대를 맞이하게 해주었다. 따라서 2025년은 개인 뿐 아니라, 플랫폼, 미디어, 일반기업들 모두의 변신이 요구되는 기회의 시대, 역설의 시대이다.

Where is it going and what should we do?
숏폼과 시간 관리의 역학 관계

하루는 24시간이라는 시간 단위로 생각해서는 안 된다. 하루 24 시간은 1440분이며, 8만6400초이다. 매일 8만6400초를 공짜로 얻고 있는 우리는 시간에 대해 다시 고민해 봐야 한다. 이제 우리는 하루를 초 단위, 분 단위로 관리하며 살아야 하는 '숏폼' 시대에 살고 있기 때문이다. 코로나19 팬데믹 기간 동안 재택근무나 온라인 교육을 통해 하루 종일 집에서 보낸 현대인은 시간에 대한 개념도 느긋해졌었다. 분, 초 단위의 삶을 살기보다는 시간 단위로 계산하고, 넘쳐나는 시간들을 어떻게 보내야 할지 걱정하며 살았던 순간이 있었다. 그래서 OTT를 통해 드라마 시리즈 몰아보기나 영화, 다큐멘터리 전편을 보면서 여유 있는 삶을 살았다. 그러나 팬데믹이 끝나기도 전에 나타난 숏폼 콘텐츠는 또다시 현대인의 일상을 바꿔놓고 있다. 아주 잠깐의 시간이면 눈과 마음이 끌리는 콘텐츠를 볼 수 있고, 길게 기다릴 필요 없이 콘텐츠 내용 전환을 해버릴 수 있다는 시청 행위 변화에 희열을 느끼기 시작했다. 드라마를 몰아보는 시대는 끝이 났고, 결론까지 미리 가버려 확인한 뒤, 핵심만 파악하는 숏폼 시대를 살고 있다. 숏폼에 익숙해 버린 우리 모두에게는 어쩌면 수험생들이 가지고 다니는 '수험생 스톱워치(분, 초 단위로 시간을 사용하도록 나온 아이템)'가 필요할지도 모르겠다. 분과 초를 보면서 활동하는 시간을 재어 보고, 일을 계획하는 삶이 되도록!

숏폼이 바꿔놓은 우리 일상은 마치 인공지능 AI가 우리 삶에 스

현대인은 하루를 24시간이라기보다는 1440분 혹은 8만6400초에 살고 있다

며들듯이 달라지기 시작했다. 지하철을 타고 이동하는 시간을 계산하여 그에 맞는 시간 동안 볼 수 있는 숏폼 콘텐츠를 연이어 보고 멈추는 것이 좋은 예이다. 또한 라면을 끓이는 시간 동안, 화장실에서 볼일을 보는 동안, 횡단보도에 서서 잠깐을 기다리는 동안, 버스를 기다리는 동안, 각각의 상황과 시간에 맞는 숏폼이 필요한 시대가 왔다. 아무거나 계획되지 않고 보여졌던 숏폼이 아니라, 2025년은 개인의 라이프 스타일과 주어진 상황 및 시간에 맞는 숏폼을 골라보는 시대로 접어들게 될 것이다. 또한 틈새 시간을 찾아내 우리가 숏폼을 시청하는 것처럼, 숏폼을 활용한 새로운 사업 아이템, 뉴 비즈니스가 개발 가능하고, 숏폼을 활용한 시간 관리가 가능해질 것이다. 숏폼으로 인한 우려 사항을 빛나는 아이디어로 바꿔주는 아이템들이 무궁무진 개발될 것이다. 2025년은 이러한 계획된 숏폼을 기획하기 위해 기업들이 앞장서서 주도하는 해가 될 것이다.

숏폼의 무한변신

2025년, 숏폼은 더 이상 재미나 관계만을 추구하는 단계에 머무르지 않을 것임을 예고하고 있다. 또한 숏폼은 단순히 스마트폰을 통한 손안의 모바일 안에 머무르지도 않을 것이다. 이러한 트렌드를 예고하듯, 이미 롯데홈쇼핑은 모바일이 아닌, TV숏폼(TV 생방송을 통한 숏폼)을 통해 유통업계 최초로 '300초 특가' 방송을 내보냈다. 이는 누적 주문 수 4만 건을 돌파하면서 그 저력을 선보였는데, 이미 '숏폼'에 익숙한 현대인들이지만, 유통업체 자체 TV 생방송을 통한 숏폼은 신선하기까지 했다. 물론 이 숏폼 방송을 본 고객들의 빠른 구매 결정을 유도하기 위해 300초 동안만 업계 최저가로 판매를 한 결과가 반영되긴 했다. 생필품을 비롯해 지역 특산품을 판매하기 위해 롯데홈쇼핑은 하루 최대 2회 방송을 시도했고, 특히 틈새 전략으로서 시청률이 낮은 평일 오전과 낮 시간대를 공략하여 긍정적인 결과를 끌어낼 수 있었다. '300초 특가' 숏폼 방송을 이용한 결과, 일반 생필품 방송 때보다 주문 건수가 3배 이상 많았고, 후속 방송과의 시너지 효과마저 만들어 낼 수 있었다. 이미 TV 시청자들에게도 익숙해져 버린 숏폼 콘텐츠의 무한변신은 손안의 모바일을 벗어났다는 데서도 큰 의미를 찾을 수 있다.

이렇게 숏폼을 활용한 기업들의 무한변신도 기대되지만, 숏폼을 활용하여 개인에게 주어진 시간을 어떻게 관리할지, 숏폼의 다재다능 무한변신은 더욱 크게 기대된다. 앞으로 숏폼은 단순히 시간 때

TV 숏폼 생방송을 진행하고 있는 롯데홈쇼핑 쇼호스트

우기용 짧은 영상으로 그치지는 않을 것이다. 개인이 보고 있는 숏폼 콘텐츠 안에서 라이프 스타일 분석이 가능하며, 처해 있는 상황 속에서 5초, 10초, 15초, 30초 영상을 선택하고, 이 분초의 기술을 삶에 다시 적용시키는 역설의 시대가 펼쳐진다. AI 기술을 통해 말만 하면 숏폼 영상이 재편성되고, 재정리되는 마법이 생겨난다. 2025년은 다재다능 숏폼의 무한변신을 통해 시간 사용의 전략이 더 섬세하게 펼쳐지는 해가 될 것이다.

숏폼의 위력은 해를 거듭할수록 증가하고 있다. 이 같은 미디어 사용의 변화는 2025년을 기점으로 다양한 변화상을 가져올 예정이다. 숏폼 사용으로 인해 오히려 (숏폼 영상들을 소개하는) 종이책이 역설적으로 사랑받게 될 것이며, 우리의 시간 관리 개념은 숏폼이 만들어지는 초 단위, 분 단위로 움직여질 것이다. 특히 동영상의 성격, 콘텐츠의 속성마다 주어진 상황(스마트 바닥 신호등과 같은 횡단보도 시간 설계) 및 생활 패턴에 따라 적당하게 생각하는 영상의 길이가 있기 때문이다. 이를 활용하여 콘텐츠를 만드는 사람들 및 협찬이나 광고를 원하는 기업과 기업 마케팅에 큰 시사점을 줄 수 있다. 2025년은 숏폼의 다양성과 전략이 극에 달하는 원년이 될 것이다.

다큐멘터리 연극:
현실이 무대 위로 올라가다

금요일 저녁이면 집에서 넷플릭스나 디즈니플러스 같은 영상 플랫폼의 콘텐츠를 보며 안온한 행복감에 젖어 들기보다는 왠지 흥청거리는 거리로 나가 색다른 문화적 체험을 즐기고 싶다. 팬데믹으로 오랫동안 사람과 사람의 만남이 제한되었던 시기를 지난 요즘은 영상물 속의 배우가 아니라 배우의 존재를 직접 느낄 수 있는 '극장'을 찾는 사람들이 많아졌다. 공연장으로서의 극장은 소위 '라이브니스 (liveness)', 즉 '살아있음'을 느끼는 공간이다. 그런데 살아있는 공연을 위해 대학로로 찾아가면 막상 무엇을 보아야 할지 망설여진다.

대학로는 문화 특구이지만, 100개가 훌쩍 넘는 지하의 소극장들에서 이루어지는 공연들을 쉽게 트렌드로 묶어 내기가 만만치 않다. 하지만 뮤지컬처럼 대규모 자본을 필요로 하는 것이 아닌 소규모의 연극이 공연되는 대학로는 여러 가지 새로운 경향들이 기동성 있게 시도되는 흥미로운 공연 마켓이기도 하다.

소위 '대학로'라는 지명으로 불리는 '연극' 장르는 '문화 산업' 혹은 '문화 소비'의 차원에서 다루기에는 실제 경제적 규모가 미미하다. 하지만 사람과 사람의 직접적인, 살아있는 만남의 장으로서의 극장에서 이루어지고 시도되는 것들은 다른 예술 장르 혹은 다른 문화적 생산 소비 관계와 관련해서 의미 있는 지표를 제시한다. 셰익스피어가 말했듯이 "세상 전체가 극장이며, 그곳에서 남자와 여자 우리 모두는 배우일 뿐"이라면 이같이 극장에서 시도되고 소비되는 것이 세상에서 시도되고 소비되는 것과 다를 바가 없을 것이다. 사람 사는 세상을 가상으로 실험해 보는 공간인 극장은 세상의 전개를 미리 읽어낼 수 있는 잠재적 세상이다.

What do we see?
배역이 아닌 배우-개인으로 무대에

2020년 4월 LG아트센터는 스위스 국적의 연출가 밀로 라우(Milo Rau)의 〈반복-연극의 역사〉를 프로그래밍하였으며, 밀로 라우의 명성에 그의 한국 초연을 많은 관객들은 기대했다. 하지만 아쉽게도 코로나 전염병의 확산 때문에 공연은 취소되었다. 그럼에도 불구하고 국내

〈에브리우먼〉 포스터

공연 기획자들은 한국 관객들이 밀로 라우를 만나기 위해 너무 오래 기다리지 않도록 노력했다. WHO가 코로나 종식을 선언하고 바로 다음 해인 2024년 5월 이번에는 국립극장에서 밀로 라우를 초대하여 그의 또 다른 작품 〈에브리우먼〉을 선보였다. 예술적 맥락에서 사람들은 밀로 라우를 '동시대 가장 급진적이고 논쟁적인 연출가'라고 부르지만 이는 소비 트렌드의 관점에서는 가장 앞서서 소비 트렌드를 반영하고 있는 연출가라는 의미이기도 하다. 2018년에서 2023년까지 유럽에서 최근 가장 핫한 공연장으로 알려진 벨기에 앤티겐트(NTGent)의 예술감독으로 활동하고 현재는 오스트리아 빈 페스티벌의 예술감독 직을 맡고 있는 밀로 라우는 우리 시대에 국제 무대에서 가장 많이 요청받는 연출이다. 그리고 그의 작품 세계를 정의하기 위해 가장 핵심적인 키워드를 뽑는다면 그것은 '다큐멘터리 연극'이라는 조금은 생소한 용어이다.

영상 장르로서의 '다큐멘터리'는 사람들에게 익숙하다. 영상 다큐멘터리는 특정 주제를 탐구하면서 사람들을 인터뷰하고 자료를 찾아가면서 주제에 보다 심층적으로 다가가는 장르이다. 그런데 연극에서는 항상 '살아있음'이 문제가 되기 때문에 다큐멘터리 연극의 모습은 영상 장르에서와는 사뭇 다르다. 우선 다큐멘터리 장르에서 배우의 살아있음은 배우가 배역으로서가 아니라 배우 자신으로 무대에서 기능한다는 것을 의미한다. 즉, 픽션으로서의 이야기가 중요한 것이 아니라, 한 인간, 한 시민으로서의 배우 개인의 삶의 고백이 직접 무대에 올라가는 것이다. 〈에브리우먼〉이라는 작품 제목처럼, 이 작품은 세상 모든 사람들이 겪는 보편적인 이야기를 전해준다. 그것은 '죽음'에 대한 이야기이다. 죽음이라는 인간의 존재 조건에 대한 이야기는 이미 고대 그리스 비극의 단골 주제이다. 〈오이디푸스 왕〉이 그 대표작이다. 그런데 〈에브리우먼〉은 가상의 이야기를 꾸며내지 않는다. 〈에브리우먼〉에는 배우 우르시나 라르디가 배역이 아니라 자기 자신의 이름을 지닌 채, 자기 자신으로 등장한다. 스위스 태생의 유명 영화배우 우르시나 라르디가 우리에게는 낯선 배우라서 덜 실감이 나지만, 만일 전도연이 어떤 연극에 배역의 이름으로서가 아니라 "저는 전도연입니다"라면서 자기 자신의 이름으로 무대에 서는 상황을 가정해 보면 이와 같은 설정의 효과를 짐작할 수 있다. 자신으로 등장하기 때문에 우르시나 라르디는 이 작품의 극본을 직접 연출과 함께 쓸 수밖에 없었다. 그리고 무대 위 영상을 통해서 실제로 췌장암 말기 선고를 받은 헬가 베다우라는 환자가 등장한다. 작품 제작진은 베를린의 호스피스 병원을 뒤져서 죽음을 앞둔 환자 중에서 자신의 죽음에 대해 증언해 줄 환자를 찾았고, 헬가 베다우가 이를 수락해서 출연한 것이라고 한다. 무대 위의 '살아있음'은 이처럼 가짜가 아니라 진짜, 허구가 아니라 현실로서의 존재

말기 췌장암 환자 헬가 바디우의 영상을 마주하는 배우 우르시나 라르디_©Armin Smailovic

감을 지닐 때 생겨난다. 환자인 척하는 것이 아니라 실제 죽음을 겪는 일반인을 영상으로라도 작품에 연루시킬 때 죽음이라는 주제는 은유나 상징으로 환기되는 것이 아니라 무대에 '진짜', '현실'로 다가온다. 무대 위 실제 배우와 영상 속 죽음을 겪는 환자의 대비 속에서 이제 죽음에 대한 이야기는 연극을 관람하는 관객들에게 직접 체험되는 강력한 경험이 된다.

2023년 6월 서울연극제 공식 참가작 중 하나였던 제12극연구소의 〈대학과 연극〉에서도 이 작품의 작가이며 연출을 맡은 성기웅이 자기 자신으로서 무대에 오른다. 그는 지방 대학의 연극과 비정년 트랙 전임교수로서 매년 계약 연장을 위한 연구 실적 쌓기와 학생 모집을 위한 홍보에 매진하는 자괴감 어린 자신의 삶을 무대 위에서 그대로 펼쳐놓는다. 배우 대신 직접 무대에 올라간 작가가 털어놓는 이야기는 하릴없는 개인의 넋두리 같다. 하지만 무대 위에서 이 말

〈대학과 연극〉_ⓒ제12언어연극스튜디오

들은 일상 속에서의 하소연, 혹은 자기 주장을 관철하기 위해 확성
기를 들고 소리치는 시위 현장에서와는 다른 살아있는 힘을 갖는다.
왜냐하면 그 말을 경청하기 위해 기꺼이 돈을 지불하고 함께하는 관
객이 있기 때문이다.

이머시브, 관객이 무대로

　다른 한편으로는 관객이 무대 위에 '실재'하게 되는 경우도 있다.
독일의 창작 집단 리미니 프로토콜은 다큐멘터리 연극에 이머시브
(immersive) 형식을 가미하여 호응을 얻는 팀이다. 물론 관객은 항상 허구
로서가 아니라 자기 자신으로서 극장에 존재한다. 하지만 리미니 프
로토콜은 관객을 객석의 의자가 아니라 배우들의 공간인 무대 위로
올려놓는다. 이머시브라는 용어가 어원적으로 '물속에 잠긴다'는 뜻

이듯이 이머시브 연극에서 관객은 무대라는 '물속으로 풍덩 빠져' 극 안에 '몰입', '참여'하게 된다. 2022년 서울국제공연예술제(SPAF)에는 참여하기로 한 외국 작품들이 코로나 때문에 참여할 수 없는 상황이었다. 유럽, 북미, 아시아 여타 국가들보다 코로나의 확산에 잘 대처하던 한국은 공연장을 폐쇄하지 않고 연극제도 치를 수 있는 상황이었지만, 초청된 해외 팀들은 자국에서 비행기를 탈 수 없는 상황이었다. 그런데 이러한 상황 속에서 독일의 리미니 프로토콜은 유일하게 참가하였다. 리미니 프로토콜은 올 수 없는 상황 그 자체를 연극적 콘셉트로 삼았다. 리미니 프로토콜은 연극제에 참여하지만 실제로 한국에 오지는 않았다. 그렇다고 줌이나 영상물로 대체한 것도 아니다. 그들의 연극의 등장인물은 애초에 그들이 아니라 관객들이기 때문이었다. 그들은 코로나 상황 속에서 딱 맞는 주제와 공연 형식을 찾았다. 작품의 제목은 〈부재자들의 회의〉(conference of the absent)였다. 코로나는 사람들을 자신이 있어야 할 곳에 있지 못하게 했다. 때로 격리되었고, 또 때로는 회사나 학교에 직접 가지 못하고 줌으로 일하고 학습해야 했다. 〈부재자들의 회의〉는 어떤 이유에서건 한 장소에 존재하지 못하는 사람의 이야기를 다룬다. 그러므로 '부재'하는 그 사람은 무대 공간에 나오지 않는다. 부재자가 한 편의 편지를 보내고, 관객 중에 자발적으로 한 사람이 나와서 그 편지를 읽는 방식으로 7편 정도의 편지가 연속적으로 낭송되며 극이 진행된다. 코로나로 인해서 세계 모든 사람들이 '부재'를 실감하는 시대에 정치적이든 문화적이든 함께 하고 싶은 사람들과 함께 하지 못하는 부재에 대해, 그리고 사람들 속에 있어도 자신의 권리를 누리지 못하고 없는 사람 취급당하는 사람들에 대해 이야기하는 다큐멘터리 속에서, 그 행위의 주인공을 관객으로 온 일반인으로 삼는 이 기획 속에서, 관객은 주제가 표현하는 '부재'의 고통을 지금, 여기 극장에서 진짜로 살아내는 '라이브니스'를 실현하게 된다.

관객이 주인공이 되다

리미니 프로토콜을 전 세계적으로 유명하게 만든 그들의 대표작인 100% 도시 시리즈가 이와 같은 관객 참여 형식의 다큐멘터리의 특성을 가장 선명하게 보여주는 예이다. 2008년 〈100% 베를린〉으로 시작하여, 전 세계 30개가 넘는 도시를 다뤄 온 이 작품은 2014년에는 우리나라에서 〈100% 광주〉를, 그리고 가장 최근에는 2022년 에스토니아에서 〈100% 나르바〉를 공연하였다. 이 100% 도시 시리즈에는 한 도시의 인구통계학적 구성에 맞추어 시민 100명이 무대 위에 배우로 등장한다. 시민 100명과 인터뷰와 게임을 여러 형식으로 진행하면서 관객은 자신들이 살아가는 도시 사람들의 삶을, 책이나 자료 혹은 이해관계에 따라 왜곡되기 쉬운 공적 데이터를 통해서가 아니라 이웃들을 통해서 새롭게 발견하고, 깨닫게 된다. 다큐멘터리 연극의 '자료', 즉 도큐먼트는 객관적인 수치과 공적 자료를 넘어서 삶의 흔적을 담고 있는 모든 것들이다. 리미니 프로토콜은 이처럼 무대 위에 그들의 삶을 가져오는 일반인 참여자들을 '일상의

〈100%광주_ ©Ahn Gab Joo

전문가'라고 부른다. 전문화된 배우가 아니라 일상의 전문가인 모든 사람들이 주인공이 될 수 있다. 전 세계적으로 연극에서의 '이머시브' 개념을 널리 알린 뉴욕의 〈슬리프 노 모어(sleep no more)〉에서 관객들은 6층 창고 건물 여기저기서 벌어지는 연극 무대 속으로 들어가지만 여전히 관객으로서 남아있었다. 하지만 리미니 프로토콜의 100% 도시 시리즈에서 관객은 구경꾼이 아니라 주인공이다. 일반인이 더 이상 매체의 수용자가 아니라 스스로 콘텐츠의 생산자가 되는 유튜브에서처럼, 공연에서도 보통 사람들이 주인공으로 등장하게 되었다.

Why is it?

그리스 비극 이래 셰익스피어를 거쳐 체홉, 베케트 등 수많은 희곡이 존재해 왔으며 오늘도 미국 브로드웨이에서, 런던 웨스트엔드에서, 그리고 우리나라 대학로의 무대에서 공연되고 갈채 받는다. 2024년에도 노배우 신구, 박근형이 열연한 베케트의 〈고도를 기다리며〉, 전도연, 박해수가 출연한 체홉의 〈벚꽃동산〉, 그리고 황정민의 카리스마를 볼 수 있었던 셰익스피어의 〈맥베스〉 등 희곡을 바탕으로 하는 작품들이 화제를 모으며 관객의 열렬한 사랑을 받았다. 하지만 비평가들이 소위 '포스트 드라마'라는 용어로 허구의 이야기, 즉 '드라마'를 기반으로 연극은 더 이상 공연예술의 주류가 아니라고 선포한 지는 꽤 오래되었다. 초기에는 우리나라에서의 포스트 드라마 공연은 '페스티벌 봄', '서울국제공연예술제' 등 국제 공연 축제에서 소개되는 해외 작업에 국한되었다. 그런데 이러한 움직임이 눈에 띄게 늘어난 것은 넷플릭스 등 영상 플랫폼의 국내 서비스가 시작된 2010년대 중반 이후이다. 그리고 공교롭게도 이 시기는 매체 환경의 변화뿐만 아니라 한국 사회에서 사회적 이슈의 격변이 있었던 시기이기도 했다.

드라마 vs. 포스트 드라마 = 개그콘서트 vs. 런닝맨

포스트 드라마의 특성 중에 희곡을 중심으로 삼지 않는다는 특성

이외에 또 잘 거론되는 것이 '수행성(performativity)'을 지닌다는 점이다. 수행성이라는 낯선 용어는 이야기보다는 행위가, 결과보다는 과정이 중시된다는 것을 말한다. 설명을 들어도 복잡해 보이는 이 단어를 이해하기 위해서는 TV 예능과 비교해서 이해하는 것이 쉬울 것 같다. TV 예능이 예전에는 이야기를 중시하는 〈개그콘서트〉의 콩트류가 주를 이루었다면, 〈1박 2일〉이나 〈무한도전〉, 〈런닝맨〉 이후는 체험형 예능이 대세를 이룬다. 어느 날 예능인들이 모여서 특별한 사건도 없이 밥해 먹고, 자고, 게임하는 예능 형식에 시청자들은 처음에는 당황스러웠다. 기존 콘텐츠에 익숙한 연령층의 시청자들은 거부감을 표시하기도 했다. 하지만 이제 시청자들은 체험형 예능을 너무도 자연스럽게 받아들인다. 체험형 예능은 줄거리가 있는 것이 아니라 공동의 과정을 겪는 것을 보여준다는 점에서 수행성을 지닌다. SNL이 여전히 콩트형 예능으로 인기를 얻고 있다 하더라도 예능의 대세는 이미 체험형, 수행적 예능으로 옮아갔다는 것을 아무도 부정할 수 없다. 공연에서도 비슷한 현상이 발견된다. 드라마 연극으로부터 포스트 드라마 연극으로의 이동은 공연 창작과 소비의 패턴을 완전히 바꾸는 커다란 변화를 예고한다. 그리고 포스트 드라마 연극의 하부 카테고리로서의 다큐멘터리 연극이 포스트 드라마의 여러 가지 형태 중에서도 가장 창작자와 관객의 주목을 받고 있다.

연극이 이처럼 변화한 이유는 우선 미디어 환경의 변화 때문이다. 드라마 형식으로는 연극은 영상 드라마와의 경쟁을 이겨낼 수 없는 시대가 되었다. 2시간 남짓의 무대 위 이야기는 16부작 구성 속에서 다이나믹한 반전을 이루며 전개되는 영상 드라마를 당해낼 수가 없다. 이와 같은 분위기 속에서 연극은 픽션보다는 현실 혹은 현실을 반영하는 사회적 이야기에 관심을 갖기 시작했다. 이야기를 주로 삼지 않을 때 연극은 우선 스펙터클한 방향으로 나아갈 수 있다. 태양의 서커스, 혹은 대형 뮤지컬은 연극의 스펙터클한 측면을 강조한 형식이다. 또 다른 방향은 연극의 사회, 정치적 기능을 강화하는 것이다. 2010년대 중반 이후 영상 플랫폼이 일반화되는 시기는 우리 사회에서는 세월호, 탄핵, 미투 등 엄청난 사회적 이슈가 분출되는 시기이기도 했다. 민주화 이후 연극이 엔터테인먼트의 일환으로 기능하던 오랜 시기가 지나고 다시 연극은 정치 사회적 메시지에 민감해지기 시작하였다. 그러나 정치성을 지닌 공연이라도 시대마다 구체적인 형식은 달리한다. 1980년대 군부독재에 항거하여 정치적 이슈를 연극 속에 결합하고자 할 때 마당극 형식을 도입했다. 2010년대 이후 우리 연극이 정치사회적 이슈를 연극 속에 담고자 할 때 새로운 세대의 연극인들이 차용한 형식은 다큐멘터리였다.

인터뷰를 연극화

2014년 남산예술센터에서 크리에이티브 바키가 발표했던 작품 〈남산 도큐멘타〉는 다큐멘터리 형식임을 제목에서부터 명확히 밝히고 있다. 2016년 크리에이티브 바키는 〈그녀를 말해요〉라는 제목으로 세월호 희생자 어머니들의 인터뷰를 담은 다큐멘터리 연극을 공연했다. 세월호 사건 이후 많은 연극인들은 이 사건을 어떤 식으로든 연극 속에 담으려 했다. 하지만 허구적 이야기로 만들기에는 이 사건은 감당하기 힘든 엄청난 비극성을 안고 있었다. 이 사건을 드라마적 연극으로 만들기 위해서는 적어도 10여 년은 족히 넘는 시간이 지나야 가능할 것으로 보였다. 이처럼 기존의 연극의 방식으로는 다가갈 수 없는 소재를 다루기 위해서 비드라마적인 방식인 다큐멘터리가 요구되었다. 피해자 가족들의 인터뷰를 기반으로 한 다큐멘터리는 이 사건을 다룰 수 있는 가장 적합한 형식이었다. 그런데 사회적 이슈에 접근하면서도 크리에이티브 바키의 작업은 소리내어 그들의 주장을 외치는 방식이 아니었다. 그들은 매스컴에 직접 노출되기를 꺼리는 희생자 가족들에게 배우 자신들의 몸을 빌려주는 방식을 택했다. 크리에이티브 바키는 2022년 서울국제공연예술제에서는 〈섬 이야기〉라는 새로운 다큐멘터리극을 선보였다. 이 작품은 제주공항 활주로 공사 중 제주 4.3 희생자의 유골이 발견된 것을 계기로 4.3 유족들의 인터뷰를 기반으로 창작되었다.

무대 위에서 코인 투자

크리에이티브 바키의 작업이 재난, 학살 등 무거운 과거의 사건들을 다룬다면 엔드씨어터의 전윤환 연출은 이와는 조금 다른 결의 사회, 정치적 관심사를 다큐멘터리 형식으로 표현한다. 2022년 전

윤환은 세종문화회관 S씨어터에서 〈자연빵〉이라는 작품을 공연했는데, 이 작품은 배우가 아닌 연출가 전윤환이 직접 연기한 1인 연극이다. 〈자연빵〉이라는 말은 픽션이 아니라 '진짜'를 의미하는 단어이다. 즉 속어적 표현인 '구라'의 반대말인데 인공적인 가짜가 아닌 자연산인 진짜를 지칭한다. 무대 위에서 그가 진짜로 보여주는 것은 코인 투자이다. 커다란 모니터를 켜고 빔프로젝터로 관객에게는 실시간으로 그가 투자한 코인의 수익 차트가 보인다. 과거 300만원을 투자했다가 수익율 -74%를 기록 중이라는 그는 자신처럼 돈 없는 연극인이 투자했을 정도면 자기 세대 대부분의 젊은이들이 투자했을 것이라고 생각하고, 이 시대 젊은이들의 삶의 진실을 무대로 옮겨오기 위해 〈자연빵〉을 제작했다고 한다. 비록 4일이라는 짧은 공연 기간이었지만 그는 공연 중에 생겨나는 그날그날의 관객 수입을

다시 코인에 투자하는 방식으로 공연을 진행했으며, 결국 그의 투자
는 마이너스로 끝났다. 같은 해 전윤환은 〈기후비상사태: 리허설〉을
명동예술극장에서 올린다. 신촌극장이나 혜화동일번지 같이 아웃사
이더 실험극장에서 시작된 전윤환의 작업이 제도권 극장인 세종문
화회관, 명동예술극장에서 공연되는 것은 다큐멘터리 연극이 주류
연극의 영역을 잠식하면서 확산되고 있음을 알려준다. 2024년 서울
연극제에서는 공식 초청작 8편 중 절반인 4편이 다큐멘터리적 성격
을 갖는 작품이었다. 다큐멘터리 연극은 더 이상 공연계의 비주류가
아니다.

이와 같은 다큐멘터리 연극의 확산이 2025년에는 어떻게 더 넓
게, 그리고 더 가속력을 가지고 전개될 수 있을까?

Where is it going and what should we do?
포럼으로서의 극장

이제까지는 우리 젊은 예술가들이 다큐멘터리 연극의 방법론을
모색하는 단계였다. 그리하여 조금은 소박하게 작업해 왔다. 2025
년에는 국내 다큐멘터리 연극이 제 미학을 갖추고 본격적으로 확산
될 것이다. 이제껏 작업이 소박했다고 평가하는 것은 다큐멘터리를
위한 인터뷰 시행이 창작자 주변으로, 혹은 특정 사건의 피해자들로
국한되었기 때문이다. 많은 사람의 인터뷰를 확보하는 것은 연극 안
으로, 극장 안으로 많은 이들의 목소리가 모인다는 것을 의미한다.

이때 공연을 만드는 이의 역할은 질문을 던지는 것이고, 참여하는 이들의 역할은 나름의 대답을 하는 것이다. 그러니까 공연을 만드는 사람들이 다큐멘터리라는 형식으로 누구를 가르치고, 자신의 주장을 타인에게 강요하는 것

대학로 아르코대극장

이 아니다. 극장은 다양한 사람들의 목소리를 듣는 공간이 된다. 사회, 정치적 주제를 다룰 때 창작 주체가 중립적으로 사람들의 목소리를 듣는 것은 과거의 방식과 비교할 때 매우 큰 변화이다. 현대의 사회적 갈등의 양상은 과거에 비해 매우 복합적인 면모를 지니고 있다. 과거의 사회 갈등이 주로 계급적 갈등, 민주/비민주의 관계였다면, 이제는 세대 갈등, 성별 갈등, 직군 갈등은 물론, 특정 주제들에 대한 생각의 대립이 크다. 환경, 인구, 이주민 등등 새롭게 제기되는 사회경제적 문제는 간단히 옳고 그름을 판단할 수 있는 문제가 아니다. 더구나 한 사람의 환경에 대한 생각과 경제에 대한 생각, 성별에 대한 생각 등등은 한 사람 안에서도 모순을 일으킬 수 있다. 그러므로 우리는 한 사람의 복합적인 생각을 경청해야 한다. 그러므로 다큐멘터리 연극이 공연되는 극장은 제기된 질문에 대해 타인의 생각을 경청하고, 나의 생각을 이야기하는 대화의 장이 된다.

예전의 정치극이 나의 생각을 주장하고 가르치려 들고, 주입하려 하고, 동의 받으려 한다는 점에서 그 연극이 벌어지는 공간을 일종의 '학교'에 비유할 수 있다. 반면에 다큐멘터리 연극의 공간은 사람들의 민주적인 대화와 토론이 이루어지는 '포럼'에 비교할 수 있다. 거리의 집회장이, 그리고 국회가 대화와 토론의 기능을 잃어버린 채 반목을 거듭하는 시대에 다큐멘터리 연극을 통해서 극장은 대화와 토론이 가능한 사회적 공간을 여기저기서 만들어 갈 것이다. 다큐멘터리 연극이 다루는 주제가 더 세분화될 것이고, 그만큼 대화의 장은 늘어날 것이다. 엔터테인먼트 산업의 가장 영세한 형태로 존재하던 연극은 다큐멘터리 연극과 함께 조금씩 사회적 중요성을 획득해 갈 것이다.

편안하게 넷플릭스 드라마를 보는 대신, 외출하여 다큐멘터리 연극이 공연되는 작은 극장을 방문해 보자. 그곳에서 사회적 쟁점에 대한 타인들의 생각을 경청하고, 토론에 참여해 보는 것, 이것도 금요일 저녁을 보내는 즐거운 방법이 될 것이다. '예술은 삶을 예술보다 더 흥미롭게 하는 것'이라는 아르코대극장 앞에 써 있는 문구를 한 번 스스로의 몸으로 체험해 보자.

다큐멘터리 연극, 이머시브 연극 등이 공연계에서 점차 확산되고 있다. 무대 위에서 허구의 이름을 지닌 배역의 허구의 이야기가 펼쳐지는 것이 일반적인 연극이었다면, 다큐멘터리는 배우가 자신의 이름으로 무대에 올라 실제 우리 삶에 대한 이야기를 관객과 나눈다. 다큐멘터리 연극은 젠더, 환경, 노동 등 점차 다양해지는 사회적 이슈를 효과적으로 다루는 공연형식으로 자리잡는다. 해소되지 않는 사회갈등의 시대에 관객이 참여하며 사회이슈를 다루는 형식들에 의해 극장은 기동성있는 사회적 대화의 장으로 기능한다.

도파민 디톡스
(dopamine detox)

2024년 대중을 사로잡은 단어는 바로 '도파민^(dopamine)'이다. 자극적인 음식의 끝판왕이라고 불리는 '마라탕후루(마라탕+탕후루)'를 즐기고, 틱톡과 릴스를 끝없이 넘겨보고 있는 우리의 모습이 사실 뇌 속 신경 전달 물질인 '도파민 중독' 때문이라는 의견이 설득력을 얻으면서 이에 대한 관심이 높아졌다. 스마트폰 중독 자가 테스트 등 도파민 중독을 확인할 수 있는 여러 방법들이 확산되며 서점가에서도 관련 서적들이 베스트셀러에 올랐다. 무의식적으로 해왔던 행동들이 사실 도파민 중독 때문일 수 있다는 우려는 사람들로 하여금 디톡스를 찾게 했다. 더 높은 자극을 찾으며 하루 종일 스마트폰을

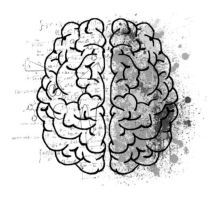

자극에 지친 뇌는 휴식이 필요하다

보고 있는 스스로의 모습을 자각하는 순간, 이를 벗어나기 위한 노력이 시작된다. 과연 우리는 '도파민 디톡스'에 성공할 수 있을까?

What do we see?
무자극과 무소음을 찾아서

우린 조용한 도서관에서도 이어폰과 헤드셋을 쓰고 음악을 듣는다. 집중하기 위해서 집중력을 높여주는 음악을 듣고, 잠을 청할 때는 수면 유도 음악을 듣는다. 혼자 있는 조용한 집이 어색해서 음악을 틀어놓거나 TV를 켜놓은 경험이 한 번쯤은 있을 것이다. 크고 작은 소음에 익숙하다 보니 오히려 조용한 시간이 어색한 시대이다.

그런데 24시간 다양한 자극에 노출되어 자신을 돌볼 시간이 없었던 사람들이 이제 조용한 공간을 찾아 모이고 있다. 단순히 조용한 것만이 아니라 최소한의 자극이 있는 공간을 찾아 나선다. 디지털 디톡스 카페로 주목받은 '욕망의 북카페'는 스마트폰 등의 디지털 기기를 반납해야만 입장할 수 있다. 그 대신 책에 집중할 수 있는 무선 스탠드, 독서대, 귀마개 등을 대여해주고, 조용한 환경을 방해하지 않기 위해서 커피도 소음이 발생하는 커피 머신 대신 더치커피를 사용하고 있다. 책 한 권 읽자고 저렇게까지 해야 될까 싶지만, 지금 이 순간에도 스마트폰을 들었다 놨다 하는 스스로의 모습을 발견한다면 생각이 달라질 것이다. 디지털 디톡스에 목마른 사람들이 많은지 주말에는 오랜 시간 대기해야 할 만큼 손님이 몰리고 있다.

소음이 당연시되던 식당이나 술집도 조용한 공간을 표방하는 곳들이 늘어나고 있다. 이러한 가게들은 주문도 카카오톡이나 인스타그램 메시지를 통해서만 할 수 있고, 손님 간의 대화도 금지하고 있다. 꼭 필요하다면 타인에게 방해되지 않는 선에서 조용히 이야기해야 한다. 물론 이런 콘셉트를 모르고 방문한 사람들은 무척 당황스러울 것이다. 하지만 소음에 방해받지 않고 음식에 보다 집중하고 싶어하는 사람들은 일부러 이런 공간을 찾아오고 있다.

더 나아가 최근에는 '혼자'만 입장할 수 있는 카페도 있다. 1인 LP 카페와 같은 콘셉트의 공간에서는 1인석에 앉아 헤드폰으로 듣고 싶은 음악을 감상하며 시간을 보낼 수 있다. 주변의 자극을 최소화시키고 좋아하는 음악을 들으며 자신에게 집중할 수 있는 시간을 갖는 것이 이 공간을 찾는 사람들의 주목적이다. 창밖에 멋진 풍경이 함께 한다면 더할 나위 없다. 식당에서 혼밥하는 사람들이 합석을 강요당하며 천대받던 시절과 사뭇 다른 풍경이다.

식집사와 반려돌

반려동물을 키우는 사람들이 많아지면서 최근에는 일상 속 힐링을 위한 반려식물을 키우는 사람도 늘어나고 있다. 물론 그 이전에도 집에서 화분 하나쯤은 키우는 사람들이 많았고, 베란다에 고무나무부터 방울토마토까지 키우시던 부모님들이 계셨다. 그러나 최근의 트렌드는 1인 가구를 중심으로 '반려'라는 표현을 사용하며 가족과 같은 관점에서 식물을 키우는 사람들 늘어났다는 점에서 차이가있다. 집에서 키우는 화초 정도로 인식되었던 식물에 '반려'라는 개념을 더해 함께 살아가는 가족과 친구 같은 '반려식물'이라는 신조어가 탄생한 것이다.

식물을 키우는 것의 장점은 정서적 교감 및 위안이다. 식물이 성장하는 과정을 사진이나 영상으로 기록하면서 사람들은 안정감을 얻는다. 지난 1월 진행한 반려식물 소비자 인식 조사에서도 '정서적 교감 및 안정'이 반려식물을 기르는 이유로 1위(55%)를 차지했다. 반려동물에 비해 산책을 시켜줘야 하거나 함께 많은 시간을 보내줘야 할 필요가 없다는 점도 혼자 돌봐야 하는 1인 가구들에게는 큰 장점이다. 이런 반려식물을 키우는 사람들을 식물과 집사라는 단어를 합쳐 '식집사'라고 부른다. 식집사들은 자발적으로 식물을 위해 시간과 애정을 쏟으며 반려식물을 돌보면서 마음의 여유를 갖는다. 집

반려식물을 키우는 식집사가 늘어나고 있다

안 공기가 맑아지고 좋은 인테리어가 된다는 점도 더할 나위 없다.

초보 식집사들은 온도 습도 조절과 영양분 관련 식물의 특성 파악 등 공부할 거리가 많다. 사전 지식 없이 반려식물을 들였다 해충이나 관리 실패로 낭패를 보는 경우도 있다. 이런 초보 식집사를 위한 유튜브 채널과 반려식물병원도 등장했다. 반려식물을 위한 병원이라니, 낯설 수도 있지만 어엿한 치료실과 입원실을 갖추고 있는 병원이며, 최근 전국적으로 늘어나는 추세이다. 소셜미디어에서도 반려식물 성장 일기가 인기를 끌어 대표적인 힐링 콘텐츠로 자리잡고 있다. 식물 일기를 올리는 블로거 '마리홍'은 2021년부터 160여 개가 넘는 관찰 일기를 꾸준히 올리며 식물의 성장 과정과 일상을 공유하며 5200명이 넘는 블로그 이웃과 소통한다. 그리고 식물 크리에이터 구독자가 26만명에 달하는 '식물집사 독일카씨'의 비료 리

반려돌을 돌보며 위로받는 사람들

뷰 영상은 400만 회가 넘는 재생 수를 기록했다. 자신의 경험을 공유하며 소통하는 2030세대의 반려식물 문화는 다양한 매체를 통해 확대되고 있다.

한편, 지난 6월 한 일간지에는 반려돌과 함께하는 일상을 취재한 글이 실렸다.

"퇴근 뒤 오후 8시쯤 집에 오면 '돌아이'부터 찾는다. 돌아이에게 스포이트로 물을 먹이고, 날씨가 좋으면 털실로 짠 모자를 씌워 집 근처 하천 둑길로 함께 산책하러 나간다. 산책 중 돌아이가 동네 아이들 사이에서 귀염을 받으면 자식 키우는 부모처럼 뿌듯하다. 전용 욕조에 물을 받아 깨끗하게 목욕시킨 뒤 향수도 뿌려준다. 잠들기 전 침대에 누워 고민거리나 즐거웠던 일 등을 돌아이에게 털어놓으며 하루를 마무리한다."

월스트리트저널^(WSJ)은 한국의 반려돌 유행을 '펫락($_{rock}^{pet}$)' 열풍으로 보도하면서 '과로한 한국인들이 펫락과 함께 휴식한다'고 전했다. 그리고 한국인들은 펫락을 고요함과 정적을 얻기 위한 수단으로 사용하고 있다고 보았다.

돌 홍보를 목적으로 돌을 씻고 말리는 동영상을 올렸다가 1000만 조회 수를 기록하며 반려돌 열풍을 견인한 석재회사 온양석산 김명성 대리는 "쫓아가기도 힘들 정도로 빠르게 변하는 사회 속에서 동글동글한 반려돌 만큼은 어제도, 오늘도 항상 그 자리에서 내 옆을 지켜준다"고 언급했다. 정적이고 조용한 식물과 돌은 지속적인 자극을 주는 여느 콘텐츠보다 노잼일 수 있지만 그만큼 정서적인 안정을 준다는 점에서 휴식을 취하고 싶은 사람들에게 최적의 동반자가 되고 있다.

폐쇄형 SNS의 성장

맨체스터 유나이티드 전 감독 알렉스 퍼거슨은 말했다. "트위터는 인생의 낭비"라고. 한 조사에 따르면 SNS 이용자들은 하루 평균 2시간26분을 SNS 사용에 할애하고 있으며, 이는 깨어 있는 시간의 15%에 달한다. 최근 사회적 문제로 대두되고 있는 청년들의 고립감과 우울감에 SNS를 통해 느끼는 '상대적 박탈감'이 주요한 원인으로 작용한다는 분석이 나오고 있으며, 실제로 소셜미디어를 통해 올라오는 많은 정보에 피로감을 호소하는 사람들이 늘어나고 있다.

이러한 현상을 'SNS 피로증후군'이라고 부르기도 한다. 인스타그램, 카카오톡, X(구 트위터), 페이스북 등 여러 SNS를 동시에 사용하면서 느끼는 피로감을 뜻하는 표현이다. 광고인지 아닌지 구분이 잘 되지도 않을 만큼 수없이 올라오는 피드도 피로감을 증폭시키는 원인 중 하나이다. 지난 5월 만 19~59세 성인 남녀 2000명을 대상으로 'SNS 이용 및 피로도'와 관련한 설문 조사 결

대표적인 폐쇄형 SNS Locket widget

과, SNS를 적극적으로 사용하는 이용자는 줄어들고 있는 추세이며, 사생활 노출과 SNS로 인한 시간 낭비 등을 주원인으로 꼽았다.

이런 가운데 최근 젊은 층을 중심으로 'Locket widget', 'BeReal'과 같은 폐쇄형 SNS가 주목받고 있다. 폐쇄형 SNS는 기존 SNS와 달리 최대 친구 등록 수가 정해져 있으며, 친구들 간의 소통 기능을 강화했다는 특징을 가지고 있다. 미국에서 개발된 'Locket widget'은 앱에 접속하지 않더라도 스마트폰 홈 화면 위젯을 통해 정해진 친구들 간에 직접 소통할 수 있는 기능을 구현했다. 프랑스에서 개발된 'BeReal'의 경우 앱 이름처럼 솔직한 모습을 보여줄 수 있는 SNS를 표방하는데, 랜덤으로 알람이 뜨면 2분 안에 당시 상황을 카메라로 촬영해 업로드 하는 방식이다. 과한 설정 샷이나 보정

이미지에 질린 이용자들 사이에서 주목받고 있다.

이미 인스타그램에서도 게시물은 올리지 않고 게시 후 24시간 내에 사라지는 스토리를 활용하거나, 원하는 상대에게만 공개할 수 있도록 설정하는 기능을 사용하는 이용자가 증가하고 있다. 소셜미디어를 통한 과도한 연결 상태와 그 안에서 주고받는 수많은 정보에 지친 이용자들이 빠르게 대안을 찾아 나서고 있는 모양새다.

Why is it?
도파민 과다에 바닥난 집중력

도파민은 화학적으로 3,4-dihydroxyphenethylamine이며, 'DAPA' + 'amine'이 합해져서 일반명 'dopamine'으로 불리는 중추신경계의 신경 전달 물질의 일종으로 기분, 동기, 보상, 학습 등에 영향을 미친다. 스웨덴 약리학자 Arvid Carlsson은 1957년 도파민이 단순히 노르에피네프린의 전구체를 넘어서 뇌의 도파민성 신경에서 생성·유리되는 독립적 신경 전달 물질이라는 사실을 밝히고 뇌의 도파민을 측정하는 분석법을 개발했으며, 기저핵에 가장 높은 농도로 존재한다는 사실을 발견했다. 도파민의 적절한 분비는 정신적 건강과 신체적 건강을 유지시키지만, 과도한 도파민은 불안감과 집중력 저하 등의 증상을 유발할 수 있다. 우리 사회의 다양한 쾌락적 자극들이 도파민을 지나치게 분비시키는 상황에 대한 경계가 나타나기 시작하면서 〈도파민네이션(Dopamine Nation)〉이나 〈도둑맞은 집중력〉과 같은 서적들이 관심을 끌었다.

　사람들은 TV를 틀어놓고 핸드폰으로 또 무언가를 검색하고 있다. 회사에서 일을 하면서도 수시로 스마트폰을 들었다 났다 하며 무언가 하나에 꾸준히 집중하기 어려워하고 있다. 작은 공백도 견디기 어려워 인스타그램을 새로고침하고 최신의 정보를 받아들이기 위해 애쓴다. 물론 한때 멀티태스킹이 미덕이던 시절도 있었다. 한 업무만 잘하는 사람보다는 다양한 분야에서 센스를 발휘하고 여러 업무를 한꺼번에 처리할 수 있는 능력은 기업에서 중요하게 여기는 능력 중 하나였다. 그러나 지금은 넘치는 정보와 빠른 템포로 인해 무엇 하나에도 제대로 집중하지 못하게 만드는 환경이 가장 큰 문제이다.

　이는 뇌 신경망이 형성되는 아동, 청소년기에 더 큰 영향을 미칠 수 있다. 실제로 어린 시절의 멀티태스킹은 뇌에 부정적인 영향을 미칠 수 있으며, 성인도 이를 통해 집중력이 저하된다는 연구 결과가 있다. 미국 스탠퍼드대 커뮤니케이션학과에서 진행한 연구에

멀티태스킹으로 집중력을 잃는 현대인들

서 대학생들은 평균 65초마다 하는 일을 전환했고, 하나의 일에 집중하는 시간은 평균 19초에 불과했다. 유사한 연구로 글로리아 마크 어바인 캘리포니아대 정보학과 교수가 진행한 연구에서도 직장인의 평균 집중 시간은 3분에 불과했다.

관련하여 최근 성인 ADHD(주의력 결핍 과잉 행동 장애)에 대한 경각심도 높아지고 있다. 우리나라 ADHD 환자는 매년 증가하는 추세인데, 2017년 5만3000여 명이었던 국내 ADHD 진단 환자는 2021년 10만명 이상으로 2배 가까이 늘었다. 그중 성인 ADHD의 비중이 늘어나면서 그 원인에 관심이 쏠리고 있다. 성인 ADHD의 주요 원인으로 꼽히는 것은 스마트폰과 소셜미디어 앱의 사용이다. 끊임없이 울리는 알람에 반응하다 보면 나도 모르게 주의력이 낮아지고 산만한 행동을 보이게 된다. 소파에 앉아 스마트폰을 하다가 양치를 하러 화장실에 갔는데, 화장실에서도 스마트폰을 하느라 한참 뒤에나 양치를 하게 되는 현상이 대표적이다. 성인 ADHD 환자는 우울증이나 불안장애, 공황장애 등의 질환을 동반하는 경우가 많아 빠른 치료가 중요한데, 전문가들은 컴퓨터나 스마트폰 등에서 거리를 두고 휴식을 취하는 것이 도움이 될 수 있다고 말하고 있다. 집중력을 방해하는 요인들을 찾아내 제한하는 것만으로도 주의집중 시간을 늘릴 수 있는 방법이 될 수 있다는 것이다. 과연 이 책을 읽는 독자들은 책을 펼치고 지금까지 얼마나 많은 시간을 집중하여 독서에 몰입했는지, 또 얼마나 많은 '딴짓'을 하며 책을 읽고 있는지 궁금해진다.

자제력을 소비한다

MBC 예능 〈나 혼자 산다〉에 출연 중인 코드 쿤스트의 아침은 여느 때와 다름없이 스마트폰을 손에 들면서 시작된다. 스마트폰 세상에서 시간을 보내던 그는 스마트폰 중독 관련 영상을 보고 자가 테스트를 해보는데, '중독이 상당히 심각한 상태'라는 결과를 받아 들고 충격에 빠진다. 결국 그는 '금욕상자'라는 것에 스마트폰을 감금시키기에 이른다. '금욕상자'는 물건을 넣고 시간을 설정하면 그 시간이 지나기 전까진 절대 열리지 않는 일종의 금고이다. 스마트폰을 꺼낼 수 있는 방법은 망치로 상자를 부수는 것밖에 없다. 미디어에서 금욕상자가 자주 등장하면서 다양한 디자인과 유사한 기능을 가진 상품들이 쏟아져 나왔다. 사람들은 여기에 스마트폰은 물론이고 과자나 담배를 넣고 절제해야 하는 것들을 모두 가둬서 강제로 할 수 없는 상황을 만드는 것이다.

어떤 중독에서 벗어나기 위한 첫 번째 노력은 본인 의지의 한계를 명확히 인정하는 데서 출발한다. 예전에도 시험 준비를 위해 절에 들어가 공부하는 고시생이 있었고, 단식원에 들어가서 다이어트를 하는 사람들이 있었던 것을 생각해 보면 자제력 부족으로 어려움을 겪는 사람들의 문제는 비단 오늘날만은 아닌 것 같다. 그러나 최근에는 스마트폰 알람이 24시간 울리고 주변에 집중력을 분산시키는 요인들이 훨씬 많아지면서 본인의 의지로만 자제하기 힘든 사람들이 절제를 강제하는 상황이나 제품을 소비하기까지 이른 것이다.

앞서 살펴봤던 '욕망의 북카페'의 사례에서도 볼 수 있듯이 특별한 것 없는 서비스 같지만(사실 집에서도 스마트폰을 끄고 책상에 조용히 앉아 책을 읽는다면 충분히 가능한 일이다), 이를 위해 사람들은 직접 카페를 찾아가고 기꺼이 돈을 지불한다. 무언가를 하지 않기 위해 또 소비를 한다는 점이 아이러니 하지만 이러한 자제력 소비 시장이 커지고 있는 것은 사실이다. 헬스장의 PT($^{personal}_{training}$) 프로그램이나 관리형 독서실, 그리고 벌금제 스터디 모임과 같은 것들이 모두 돈을 지불하고 자제력을 구매하려는 사람들의 욕구가 반영된 서비스들이다.

나이 마흔을 부르는 또 다른 표현은 바로 '불혹(不惑)'이다. 공자의 '논어' 중 '위정편'에 나오는 표현으로 '유혹에 흔들리지 않는다'는 의미이다. 그러나 유혹에 흔들리지 않는 자제력은 나이를 먹는다고 모두에게 자연스럽게 생겨나지는 않는 것 같다. 수많은 자극과 유혹 속에 스스로를 지키려는 사람들, 그들은 유혹과의 전쟁터에서 흔들리지 않도록 자신을 강제해 줄 보호막이 필요해 보인다.

Where is it going and what should we do?

자극에서 벗어나고 싶은 사람들의 마음과 달리, 빅테크 기업들은 빅데이터와 알고리즘을 이용해 조금이라도 더 사용자들의 집중력을 빼앗아 오려고 애쓴다. 일종의 '중독 경제 비즈니스'라고 부르는 이러한 서비스들은 처음에 작은 호기심으로 시작한 사용자들이 욕구를 만들어내고 점점 디지털 세계에서 빠져나가지 못하도록 프로그램을 설계한다. 주기적인 보상과 사용자 간의 네트워크 형성을 통해서 사용자들을 중독 상태로 만드는 방식이다. 주로 게임 분야에서 많이 사용되지만 인스타그램, 유튜브, 틱톡 등 여러 어플리케이션에서도 유사한 방식이 사용되고 있다.

이러한 프로그램들은 우리에게 즐거움을 주지만, 동시에 금단 증상을 함께 선물했다. 사람들은 이러한 금단 증상에서 벗어나기 위해서 도파민 디톡스를 원하고 있으며, 이들을 위한 또 다른 시장이 형성되고 있음을 확인할 수 있었다. 앞서 살펴보았던 것처럼 자제력 향상에 도움이 될 수 있는 상품이나 서비스를 구매하는 자제력 소비 현상은 2025년에도 지속될 것으로 보인다. 특히 휴식을 취해야 하는 시점을 알려주거나 디지털 기기 사용 패턴을 분석하여 주의집중

도파민에 지친 몸과 마음을 위해 주목받는 리트릿 상품

을 도와주는 인공지능 서비스도 도움이 될 것이다. 물론 도파민 디톡스에 전자 기기를 사용하지 않는 것이 도움이 될 수 있지만, 잘 사용할 수 있는 보조적 수단이 있다면 자제력 향상에 오히려 도움이 될 수 있다.

또한, 도파민에 지친 몸과 마음을 위한 상품이 주목받을 것으로 예상된다. 각종 마사지 기계와 스파, 헬시 리조트 산업이 더 성장할 것이며, 관련하여 다양한 분야에서 리트릿(retreat) 프로그램과의 결합이 기대된다. 리트릿은 어렵거나 위험한 일에서 물러나는 행위, 철수, 후퇴 등을 의미하는 영어 단어로 피난처, 기도, 명상과 같은 의미도 함께 가지고 있다. 최근에는 리트릿을 일상에서 벗어나 온전히 나와 마주하는 시간을 추구하는 의미로도 사용하고 있다. 그동안 소셜미디어와 인터넷을 통해서 주변에서 일어나는 일을 검색하고 따라가기 바빴다면, 그 굴레에서 벗어나 나를 돌아보는 시간을 갖는 것이다. 최근 지역 소멸 등의 이슈와 맞물려 중요한 정책 분야로 여겨지고 있는 지역 관광 활성화와 리트릿을 연계한 프로그램과 관련 산업을 살펴볼 필요가 있다. 명상, 치유 등의 키워드로 가족, 반려동물과 함께 하는 프로그램이나 예술, 요리, 팜투어 등과 연계한 차별화된 프로그램들이 성장할 수 있을 것이다.

고 이어령 선생은 '멍 때리기'야 말로 생존을 위한 능동적 방어라고 했다. 불멍, 물멍과 같이 단순한 행동을 통해 잠시 주변의 자극을 피해 정신적 동굴 속으로 들어가서 쉬는 순간들이 지금 우리에겐 무척 필요하다. 사실 도파민은 중독되는 것이 아니라고 한다. 굳이 말하자면 도파민 자체는 중독성이 없지만 "도파민성 신경 활성을 높이는 약물이나 행위에 중독될 수 있다"고 한다. 기본적으로 기분이 좋아지는 행동은 뇌에서 도파민 활성을 증가시키는 경향이 있지만, 건강한 신체는 도파민 활성의 강약을 자연적으로 조절한다. 그러니까, 도파민은 잘못이 없다.

그저 매일 쇼츠 영상을 보며 시간을 보내고 있던 우리가 도파민이라는 단어를 듣는 순간, 내 잘못이 아니라 도파민에 중독된 것뿐이라고 핑계를 찾고 있는 것은 아닐까? 그러면서 또 도파민 디톡스를 검색하며 자제력을 갖기 위해 지갑을 연다니 참 아이러니한 모습이다. 모든 것은 과유불급(過猶不及)이라고 했듯이 도파민 디톡스도 나에게 맞는 방법을 적절히 사용하는 지혜가 필요할 것 같다. 자칫하면 '도파민 요요'가 올지도 모르니 말이다.

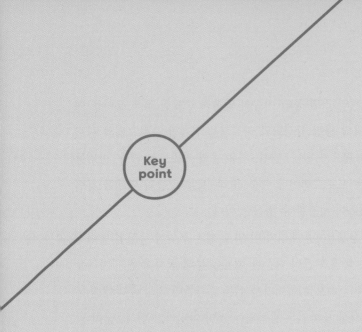

2024년 대중을 사로잡은 단어는 바로 '도파민(dopamine)'이다. 끝없이 올라오는 짧은 영상, 하루 종일 울리는 SNS 알람, 점점 더 맵고 달게 만드는 음식 등 24시간 우리는 다양한 자극에 노출되어 살고 있다. 그리고 이런 것들이 뇌 속 신경 전달 물질인 '도파민 중독'을 일으킨다는 의견이 설득력을 얻으면서 도파민에 대한 관심이 높아졌다. 사람들은 이제 '도파민 디톡스'를 위해 조용하고 자극 없는 공간을 찾아 나섰으며, 반려식물과 반려돌을 키우며 마음의 위로를 찾는다. 스스로의 의지로 자제력을 갖기 어려운 사람들은 금욕상자, 헬스장 PT 프로그램, 관리형 독서실 등 자신을 강제할 수 있는 자제력을 소비하기에 이르렀다. 2025년에도 이와 같이 자제력 향상에 도움이 될 수 있는 상품이나 서비스를 구매하는 자제력 소비 현상은 지속될 것으로 보인다. 특히 디지털 기기 사용 패턴을 분석하여 주의집중을 도와주는 인공지능 서비스로도 확장될 수 있을 것으로 예상되며, '도파민 디톡스'를 원하는 사람들을 위한 리트릿(retreat) 프로그램이 다양한 분야와 결합되며 성장할 것으로 보인다.

신한류 시대
그 이후

Chapter **4**

K-컬처의 한류 메라키와 디아스
포라의 향연

한류(Hallyu 혹은 Korean Wave)는 일찍이 중국, 일본, 베트남, 홍콩, 대만 등 동아시아 지역을 중심으로 한국의 음악과 드라마, 영화 등의 문화 콘텐츠를 접한 젊은 사람들이 한국 콘텐츠는 물론 이 콘텐츠에 나온 연예인들을 선호하면서 시작되었다. 이렇게 한국의 문화 콘텐츠에서 시작된 한류는 현재 한국 음식과 관광, 패션, 의료, 뷰티, 교육을 비롯해서 한국 제품의 사용으로 이어지는 전반적인 한국에 대한 선호 현상을 의미하는 것으로 바뀌게 되었다. 이제 한국의 콘텐츠는 세계 곳곳에서 주목받고 있으며, 문화 콘텐츠에서 시작된 한류는 전에 없던 큰 인기를 누리고 있다. 특히 세계 곳곳에 흩어

미국 백악관에 초대된 코리안 디아스포라

져 있는 코리안 디아스포라 혹은 재외동포는 미래 한국의 국가 경쟁력을 좌우할 결정적인 역할을 수행하고 있다. 국제 시장에서 민족의 정체성과 잠재력을 보여주면서 중요한 위치를 점하고 있는 코리안 디아스포라는 이들을 중심으로 문화적 거대한 흐름을 만들고 있는 한류 현상을 더 부각시키는데 큰 힘이 되고 있다. 이런 의미에서, 2023년 6월 5일 인천 송도 지역에 출범한 '재외동포청'의 출범은 큰 의미를 지닌다. 약 708만명(2023년 통계 기준, 재외동포청, 2024), 즉 국내 인구의 15% 규모에 해당하면서 세계 각지에 흩어져 있는 재외동포들을 우리 한민족의 커다란 자산으로 인식했다는 방증이기 때문이다. 이제 이들은 해외를 떠도는 유랑자가 아니라 해외에 거주하면서 향후 민족의 발전에 큰 역할을 할 주체이며, 커다란 영향력을 행사하면서 공동체 및 한민족 네트워크의 파워를 날로 성

장시킬 주인공이다. 특히
한류의 지속 가능성이 중
요해진 요즘, 코리안 디아
스포라와 함께, 한류의 인
바운드(inbound) 및 아웃바운
드(outbound)는 모두 중요해졌
다. 즉, 지금까지는 한류가
한국 시장 밖으로만 나가
는 아웃바운드에 집중되어
있었는데, 앞으로는 한류
의 지속 가능성과 확장 가

한류 아웃바운드 확산 계획을
세워서 발표한 '한류협력위원회'

능성을 위해 한국 안으로 유입되는 한류 인바운드(inbound)에 주목해야
한다. 영화, 드라마의 로케이션 방문에 집중했던 문화 관광, 그리고
치료를 위해 한국을 방문하는 의료 관광을 뛰어넘어, 교육 관광에
이르기까지 국내에서 수혜를 받을 수 있는 다양한 인바운드 전략을
꾀하여야 한다. 또한, 한국은 아시아 국가 중 외국인 비중이 5%가
넘는 유일한 국가인데, 이러한 상황을 활용하여 2025년은 신한류,
K-컬처의 인바운드 전략이 성과를 거두는 한 해가 될 것이다.

What do we see?
코리안 디아스포라의 향연

세계 각국에서 진행되고 있는 세계화의 물결은 국제 이주를 증가시키는 단초가 되었다. 또한 국경을 초월하는 기업과 비정부기구(NGO) 등의 초국가적인 활동이 증가하고 있으며, 전 세계 곳곳에서 즐기는 콘텐츠 또한 초국가적이 되었다. 이러한 현상은 '코리안 디아스포라' 혹은 '재외동포'에 대한 관심 증가와 함께, 이들을 중심으로 문화적 거대한 흐름을 만들고 있는 한류 현상에 대한 관점을 더 부각시키는데 큰 힘이 되고 있다. 이런 의미에서, 2023년 6월 5일 인천 송도 지역에 출범한 '재외동포청'의 출범은 큰 의미를 지닌다. 약 708만명(2023년 통계 기준, 재외동포청, 2024), 즉 국내 인구의 15% 규모에 해당하면서 세계 각지에 흩어져 있는 재외동포들을 우리 한민족의 커다란 자산으로 인식했다는 방증이기 때문이다. 이제 이들은 해외를 떠도는 유랑자가 아니라, 해외에 거주하면서 향후 민족의 발전에 큰 역할을 할 주체이며, 커다란 영향력을 행사하면서 공동체 및 한민족 네트워크의 파워를 날로 성장시킬 핵심 주체이다. 특히, 국제 시장에서 민족의 정체성과 잠재력을 보여주면서 중요한 위치를 점하고 있는 코리안 디아스포라 혹은 재외동포는 미래 한국의 국가 경쟁력을 좌우할 결정적인 역할을 수행할 것으로 판단된다.

'디아스포라'는 이미 2300여 년 이상의 역사를 가지고 있는 개념으로, 각국의 이민 역사(민족 분산, 민족 이산 등)를 분석하는데 중요하게 사용되고 있다. 이 개념에 대해 최초로 이론화한 학자는

1976년 위스콘신대학의 정치학 교수 암스트롱이다. 국내외의 디아스포라에 대한 논의는 디아스포라가 형성된 이후 끊임없이 변화해 왔다. 디아스포라가 생성된 이후, 진화 혹은 퇴화의 과정을 거쳐왔고, '모국과 거주국을 넘나드는 초국가적인 공동체'라는 공통점을 제외하고는, 디아스포라의 경험과 발전 정도, 각 나라마다 그 개념과 유형을 구분 짓는데 있어서 다양성이 존재한다. 이러한 복잡한 관점에 기반한 디아스포라는 논의의 범주가 매우 넓으므로, 국내법에 의해 정의되는 개념인 '재외동포'로 다시 지칭해 보자.

대한민국의 재외동포기본법 제2조(정의)에 따르면, 그 범위는 대한민국 국민으로서 외국에 영주할 목적으로 외국에 거주하는 자(재외국민), 혹은 대한민국 정부 수립 전 국외 이주 동포를 포함하여 대한민국의 국적을 보유하였던 자 혹은 그 직계비속(외국 국적 동포)

지역별	연도별	2017	2019	2021	2023	백분율(%)	2021년 대비 증감율(%)
총계		7,439,579	7,493,587	7,325,143	7,081,510	100	-3.33
동북아	일본	818,626	824,977	818,865	802,118	11.33	-2.05
	중국	2,548,030	2,461,386	2,350,422	2,109,727	29.79	-10.24
	소계	3,366,656	3,286,363	3,169,287	2,911,845	41.12	-8.12
남아시아태평양		557,791	592,441	489,420	520,490	7.35	6.35
북미	미국	2,492,252	2,546,982	2,633,777	2,615,419	36.93	-0.70
	캐나다	240,942	241,750	237,364	247,362	3.49	4.21
	소계	2,733,194	2,788,732	2,871,141	2,862,781	40.43	-0.29
중남미		106,794	103,617	90,289	102,751	1.45	13.80
유럽		639,584	687,059	677,156	654,249	9.24	-3.38
아프리카		10,853	10,877	9,471	10,455	0.15	10.39
중동		24,707	24,498	18,379	18,939	0.27	3.05

세계로 뻗어 있는 코리안 디아스포라, 재외동포 현황 총계 (2023년 기준, 단위 : 명)

을 모두 포함한다(재외동포청, 2024). 재외동포청은 대한민국 국적을 가진 재외국민이 250만명, 외국 국적의 동포는 480만명인데 국내 체류 동포 약 80만명도 포함된다고 밝혔다. 다양한 유형의 재외동포가 있는 만큼 이에 따라 다양한 시선과 관점에서 맞춤형 연구와 정책이 이루어져야 한다.

이러한 재외동포는 '글로벌 코리안'이란 용어로도 사용되고 있는데, 이들은 재외동포 사회에서 금융 및 투자, 에너지 산업, 무역 및 국제 비즈니스, 문화와 언어 교육, 의료 및 보건 분야 등 다양한 분야에서 활동하고 있다. 이들 중 일부는 기업가, 전문가, 혹은 외교관으로서 한국과 세계 각 지역 간의 경제, 문화 및 정치적 연결을 촉진하는데 기여하고 있다. 특히 중동이나 아프리카 디아스포라의 규모나 영향력은 유럽이나 미주 지역의 코리안 디아스포라에 비해 상대적으로 작지만, 향후 발전가능성은 매우 크다. 이러한 코리안 디아스포라의 역할은 한류의 확산과 함께 더 중요해졌다. 특히 정부의 주된 정책인 한류 아웃바운드, 그리고 더 나아가 인바운드 전략이 실행되기 위해서는 문화 중개인으로서 코리안 디아스포라의 역할이 매우 중요해진다.

인바운드 문화 관광+의료 관광+교육 관광+…전략

영화, 드라마의 로케이션 방문에 집중되었던 문화 관광, 그리고 의료 관광을 뛰어넘어, 이제 교육 관광에 이르기까지 국내에서 수혜를 받을 수 있는 다양한 인바운드 전략이 떠오르고 있다. 이미 전 세계의 수많은 환자들이 한국의 뛰어난 의료 기술의 혜택을 얻고자 한국으로 들어오고 있는데, 바로 이를 일반적으로 의료 관광(Medical Tourism)이라 한다. 의료 관광 서비스를 제공하기 위해서는 환자와 환자 가족들을 함께 챙겨야 하는데, 치료를 위한 병원 수속 이외에도, 체류 기간 동안 머무를 숙소, 그리고 원하는 곳으로 편리하게 이동하기 위한 차량(교통수단) 제공, 번역, 통역 등 다양한 서비스가 필요하다.

'하이메디'라는 기업은 암, 당뇨병 등을 가진 중증환자들을 위한 모든 컨시어지 서비스를 일괄적으로 제공하는 회사로 명성이 나 있다. 2014년 6월, 한국으로 인바운드 의료 관광 서비스를 처음 시작한 하이메디는 140여 개 대형 병원과 제휴하여, 미용부터 암까지 모든 의료 분야를 연결하는 서비스를 제공하고 있다. 100여 명의 전문 의료 통역사, 그리고 50여 개의 숙소 및 5개의 모빌리티 기업과

중동, 러시아 지역에서 한국으로의 인바운드 의료 관광 서비스를 선보인 기업, 하이메디

제휴하여, 수만 명의 외국인 고객들이 한국 의료를 편리하게 이용할
수 있도록 도움을 주고 있는 대표적인 기업이다. 하이메디는 중동
지역 환자들뿐만 아니라 러시아, 몽골 지역의 환자들을 한국으로 유
치하기 위해 노력하고 있는데, 이 기업은 문화 관광에 주로 집중했
던 한국의 인바운드 전략을 의료관광으로 다변화시키는 데 큰 역할
을 하였다.

한편, 교육과 여행을 함께한다는 '런케이션(learncation)'이란 단어가
뜨고 있다. 배운다는 의미를 지닌 영어 단어 '러닝(Learning)'과 휴가를
의미하는 '베이케이션(vacation)'이란 두 단어를 합친 용어인데, 단순한
관광을 넘어서서 전통문화를 배우고, 학술 교류까지 하고자 하는 목
적으로 한국을 찾는 외국인 학생들이 많이 늘고 있다. 2024년 3월
에는 미국 하버드대학의 클래식 음악 동호회 '래드클리프 오케스트
라' 학생단원 93명이, 그리고 미국 예일대학의 아카펠라 동호회 학
생 21명이 한국을 찾았다. K-팝 아이돌의 음악으로만 한국을 접해
왔던 이들에게 전통과 현대가 어우러진 한국을 실제로 접한 느낌은

서울 경복궁에서 단체 기념사진을 찍고 있는 미국 하버드대학 93명의 학생들

남달랐다.

한국관광공사의 조사에 따르면 교육 관광, 즉 런케이션을 위해 미국과 유럽에서 온 학생은 2019년 519명에서 2024년 상반기 1445명으로 크게 늘었다. 한국관광공사는 "외국인들의 전반적인 한국 방문이 늘고 있지만, 특히 서구권 학생들의 방문 증가가 두드러지고 있다"고 설명했다. 2024년 연말까지 한국을 찾는 미국과 유럽의 학생은 약 3000명에 달할 것으로 예상된다고 한다. 즉, 이 같은 인바운드 교육 관광을 위해 방한하는 미국과 유럽 학생들은 5년 새 약 6배 가량으로 늘어나게 되는 것이다. 아울러 인근 동남아 지역에서도 수학여행을 한국으로 오도록 현지 대학 관계자들 및 의사 결정자들이 2024년 5월 한국을 방문해서 팸투어(FAM Tour 혹은 Familiarization Tour로 일종의 사전 답사 여행)를 하기도 했다. 보통 이렇게 한국을 방문하는 중고등 및 대학생들은 K-팝이나 K-드라

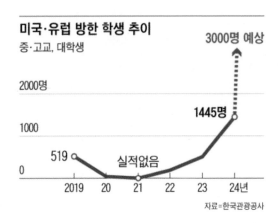

미국·유럽 방한 학생 추이
중·고교, 대학생

3000명 예상

2000명

1445명

1000

519

실적없음

0

2019 20 21 22 23 24년

자료=한국관광공사

급격하게 증가 중인 미국과 유럽의 방한 학생 수

마, 영화 등의 문화 콘텐츠 혹은 주변에 있는 코리안 디아스포라들을 통해 한국을 처음 알게 됐지만, 교육 관광을 통해 한국을 직접 방문해서 한국의 문화와 역사 전반을 배울 수 있고, 한국 음식을 현지에서 맛보면서 한국을 직접 체험하는 경험을 즐길 수 있게 된다.

Why is it?
신한류(K-컬처)와 한류 메라키

2020년 2월, 문화체육관광부를 중심으로 13개 부처 차관, 12개 관련 공공기관장과 민간 전문가가 참여해 한류의 확산을 위해 '한류 협력위원회'를 출범시켰다. 이는 한류와 연관이 있는 관계 부처들이 그동안 개별적으로 진행해 왔던 한류 진흥 정책을 적극적, 종합적으로 공동 관리하기 위함이다. 이들 관계 부처가 합동으로 발표한 2020년 '신한류 진흥 정책 추진 계획'에 따르면, 한류는 시기적으로 네 단계로 구분될 수 있다. 1997년부터 2000년대 중반까지는 드라마 및 아시아 지역 위주로 한류가 태동한 시기로서, 한류 1.0 시대라 부른다. 이를 지나, 한류 2.0은 2000년대 중반부터 2010년대 초반으로, 아이돌 스타 중심의 대중음악(K-팝)이 아시아와 중남미, 중동, 구미주 일부 등을 휩쓸었던 시기였다. 그리고 2010년대 초반부터 2019년대는 한류의 세계화로 세계적인 스타 BTS와 블랙핑크가 전 세계 사람들을 상대로 인기를 끌었던 한류 3.0 시대이다. 그리고 2020년부터 현재는 '신(新)한류(K-컬처)' 단계로 규정되고 있는데, 세계 시민에 맞춰진 맞춤형 접근과 함께 전 세계 시장으로 한류의 전략적 확산이 중요해진 시기이다. 이를 위해 정부는 '신한류 진흥 정책 추진 계획'에 따라 거시적인 큰 그림을 그리고, 이에 따른 상세 계획들을 실천해 나가고 있다. 이를 통해 한류 진흥 정책의 추진 경과를 점검 및 정책 효과 극대화, 향후 범정부 차원의 대응 전략을 마련하고 있다. 그리고 2022년도 3월, 제4차 한류협력위원회가 열려, '범부처 차원의 한류 아웃바운드 확산 계획'과 '2022 한국문화 축제 개최 계획'을 논의하였다. 특히, 제4차 한류협력위원회에서는 재외 한국문화원을 중심으로 한류의 아웃바운드 창구를 좀 더 체계화하는 전략을 세웠다. 특히 한류 수요가 폭발적으로 증가하고 있기 때문에, 재외 한국문화원의 역할이 더 중요해지고 있으며, 한국어를 가르치고 있는 세종학당이나 콘텐츠진흥원(비즈니스 센터) 같은 해외 협업이 가능한 거점들의 지속적인 증가가 중요해지고 있다. 사실, 이러한 아웃바운드 정책은 인바운드 전략과도 매우 밀접한 관계를 맺고 있다. 국제 상호 교류 확대 도모 차원에서도 아웃바운드 전략은 결국 인바운드 결과로 돌아오기 마련이다. 이에 따라, 제4차 한류협력위원회 회의에서도 코로나 팬데믹 이후 점차 증가하고 있는 인바운드 방한 관광 수요를 대비해, 국내 유입 창구 조성을 위한 여러 전략을 세웠다. '하이커'라는 한류 관광 홍보관을 세우는데 이어, 한국의 대표 걷기 관광지 '코리아 둘레길' 그리고 '콘텐츠 테마파크'를 조성했다.

그리고 2024년 6월, 기획재정부와 문화체육관광부가 발표한 '외국인 방한 관광 활성화 방안'은 결국 아웃바운드 전략으로 시작했던 정책이 인바운드 성과로 드러나야 한다는 것을 의미한다. 외국인 관광객들의 입국 절차를 간소화한다든지, 체류 기간을 확대한다는 것이 큰 골자인데, 그 밖에도 사찰 체험과 문화유산 등 한국 고유의 문화 자원을 관광 상품으로 만들어 방한 관광객들에게 다채로운 즐길거리, 볼거리, 먹거리 등을 제공하는 전략을 세웠다.

한편, 정부의 정책 및 노력과는 별개로, 민간 차원에서도 인바운드 전략을 위해 인지해야 할 것들이 있다. 한국의 여러 문화 콘텐츠의 세계적인 성공으로 한국이 알려지긴 했으나, 한국을 아는 외국인 대다수는 이러한 K-팝, 영화, 드라마, 웹소설, 게임 콘텐츠 등에 정보가 한정되어 있는 경우가 많다. 그렇다면 이제 글로벌 메이저 국가로 성장한 한국, 그리고 메이저 장르로 성장한 한국의 엔터테인먼트 콘텐츠, 그리고 이 한류 흐름을 한국에 대한 전반적인 선호 현상으로 계속해서 이어 나가기 위해 우리는 어떤 노력을 해야 할까? 결론부터 말하자면, 한류의 지속 가능성과 확장 가능성을 위해서는 '한류 메라키(K-컬처 meraki)'가 필요하다. '메라키'라는 단어는 그리스어에서 유래했는데, 비슷하게 사용하는 요즘 단어로는 '영끌', 즉 '영혼까지 끌어모으는 힘'이 있겠다. 기업의 영역에서, 정부의 영역에서, 개인의 영역(소비자 혹은 한국인)에서 각자가 이뤄낼 수 있는 최고를 다하는 것, 즉 각각의 영역에서 혼신의 힘을 다할 때 한류는 지속 가능하고 확장 가능해진다. 마치 드라마 〈오징어 게임〉에서 마지막 참가 번호인 456번을 달고 나와 상금을 거머쥔 주인공 성기훈처럼 말이다. 결국은 마지막까지 끈질기게 살아남는 자가 이기는 세상이다.

초국적 관점에서의 신한류 세계

이제 우리는, 글로벌 시장을 하나로 보는 '글로벌 전략(글로벌라이제이션)'과 각 로컬 시장에 맞춰 수정 혹은 변형을 가해야 하는 '현지화 전략(로컬라이제이션)'을 함께 병행해야 하는 '초국가 전략(transnational strategy 혹은 글로컬라이제이션)' 시대로 들어왔다. 초국가 전략을 사용해야 하는 것은 한류 콘텐츠 혹은 K가 붙는 상품을 만드는 회사에만 국한되지 않는다. 정부와 정부 관련 부처에

Original Diaspora

초국적 전략을 가장 잘 활용할 수 있는 코리안 디아스포라

서부터 개인에 이르기까지 그것의 적용 대상은 매우 다양하다. 특히 기업의 경우, 초국가 전략의 접근 방식을 따라 효율성과 현지 적응의 절충점을 찾아내고 이를 최적화하는 기업만이 성공할 수 있다. 혁신하는 기업은 가치 사슬 활동에서 업스트림(upstream) 및 다운스트림(downstream) 활동을 분석하여, 이 활동별로 적합한 이해관계자들과 협업을 이뤄내야 한다. 바로 이때, 이러한 활동에 있어서 코리안 디아스포라의 중개자 역할이 더 중요해진다. 한국과 현지국을 모두 이해하고 있으며, 양 국가에 대한 지식과 경험을 바탕으로 한 '초국가 전략'은 바로 코리안 디아스포라와 함께 할 때 가장 빛을 발할 수 있는 전략인 것이다.

Where is it going and what should we do?
한류의 지속 가능성과 확장 가능성

'한류'라는 단어는 한국인에게도, 코리안 디아스포라에게도, 또 세계 시민들에게도 이제 뚜렷하게 각인되어 있다. 그러나 더 중요한 문제는 한류의 지속 가능성과 확장 가능성을 어떻게 가져갈 수 있을 것인가이다. 우선, 2022년 한류 아웃바운드 확산 계획을 세웠던 정부 부처 중 6개(문화체육관광부, 농림축산식품부, 산업통상자원부, 보건복지부, 해양수산부, 중소벤처기업부) 부처는 힘을 합쳐 한류의 경제적 파급 효과를 살펴보는데 함께 하기로 했다. 즉, 한류의 경제적 파급 효과는 연관 산업으로 확장되어 이를 함께 살펴봐야 하는데, 이를 위한 첫걸음이 드디어 시작된 것이다. 특히 이들은 중소기업에 한류 마케팅을 비롯해서 종합박람회 개최를 지원하기로 했고, 한류로 인해 높아진 국가 이미지를 활용해서, '농수산 식품'이나 '뷰티(미용)' 등 K를 붙일 수 있는 브랜드의 모든 한국산 제품과 서비스의 영향력을 확장하기로 했다. 이러한 정부의 기본 계획과 활동을 바탕으로, 2025년에는 대중문화에만 집중되었던 한류 관심을 순수 예술과 전통문화까지 확대해 나가야 할 것이다. 특히 문화 자원을 데이터화하고, 저작권을 보호하는 문제는 2025년의 주된 화두가 될 터인데, 이를 적극 추진한다면 우리 기업은 세계 시장을 선점할 수 있는 기반을 마련할 수 있을 것이다. 아울러 미술 분야에서는 현대 미술 작가들의 정보 시스템을 구축해서 한국 미술에 대한 접근성을 강화해 나가야 하며, 한복과 판소리, 전통 공연 등을 신한류 새

콘텐츠로 개발해서 해외 홍보에 앞장서야 한다. 또한 한류를 활용한 한국어 학습 콘텐츠 개발과 외국어 사용이 가능한 한국인 교사 확충을 통해 한국어가 글로벌 시장에서 확산될 수 있도록 해야 한다. 국내외 투자 유치를 필요로 하면서 콘텐츠 마켓 시장을 열 수 있는 국제 영화제나 국제 음악제, 국제 뮤지컬전과 같은 여러 행사 유치도 반드시 필요하다. 즉, 한류의 아웃바운드 확산 계획은 결국 인바운드 성과로 나타나야 한다는 것을 잊지 말아야 한다.

앞서 언급한 바와 같이, 한류의 아웃바운드 전략의 성과는 외국인들의 한국 방문, 즉 인바운드 성과로 나타나는데, 이를 위해 기획재정부와 문화체육관광부는 2024년 6월 '외국인 방한 관광 활성화 방안'을 발표했다. 이는 외국인 관광객들이 직면하는 불편 사항들을 집중적으로 개선하는 것을 목표로 하는데, 입국 절차의 간소화 및 체류 기간을 늘려 국내 소비를 촉진하는 것이 핵심이다. 비자 심사의 인력을 늘리고, 비자 신청 센터 등의 인프라를 확충해서 관광 비자 발급 소요 기간을 대폭 단축하는 것이다. 이는 한국으로 인바운드하는데 있어서의 첫 단계이며, 입국 후에도 입국 절차를 간단히 하는 것, 입국에서부터 지역 관광, 그리고 출국에 이르는 전 과정의 편의를 개선하기 위한 노력을 의미한다. 특히 단체 관광객인 경우 K-ETA, 즉 전자 여행 허가 일괄 신청 범위를 확대하고, 여권 자동 판독 기능을 도입해서 입력 정보를 간소화하는 것, 다국어 서비스의 확대, 증빙 서류 제출 기능 추가 등 많은 부분에서 이용자 편의 개선을 위한 노력이 이어지고 있다. 일반 항공뿐 아니라, 크루즈 관광객을 위한 서비스도 개선 중인데, 무인 자동 심사대를 추가 설치해서 출입국 심사 시간을 단축하고, 크루즈 여객 터미널 운영 시간도 탄력적으로 바뀔 수 있도록 하였다. 뿐만 아니라, 지방 공항과 해외 도시 간의 직항 노선을 확대하는 것도 포함되었다. 청주-발리, 그리고 부산-자카르타 노선을 신설하고, 대구-울란바토르 노선의 운항 횟수도 증가된다. 필리핀 등 방한 수요가 많은 동남아시아 국가와의 지속적인 협의도 예정되어 있다. 또한 한국 외국인 관광객들의 다국어 지도앱 이용도 가능하게 하고, 수월한 대중교통 이용을 위해 외국인 전용 교통카드도 입국 비행편에서 판매한다. 항공권과 KTX 승차권을 함께 판매하는, 항공-철도 연계 발권 서비스도 점차 확대할 예정에 있다. 그 밖에도 '치맥'이나 '인생 네컷'과 같은 즉석사진 촬영 등 한국인의 일상을 함께 즐길 수 있는 'K-라이프스타일' 체험 프로그램도 확대된다. 팬데믹이 종료된 이후 한국을 방문하는 관광객 수는 빠르게 증가하고 있지만, 이에 비해 관광 수입은 비교적 회복이 더딘 편이었다. 이를 해결할 방안으로서 여러 휴양, 숙박, 쇼핑, 레저가 가능한 복합관광단지 조성이 매우 필요하고 긴급해졌다. 수요가 많은 동남아 관광객들을 위해 베트남, 태국, 인도네시아, 말레이시아 등 소수 언어권의 관광 통역사 안내도 필요하고, E-9인 외국인 고용 허가의 범위도 점차 확대될 예정이다.

이처럼 한류의 지속 가능성과 확장 가능성은 아웃바운드를 거쳐 결국 인바운드로 귀결된다. 이제는 국내로 한류의 직접적인 혜택이 돌아올 수 있도록 인바운드 전략을 구체화할 때이다. 이에 따라

2025년은 한류의 인바운드 및 아웃바운드 성과가 가시적으로 나오는 중요한 원년이 될 것이고, 국제 시장에 있는 코리안 디아스포라와 함께 한국으로 다시 돌아온 재외동포들의 역할이 더욱 중요해질 것이다.

2025년은 신한류(K-컬처)가 인바운드, 아웃바운드 측면에서 모두 확장되는 해가 될 것이다. 지금까지는 한류가 한국 시장 밖으로만 나가는 아웃바운드(outbound)만을 중요하게 생각했으나, 앞으로는 한류의 지속 가능성과 확장 가능성을 위해 한국 안으로 유입되는 한류 인바운드(inbound)에 주목해야 한다. 즉, 영화, 드라마의 로케이션 방문에 집중되었던 문화 관광, 그리고 의료 관광을 뛰어넘어, 교육 관광에 이르기까지 국내에서 수혜를 받을 수 있는 다양한 인바운드 전략이 펼쳐져야 한다. 이를 위해 코리안 디아스포라와 돌아온 재외동포들의 역할이 매우 중요해지는데, 이들은 국제 시장에서 민족의 정체성과 잠재력을 보여주면서, 한류의 지속 가능성과 확장 가능성을 높여주는 '문화 중개자'로서 큰 역할을 할 것이다. 또한 이들을 활용한 기업들의 '한류 메라키' 전략은 2025년 빛을 발하게 될 것이다.

같은 출발, 다른 결말:
K-팝과 K-드라마의 세계화

|

2024년이 절반 넘게 지난 시점에서 이제나저제나 많은 기대를 하면서 고대하고 있는 기쁜 소식은 아직 들려오지 않고 있다. 2023년 말 전격적으로 발표된 한국의 대표적 OTT 서비스 티빙과 웨이브의 합병을 알리는 뉴스는 저자에게는 "드디어"라는 탄식을 자연스럽게 불러일으킬 만큼 수년을 기다려온 이벤트였다. 그러나 그 후속 기사에 대한 목마름은 지금 이 글을 쓰는 현재 시점까지 해소되지 않고 있다. 결과적으로 두 회사의 주요 의사 결정자들은 합병의 필요성과 당위성에 대한 대승적 합의만 했을 뿐이다. 그 세부적인 합병 방안 및 운영 방안에 대한 논의가 아직까지도 진행되고 있다는

점을 놓고 볼 때 상당한 수준의 의견 차이가 있을 것으로 판단된다. 물론 합병 발표 직전까지 오랜 시간 경쟁을 거듭하던 서비스 사이의 대형 Deal인 데다가 회사별 주주 구성 또한 복잡하다는 측면을 고려하더라도 실질적인 합병은 올해 안에는 가능할지 의구심만 커지고 있다. 저자는 이 글에서 상대적으로 더욱 성공적이고 주체적으로 글로벌 진출을 이룬 음악 산업과의 비교를 통해 어떤 이유로 한국 OTT 시장이 해외 사업자에게 잠식당했는지를 고민해 보는 한편 앞서 언급한 티빙과 웨이브의 합병으로 예상되는 변화의 조짐에 대해 이야기하고자 한다.

What do we see?

1990년대 말 혹은 2000년대 초반부터 소위 '한류'라는 이름으로 시작된 한국 문화의 세계화 현상 중심에는 초창기부터 한국의 음악과 한국의 드라마가 있었다. K-푸드, K-뷰티 등 현재 'K-Something'으로 대변되는 다양한 한국 문화의 글로벌 진출의 시초는 그 저변이 상대적으로 넓은 음악과 드라마였다.

일반적으로 음악의 경우는 'H.O.T', '보아', '소녀시대'로 대변되는 국내 아티스트들의 아시아 중심 확산을 그 기원으로 하며, 드라마의 경우도 마찬가지로 〈겨울 연가〉, 〈대장금〉의 아시아 지역 중심의 확산을 그 기원으로 한다.

하지만 그 뒤로 20년이 훌쩍 지난 현재 시점에서 K-팝과 K-드라마라는 세계화라는 관점에서 명백하게 큰 차이를 나타내고 있다.

K-팝의 세계화: K-팝의 한계를 넘어선 세계화

K-팝은 1~5세대로 점진적인 진화를 거듭하면서 다양한 형태의 음악과 아이돌이 전 세계인들을 매혹할 만큼 세련되게 변모하였고, 아시아 중심의 세계화는 이제 전 세계 주류 음악 시장을 점령했다는 표현이 적절할 정도로 완벽하게 세계화에 성공하였다. 한국의 아이돌은 곧 세계의 아이돌이며, 이들을 둘러싼 다양한 가십은 이제 동시간대에 전 세계의 주요한 이야깃거리로 부각되고 있다.

BTS, 블랙핑크처럼 일반 대중에게도 잘 알려진 아이돌 스타뿐 아니라 최근에는 상대적으로 잘 알려지지 않은 스트레이키즈(JYP엔터테인먼트)와 에이티즈(KQ엔터테인먼트)가 빌보드 메인 앨범 차트인 '빌보드 200' 1위에 오르는 기염을 토하기도 했다. 이제 한국 아티스트가 빌보드 1위에 오르는 일은 매년 1~2건씩 나오면서 그렇게 '희한한' 이벤트 축에도 끼지 못하는 현상이 되어 버렸다.

이러한 성공으로 인해 한국을 대표하는 대형 4대 기획사의 매출은 코로나19 이후 오히려 더 급격하게 상승하고 있다. 2023년 4대 기획사의 매출 총합은 4.3조원으로 코로나19의 영향력이 가장 강했던 2020년 1.8조원과 비교할 때 불과 3년 만에 2.4배 증가하였다.

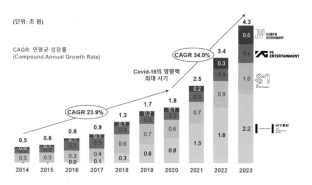

국내 4대 기획사 매출 성장 추이: 최근 10년(2014~2023) 동안 국내 4대 기획사인 하이브, SM, YG, JYP의 매출 총합은 빠르게 증가하였으며, 특히 코로나19 이후 그 성장률이 더 빨라지는 현상을 나타내고 있다.

　　여기에서 강조하고 싶은 부분은 이러한 K-팝의 성공이 그대로 '돈'이 되고 있다는 사실이다. 아티스트의 소속 기획사는 음악과 아티스트 관련 IP 전체를 보유하며, 이러한 IP를 전 세계에 공급함으로 생기는 막대한 수익을 온전하게 국내 기획사들과 해당 아티스트가 나누어 가진다. 이렇게 축적된 막대한 자금을 바탕으로 다양하고 파괴적인 새로운 시도를 하는 것이다. 단순 음반 수익뿐만 아니라 음원 매출, 광고 매출, 출연 매출, MD 판매 수익, 공연 수익 등 그 수익의 종류도 대단히 다변화되었다. '수익의 추구'라는 모든 산업의 공통적인 존재 이유를 충실하게 달성하면서 세계화를 통한 글로벌 '산업화'에 완벽하게 성공하였다.

　　한국의 K-팝은 이제 또 다른 차원의 세계화를 시도하고 있다. 한국 출신 아이돌과 음악이 아닌 한국의 자본과 노하우 같은 무형의

하이브 x 게펜 레코드(하이브와 유니버설 뮤직 그룹 합작사)
소속 미국 현지화 걸 그룹 KATSEYE
_HYBE 및 Geffen 저작물

소프트 파워 자산들로 무장한 채 세계로 나아가 외국에서 외국인 아티스트를 육성하여 외국인을 대상으로 데뷔하는 극단적인 세계화를 보여주고 있다. 일례로 하이브는 미국에서 다국적, 다인종, 다민족 글로벌 걸 그룹 KATSEYE를 선발하고 육성 중이며, 미국 현지에서 데뷔시킬 계획을 하고 있다. 이 그룹에 한국인 멤버가 1명 포함되어 있다는 '특이한' 점을 제외하면 외형적인 측면에서 K-팝과의 연관성을 찾기 힘든 정도이다. 이제 K-팝은 더 이상 K-팝이 아닌 글로벌 팝으로서 새롭게 포지셔닝하고 있다.

더불어 플랫폼 측면에서도 글로벌 시장을 선도하고 있다. 과거 팬들이 좋아하는 아티스트의 영상을 보기 위해서 무심코 찾던 유튜브의 아성에 도전하고 있는 것이다. 음원이나 뮤직비디오가 아닌 아티스트와의 직접적인 양방향 커뮤니케이션이 가능한 팬덤 플랫폼은 한국이 그 종주국인 만큼 일반인이 영상을 보기 위해 무심코 유튜브를 찾아가듯 K-팝 팬들은 자연스럽게 위버스를 찾아간다. 하이브의 위버스에는 이제 BTS로 대표되는 하이브 소속 아티스트뿐만 아니라 SM엔터테인먼트, YG엔터테인먼트 소속 아티스트들도 입점해 있다. 더 나아가 그레이시 에이브럼스, 제레미 주커, AKB48 등 해외 아티스트들도 자신들의 팬을 만나기 위해서 한국의 플랫폼을 활용하는 시대가 되었다. 외국의 아티스트가 한국의 플랫폼을 사용하여 외국의 팬들과 만나는 시대로 진화함에 따라 위버스는 이제 팬덤계의 유튜브 역할을 하게 된 것이다.

K-드라마의 세계화: 제작 중심의 제한적 세계화

2000년대 초반부터 이미 K-드라마의 시초로 이야기되는 〈겨울연가〉, 〈대장금〉은 그 작품성과 대중성을 인정받았다. 2002년 방송된 〈겨울연가〉는 따로 부연 설명이 필요 없을 정도로 일본에서 폭발적인 인기를 끌었다. 2003년 방송된 〈대장금〉은 이란에서는 80~90%, 스리랑카에서는 99%의 시청률을 기록했다. 루마니아의 공영방송 TVR은 경영 위기를 대장금 방영을 통해 극복했으며, 심지어 아프리카에서까지 선풍적인 인기를 끌었다.

이렇듯 한국 드라마의 글로벌 인기가 현재까지 지속되면서 사람들은 흔히 K-드라마로 대변되는 한국 드라마의 성공을 이야기한다. 그리고 최근에는 그 대표적인 사례로 〈오징어 게임〉을 꼽곤 한다. 하지만 오징어 게임이 진정한 의미의 K-드라마라고 할 수 있을까? 한국 문화를 배경으로 한국 기획사가 제작하고 한국어를 사용하는 한국 배우들이 참여하지만 1가지 빠진 것이 있다. 바로 자본이다. 오징어 게임은 모바일과 무선 인터넷을 통한 영상 소비 유료 플랫폼인 OTT 시장에서 이미 국내뿐만 아니라 세계 시장을 점령한 넷플릭스의 자본으로 제작한 작품이다. 작품의 전적인 IP는 넷플릭스가 가지고 있으며, 넷플릭스의 플랫폼을 통해 전 세계에 공개되었다. 물론 세계적인 인기에 따른 거대한 수익은 대부분 넷플릭스가 가져갔다. 콘텐츠의 IP는 결국 무형 재산에 대한 소유권이다. 이런 사실에 비추어볼 때 오징어 게임을 한국 드라마라고 칭하는 것이 부정확한 측면이 있다고 판단된다. 조금 강하게 표현한다면 한국은 글로벌 자본과 플랫폼이 들어와 드라마를 구매해 가는 드라마 공급 기지의 역할을 하고 있는 것이다.

과거 TV 중심 시대, 네트워크와 디바이스의 자유도가 제한적이던 시대, 국경을 넘나드는 다국적 플랫폼이 대단히 제한적일 수밖에 없던 시대가 아닌 OTT라는 새로운 플랫폼을 통해서 드라마를 포함한 각종 영상 콘텐츠의 자유로운 해외 유입이 용이해진 현재 시점에서도 세계화에 성공한 제대로 된 영상 플랫폼을 보유하고 있지 못하고 제작 영역에서만 인기를 끌고 있는 현상은 콘텐츠 강국을 이야기하는 현재 시점에서 대단히 큰 아쉬움이 남는 대목이다.

물론 넷플릭스를 포함하여 디즈니플러스, 애플 TV 플러스 등 대형 OTT들이 해당 시장을 점유하고 있는 것은 한국만의 현상은 아니다. 호기롭게 출범한 다수의 지역 기반 OTT들은 콘텐츠의 양적, 질적 측면에서 대형 글로벌 OTT에 밀리면서 자취를 감추거나 경쟁사에 흡수되었다. 하지만 플랫폼의 선택 기준이 콘텐츠의 우수성으로 공식화된 상황에서 이미 다수의 우수 콘텐츠를 보유하고 해외 수출 경험도 있는 한국이 이러한 콘텐츠 차별성을 갖고 있음에도 글로벌 시장에 진출하지 못한 것은 차치하더라도 한국 시장마저 글로벌 플랫폼에 뺏긴 현재 상황은 안타깝기만 하다.

국내 OTT 플랫폼들은 국내 업체 간, 그리고 해외 업체와의 다면적인 치열한 경쟁을 지속하는 동안 지속적으로 대규모 적자를 면치 못하고 있다. 2023년의 경우 티빙은 1420억, 웨이브는 791억, 왓챠는 221억원의 영업 손실을 기록했다. 상황이 나아질 기미는 아직 보이지 않고 있다. 제작 영역의 우수성을 반증하듯 드라마 제작에 특화한 스튜디오드래곤 정도만 안정적인 수익성을 나타내고 있을 뿐이다.

같은 선상에서 출발했던 K-팝과 K-드라마이지만 20년이 지난 지금은 완전히 다른 처지가 되었다. 자체 플랫폼과 축적된 자본을 통해 해외에서 음악과 아티스트를 만들고 전 세계에 수출하는 K-팝에서 나타나는 현상과 정확히 반대되는 현상이 K-드라마에서 벌이지고 있다는 점에서 그렇다.

Why is it?
음악과 영상 엔터테인먼트의 특성 차이

세계화의 속도 차이 원인은 기본적으로 두 산업의 특성의 차이 때문이다.

음악 산업의 기본 결과물은 소리의 조합으로서 음악 그 자체이다. 음악은 상황, 맥락, 스토리의 전개를 통하여 갈등 구조를 만들고 이를 전개시키는 복잡한 두뇌의 '생각'을 기반으로 하는 영상물보다 인간의 원초적인 '느낌'에 더 의존한다. 더 쉽게 설명하면 해외의 잠재적 팬을 끌어들이기 쉬운 특성을 내재적으로 지니고 있는 것이다.

또한 잠재적 팬들은 처음엔 청각적인 음악 및 관련된 시각적인 음악 영상에 관심을 가지고 접근하지만 결국 자연스럽게 아티스트에 대한 인적 관심으로 확대, 귀결된다. 즉, 음악의 주요 IP는 결과적으로 음악과 영상을 지속적으로 생성하는 아티스트이며, 이 아티스트는 각 기획사에 소속되어 있는 만큼 IP의 보유와 보호에 유리할 수밖에 없다. 음악 산업의 경우 상대적으로 지속성이 높은 팬덤이 형성되어 있다. 이들은 1회성 소비에 머물지 않고 IP와 관련된 다양한 상품을 지속적으로 소비한다. 이러한 사업 구조는 플랫폼의 영향력보다 아티스트의 영향력이 막강하다는 특성에서 비롯됐다.

이러한 특성에 착안해 글로벌 팬덤을 지닌 아티스트 보유 대형 기획사 중심으로 다소 무모하다고 생각될 만큼 적극적인 세계화가 초기부터 진행되었고, 그 결과물이 현재 K-팝의 세계적인 인기로 귀결된 것이다.

반면 K-드라마로 대변되는 영상 산업의 기본 결과물은 스토리이다. 갈등을 만들어내는 상황이 훨씬 복잡하다. 국가별 문화에 따라 공감을 이끌어 내지 못하는 경우도 다수이다. 더불어 정치적, 종교적, 문화적인 다양한 제약으로부터 자유로울 수 없다. 즉, 음악 산업에 비해 해외의 잠재적 팬을 끌어들이는 것이 훨씬 어려운 산업이다.

또한 작가, 배우, PD 등의 협업을 통해 영상 콘텐츠가 제작되는 만큼 이러한 결과물은 잠재적 고객에게 노출되는 과정에서 그 IP 보유 자체가 머니 게임(money game)의 양상을 띠게 된다. 자본을 보유한 주체가 드라마 제작에 필요한 모든 인적, 물적 자원(resource)을 섭외하고 이들을 조합하여 작품을 만들고, 그 IP는 자본을 투자한 주체가 가지게 되는 구조이다. 음악 산업에서 아티스트가 보유한 강력한 IP 종속성은 영상 산업에서는 찾기 힘들다. 게다가 드라마는 성공을 거뒀다 하더라도 추가적인 소비 유도가 쉽지 않다. 특히 작품의 수명이 짧은 데다가 팬덤은 상대적으로 약하고, 새로운 인기 작품이 나오면 기존 콘텐츠는 즉각적으로 대체가 가능해진다.

이런 특성상 영상 산업은 음악 산업과 대비해 자본을 보유한 플랫폼의 영향력이 막강하다. 그리고 그 플랫폼은 최초 영상이 시장에 출시될 때 대부분의 수익을 얻기 때문에 보유 고객이 많을수록 더 큰 수익을 내는 것이 가능하다. 이것이 바로 넷플릭스가 빠르게 세계화를 추진한 이유이고 빠르게 세계화에 성공한 요인이기도 하다. 난립했던 그 많은 국내 OTT 서비스들이 국내에서의 경쟁을 지양하고 좀 더 일찍 해외로 진출했더라면 현재와는 다른 상황이 전개됐을 것이라는 아쉬움이 남는 것이 바로 이러한 이유 때문이다. 판을 키워 더 많은 해외 고객을 대상으로 더 많은 수익을 올렸더라면 더 큰 제작비를 투자할 수 있어 더 좋은 작품을 만들어 낼 수 있었을 것이다.

음악 산업 설립자들의 의도적 해외 진출 노력

국내 및 아시아에서 음악과 아티스트의 인기를 확인한 현재의 대형 기획사 설립자들은 무모하다고 생각될 만큼 이른 시점에 세계 진출을 시도하였다.

'Father of K-POP'이라 칭해지는 SM엔터테인먼트의 이수만 설립자는 이미 1997년에 'Culture First, Economy Next'라는 기치 아래 해외 진출을 최우선적 과제로 지향할 것임을 선언했다. SM엔터테인먼트가 설립된 지 겨우 2년을 넘겼을 때였다.

JYP엔터테인먼트의 박진영 설립자는 '미국병'이라고 불릴 정도로 가수로서, 작곡가로서, 사업가로서 기회가 될 때마다 미국 진출을 시도했다. 당시 함께 미국에서 고생하던 방시혁 현 하이브 의장이 이러한 고생을 견디다 못해 독립했다는 것은 유명한 일화이다.

이러한 선구자적인 시도는 결국 아시아를 점령하고 세계 시장을 점령한 현재의 K-팝의 초석이 된 것이다.

반면 영상 산업계의 경우는 해외 진출을 위한 결정력과 의지가 부족했다. 이수만과 박진영 설립자가 각각의 회사를 대표하는 위치에서 의사 결정에 절대적인 영향력을 행사하며 해외 진출을 시도한 반면 대형 미디어 회사는 그 성격상 느린 의사결정 구조를 지니고 있으며, 해외 진출 업무를 맡은 담당자 역시 혹시라도 해외 진출에 실패할 경우 예상되는 불이익으로부터 자유로울 수 없었을 것이다.

더군다나 기존 TV 중심의 사업자들까지 가세한 콘텐츠 확보 전쟁은 최근 몇 년 사이 콘텐츠 구입 가격을 대단히 빠른 속도로 상승시켰다. 배우, 작가의 몸값은 그야말로 천정부지로 치솟았으며, 최근 방영된 〈눈물의 여왕〉의 경우 16부작에 560억원의 제작비가 들었다. 회당 35억원 수준이며, 이는 한국 드라마 제작비의 새로운 기록이다.

다양한 콘텐츠를 보유하고 새롭게 콘텐츠를 만들어 낼 수 있는 탄탄한 자본력을 보유한 사업자가 더욱 유리해지는 상황에서 한국 OTT 사업자들은 해외 진출을 더욱더 꺼리게 된 것이다.

변화의 조짐

앞서 이야기 것처럼 티빙을 중심으로 하는 '국가대표 OTT' 플랫폼이 생길 전망이다. 그렇게 될 경우 새로운 법인에 참여하는 주주는 CJ계열, kt, 중앙미디어그룹(JTBC), 네이버, SK, KBS, MBC, SBS 등 영상 콘텐츠와 관련이 있는 한국의 거의 모든 대형 기업이 다 참여하는 것이다. 주주 구성에서 제외된 관련 대형 기업은 LG U플러스와 카카오 정도이다.

모두 2023년에도 대규모 적자를 기록했다.

저자를 비롯하여 많은 이들이 티빙과 웨이브의 합병에 많은 관심을 갖는 이유 중 하나는 이를 통해 국내 OTT 플랫폼의 해외 진출 토대가 마련될 수도 있겠다는 가능성 때문이다. 이제는 최소한 10년이 넘는 기간 동안 지난하게 이어온 국내 OTT 플랫폼 간의 경쟁에

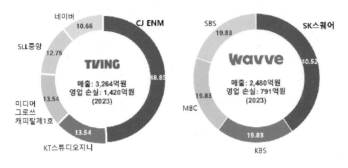

네이버
10.66

CJ ENM

SLL중앙
12.75

TVING
매출: 3,264억원
영업 손실: 1,420억원
(2023)

48.85

미디어
그로쓰
캐피탈제1호

13.54

KT스튜디오지니

13.54

SBS
19.83

SK스퀘어

wavve
매출: 2,480억원
영업 손실: 791억원
(2023)

40.52

MBC
19.83

KBS
19.83

합병을 앞둔 티빙과 웨이브 지분 구조(%) 및 2023년 실적

서 자유로울 수 있다. 더구나 국내를 대표하는 영상 콘텐츠 관련 대형 집단이 거의 모두 모인 만큼 보유하고 있는 콘텐츠의 규모 및 새로운 콘텐츠의 제작 능력에서 이를 능가할 만한 새로운 조합은 앞으로 나타날 가능성이 없다.

이런 점을 놓고 볼 때 통신사 계열, 방송사 계열, 엔터테인먼트 계열 등 다양한 국내 OTT는 결국 하나로 통합될 것이다. 물론 아직까지는 작업의 마무리 수순이 남아 있다. 이 작업을 마무리한다면 국내 OTT 시장에서 해외 OTT와의 'OTT 대전'을 위한 기반은 마련된 것이라고 볼 수 있다. 이제 본격적으로 국내에서 그리고 해외에서 글로벌 대형 OTT 업체와의 진검승부가 남은 상황이라 해도 과언이 아니다.

물론 막강한 고객 기반을 바탕으로 새롭게 시장에 진입한 쿠팡이라는 대형 변수가 있지만 앞서 말한 것처럼 보유 콘텐츠 규모, 제작 능력, 주주 측면에서 티빙과는 그 격차가 상당한 수준이다.

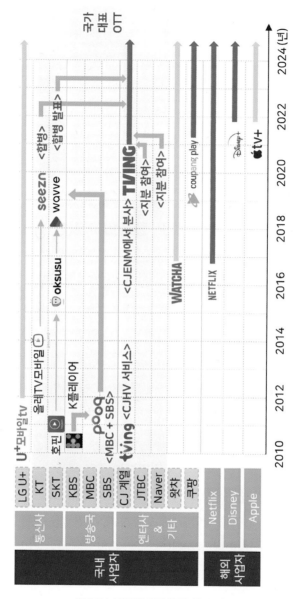

국내 다수 사업자의 OTT 서비스 히스토리

이 글에서는 최근 언론에서 많이 보도되고 있는 티빙과 웨이브의 합병 이후 예상되는 변화에 대하여 다루기보다는 음악 사업과의 비교를 통해서 영상 산업의 세계화가 지연된 원인에 대하여 논의하고, 상대적으로 빠른 세계화에 성공한 음악 산업을 타산지석 삼아서 영상 산업의 세계화를 위한 전략을 이야기하고자 한다.

Where is it going and what should we do?
전면적인 해외 진출의 어려움

통합된 티빙의 글로벌 진출에 대하여 부정적인 입장이 여전히 많다. 최근 만난 중소 드라마 기획사 대표의 경우 티빙과 웨이브 합병의 실현 가능성에 의문을 제기하면서 설사 합병이 이루어진다고 하더라도 해외 진출은 '요원한' 일이라고 단언했다. 애초 그는 오징어 게임이 K-드라마가 맞냐는 질문에 당연히 K-드라마라고 대답했다. 제작자의 입장에서는 어쩌면 당연한 결론일 수도 있다.

우선 해외 진출을 위한 막대한 자본이 현재 주요 주주사들에게 있지 않으며 그럴 의지도 없을 것이라는 것이 그의 논리였다. CJ를 비롯한 다수의 주주사들은 이미 국내 서비스만으로도 오랜 기간 적자를 기록 중인 점을 감안할 때 새롭게 해외 진출을 위한 재정적인 체력은 바닥난 상황이라는 것이다. 숫자상으로 분명 합리적인 추론이다.

더구나 주주사들이 그동안 자체 제작하여 축적해 온 다수의 영상 콘텐츠들은 이미 진출하려고 하는 해외의 로컬 OTT 플랫폼에 방영권을 팔았기 때문에 직접 해외를 진출한다고 해도 큰 영향을 미치지 못할 것이 자명하다는 것이다. K-드라마의 인기를 바탕으로 자체 플랫폼을 진출시키기보다 콘텐츠를 우선적으로 수출한다는 전략은 이미 오래전부터 진행돼 온 만큼 일견 납득이 되는 부분이다.

또한 배우를 포함하여 기획사 입장에서는 본인이 출연하고 제작한 작품이 티빙과 웨이브에 실리는 것을 원하지 않는 속성이 강한 것도 사실이다. 결국 더 많은 고객에게 자신과 작품이 노출되기를 원하는 이들에게 국내 중심의 플랫폼보다는 넷플릭스와 같이 한 번에 바로 세계화가 가능한 플랫폼을 선호하는 것은 어쩌면 당연한 일이다. 오징어 게임의 주인공인 이정재는 해당 작품의 세계적인 성공에 힘입어 최근 디즈니플러스를 통해 개봉된 '스타워즈' 시리즈 '애콜라이트'의 주인공 마스터 제다이의 역할을 맡았다. 드라마에 출연하는 모든 배우들이 제2의 이정재가 되기를 바라는 것이다.

유사한 이유로 기획사 역시 자신들이 제작한 작품이 글로벌 플랫폼에 실리기를 원할 것이다. 오징어 게임의 성공으로 기획사는 국제적인 관심을 받았을 것이며, 해당 작품에서 기획사가 제작비에 일정 비율의 이익을 보장받는 조건이었다면 아마도 〈오징어 게임2〉 혹은 그 뒤편에서는 훨씬 좋은 조건에 계약이 가능할 것이다.

이렇듯 해외 진출과 관련하여 OTT 플랫폼 업체의 체력과 의지도 약하고 배우나 기획사와 같은 콘텐츠 제작 영역에서도 현재와 같이 넷플릭스와 협업하는 것을 선호한다면 해외 진출이 필요하다는 당위성만 가지고 해외 진출을 논하는 것은 다소 어리석은 측면이 있는 것이 아닌가 싶을 수도 있다.

하지만 위의 모든 추론은 기존의 국내에서 진행한 방식대로 해외를 나간다는 가정하에서 성립되는 논리이다. 무차별적인 잠재적 고객을 대상으로 무차별적인 대규모 콘텐츠를 구비하고 무차별적인 마케팅을 진행한다면 위에서 언급한 논리는 모두 합당할 가능성이 높다. 이는 결국 넷플릭스와 같은 형태로 전면적이고 공격적으로 해외로 진출한다는 것을 의미하며, 다수의 글로벌 혹은 로컬 OTT 사업자가 도사리고 있는 해당 국가에서 상당히 힘든 싸움이 될 것이라는 점에 대해서 저자도 동감한다. 이러한 방식의 해외 진출은 이미 그 적정한 진출 시기를 한참이나 놓친 것이다.

틈새를 활용한 자리 잡기 필요성

이쯤에서 저자는 국내 OTT 플랫폼인 '라프텔'에 대하여 논의하고자 한다.

라프텔은 티빙, 웨이브, 왓챠 등 국내 주요 OTT들이 대규모 적자를 기록한 2023년 국내에서 유일하게 흑자를 기록한 OTT 플랫폼이다. 라프텔의 성공 원인은 철저한 선택과 집중이었다. 철저하게 애니메이션 '덕후'들을 잠재 고객으로 선택했고, 원하는 애니메이션은 있지만 합법적인 경로로 접근이 곤란한 애니메이션 팬들의 팬심을 공략했다. 일본에서 출시되는 신작 애니메이션의 90% 이상을 국내에서 일정 기간 독점 상영하고, 타 OTT에서 제공하지 않는 희귀 작도 방송한 것이다. 즉 상당히 제한적인 고객 풀(pool)이지만 이들을 대상으로 가입율을 높이는데 집중했다. 그 결과 2022년 42억원이 었던 매출이 2023년 297억원으로 7배 이상 급증하였고 흑자를 기록하였다.

〈2024 문화 소비 트렌드〉에서 잠시 언급한 바 있는 소니픽쳐스의 경우 비교적 빠른 시점인 2006년 동영상 공유 사이트인 그루퍼(Grouper)를 인수한 뒤 스트리밍 서비스 크래클(Crackle)로 리브랜딩하면서 케이블TV를 대체할 OTT 서비스를 준비했다. 하지만 OTT 플랫폼과의 경쟁이 치열해지는 양상을 보이자 이들과의 경쟁을 지양하고 콘텐츠 제작과 라이센싱에 집중하는 전략을 취하면서 플랫폼 영역에서 손을 떼게 된다. 플랫폼 경쟁을 지양하던 그 소니픽쳐스가 2020년 AT&T로부터 인수한 글로벌 애니메이션 OTT 플랫폼 '크런치롤'은 최근 3년간 유료 구독자 규모가 3배로 확대되어 1300만명을 넘기게 되었고, 2027년에는 2000만명을 넘길 것으로 예상된다.

물론 이러한 매력적인 '숫자'가 애니메이션 영역으로 해외 진출을 꾀해야 한다는 의미는 아니다. 기존의 전면적인 경쟁에서 비껴간 소위 틈새(niche) 시장을 공략하라는 의미이다. 마치 음악 산업에서 하이브의 위버스가 동영상 플랫폼 영역 진출에 있어서 유튜브와 전면적으로 경쟁을 벌인 것이 아니라 팬덤 기반의 커뮤니케이션 플랫폼이라는 차별화된 작은 영역에서 시작하여 대상 아티스트를 넓히고 그 서비스를 확대한 것과 유사한 맥락이라고 이야기할 수 있다.

최근 김홍일 방송통신위원회 위원장은 퇴임 전 웨이브, 왓챠, 티빙, 쿠팡플레이 등 국내 4대 OTT 대표와의 미팅에서 해외 진출을 적극 지원하겠다고 밝혔다. 최초 사업성이 높은 일부 국가와 일부 차별적 콘텐츠를 중심으로 점진적으로 해외에 진출한다면 국내 OTT의 해외 진출은 '요원한' 일만은 아닐 것이라고 판단된다.

TV 기반 사업자들의 몰락 가속

동영상 소비의 중심축이 모바일로 넘어온 지는 제법 오래되었다. 모바일을 통한 영상 소비 시간이 큰 폭으로 늘어나고 있는 반면 TV는 모바일 영상 소비 시 BGM($^{back\ ground}_{music}$) 역할 혹은 넷플릭스를 좀 더 크게 보는 도구의 역할로 변모해 가고 있다. 이는 MZ로 대변되는 일부 젊은 세대에 국한된 이야기가 아니다. 이미 50대 이상의 장년층까지 모바일로의 광범위한 이동은 뚜렷하게 나타나는 현상이다.

티빙과 웨이브의 합병은 이러한 추세를 더욱 가속화시킬 것이 자명하다. OTT 플랫폼이 태생적으로 지닌 실시간 콘텐츠 부족은 이제 지상파를 비롯해 다수의 실시간 콘텐츠를 생산하는 다양한 주주를 보유한 티빙의 경우 완벽하게 보완될 것으로 예상된다. 뉴스를 보기 위해서, 실시간 스포츠 중계를 보기 위해서, TV에서 우선적으로 볼 수 있는 실시간 드라마를 보기 위해서 아직 남아 있던 TV 고객들은 이 모든 것을 볼 수 있는 모바일로의 이동을 가속화할 것이다. 더구나 다양한 국내외 OTT 플랫폼의 선택을 두고 고민을 거듭하던 다수의 유동층은 이제는 확실해진 국내 대형 OTT의 탄생 이후 더욱 빠르게 모바일을 선택할 것이 분명해 보인다.

최근 케이블TV와 IPTV를 주축으로 하는 MPP($^{\text{multiple}}_{\text{program provider}}$) 전략 담당자와 중장기 전략과 관련하여 미팅을 진행한 적이 있다. tvN 혹은 온미디어 계열의 다수 PP($^{\text{program}}_{\text{provider}}$)들은 CJ계열로서 티빙의 확장을 반기는 분위기일 것이지만 티빙과의 접점을 보유하지 못한 다수의 PP 및 MPP들은 모바일로의 빠른 변환에 새롭게 대비해야 할 필요성이 커지고 있다.

제작 기반의 근본적 경쟁력 확보

작품을 공급할 대형 플랫폼 하나가 사라지게 되면서 그동안 지속되어 온 콘텐츠 제작 비용의 증가라는 호재의 영향력이 감소하는 것이 아니냐는 우려를 나타내는 목소리가 있다. 지난 몇 년간 플랫폼 간의 경쟁은 콘텐츠 제작 비용을 현격하게 상승시키며 기획사, 제작사들의 매출을 올리는데 크게 기여했다.

하지만 오징어 게임의 경우처럼 작품의 IP 자체를 넷플릭스에 완전히 귀속시키는 일견 불공정한 계약은 전 세계적으로 콘텐츠 제작사들의 원성을 사고 있다. 이러한 상황에서 넷플릭스에 대항 가능한 국내 대형 OTT 플랫폼의 등장은 넷플릭스의 콘텐츠 확보 전략에 변화를 일으킬 가능성을 높이고 있다. 좀 더 친(親) CP($^{\text{contents}}_{\text{provider}}$)적인 계약 조건을 내세워 영상 제작사들을 자기편으로 끌어들일 것이다. 이는 글로벌 흥행에 따른 파이의 일부를 함께 나눌 개연성이 있다는 의미이다. 다시 말하면 단순히 콘텐츠 공급 업체라는 지위를 벗어나 함께 이익을 공유하는 파트너로서의 지위 변경을 뜻한다. 이를 통하여 한국의 영상 콘텐츠 제작 업체들은 눈앞의 안정된 이익을 벗어나 근본적인 경쟁력을 확보할 수 있는 계기가 될 것이다.

티빙과 웨이브의 통합은 국내 시장에서 글로벌 OTT와의 경쟁이라는 소극적 관점에서 바라볼 것이 아니다. 국내 시장은 이 '국가대표 OTT'에 참여한 9개의 대형 사업자에게는 좁디좁은 영역이다. 중장기적으로 국내 시장을 어느 정도 수성한 이후에는 전 세계를 대상으로 그 Battlefield를 넓혀갈 것이라 믿는다. 이에 따라서 K-드라마 역시 세계화의 수준이 변화할 것이다. 이미 그 제작 능력에서 세계적인 역량을 확인한 바 있는 한국의 드라마는 국내 플랫폼 영역의 지원을 뒷배 삼아 IP를 보유한 진정한 K-드라마, 돈을 버는 K-드라마로 거듭나게 되기를 기원한다.

2025년은 국내 OTT 플랫폼의 해외 진출 가능성을 예상해 볼 수 있는 한 해가 될 것이다. 국내에서의 치열한 경쟁을 마치고 하나로 결집한 다수의 콘텐츠 기업 연합 성격으로서 티빙은 다소 늦은 감이 있지만 해외 진출을 위한 초석을 디뎌야 하는 시점이며, 그렇지 못할 경우 OTT 플랫폼 시장에서 세계 진출은 영원히 불가능한 일이 될 수도 있을 것이다.

전통문화,
오래된 미래

지난 2023년 봄, 글로벌 게임 기업인 에픽게임즈가 운영하는 '언리얼 엔진 마켓플레이스(unreal enjine.com)'가 느닷없이 집단 댓글 해프닝을 겪은 일이 화제가 되었다. 전 세계의 창작자, 개발자들이 게임을 비롯하여 각종 영상물 제작을 위해 3D그래픽 솔루션 툴을 거래하는 글로벌 마켓에서 도대체 무슨 일이 생긴 것일까? 바로 이 마켓에 신규로 등록되어 주목받기 시작한 한국의 전통 문양, 한복 등 전통문화 관련 디지털 에셋 데이터가 원인이었다. 한국 전통문화 디지털 에셋이 무료로 개방되면서 인기를 모으게 되자, 일부 중국 유저들이 의도적인 악성 댓글을 집중적으로 올리는 일이 발생하였다. 이들은 조선시대 건축물 '창원의 집' '제주목관아' 등의 한옥 데이터에 대해 "중국 건축물인데 한국 문화로 왜곡되어 있다"라는 주장을 남기며 평점 1점의 리뷰 공격을

'창원의 집' 디지털 에셋: 실사와 거의 차이 없는 고품질 디지털 에셋의 무료 개방으로 주목을 받았다

펼쳤다. 이 상황은 일반 유저들의 신고에 따라 해당 마켓에서 댓글 블라인드 조치를 하여 해프닝으로 일단락되었지만, 김치, 삼겹살 같은 한국 음식과 한복 등에 이어 이제 한옥까지 문화 동북공정의 대상이 되었다며 언론의 뜨거운 관심을 모았다. 1992년 TV 광고 속에서 박동진 명창은 "우리 것은 소중한 것이여"라는 판소리로 큰 울림을 주었다. 그 울림은 현재의 디지털 공간에서도 여전히 묵직하게 다가온다.

What do we see?
킹덤 is 갓덤

한국 문화는 전 세계적으로 알려지고 사랑을 받아 왔지만, 실시간으로 연결되고 소통하는 디지털 시대를 맞아 영향력의 한계는 더욱 없어졌다. 지난 팬데믹을 전후하여 영화 〈기생충〉과 드라마 〈오

징어 게임〉, '방탄소년단^(BTS)'을 비롯한 K-팝 아이돌들은 각종 수상
경력은 물론이고 산업 매출 등에서 놀라운 기록을 거두었다. 영화 〈미
나리〉로 아카데미 여우조연상을 수상한 윤여정 배우가 영국 가디언
지와의 인터뷰에서 한 답변은 매우 상징적이다. 그는 한국 대중예술
이 갑자기 세계적으로 각광받는 이유가 있냐는 질문에 이렇게 답했
었다. "우리는 언제나 늘 좋은 영화, 좋은 드라마가 있었다. 단지 세
계가 지금 우리에게 주목할 뿐이다"라고. 그의 발언처럼 'K-컬처'가
갖고 있던 힘은 디지털 시대에 동시간적 파급력을 지닌 디지털 플랫
폼과 실시간 상호소통 미디어의 도움으로 더욱 빛나게 되었다.

　한국 대중예술에 대한 주목은 그것을 매개로 하여 한국 전통문화
에 관한 관심으로까지 연결되었다. 2019년 시즌1이 처음 공개된 넷
플릭스 드라마 〈킹덤〉은 2020년 3월 시즌2 6부작이 개봉되며 더욱
화제를 모았다. 조선시대를 배경으로 한 좀비 드라마라는 이색적인
설정이 밀도 있는 스토리와 화면 연출이 더해지면서 인기를 모은 것
이다. 뉴욕타임스는 〈킹덤〉이 한국 사극의 관습을 파괴한 작품이라
며 '2019 최고의 인터내셔널 TV Show Top 10'으로 선정하기도
했다. 드라마가 인기를 끌면서 드라마의 배경이 된 경복궁 등의 궁
궐과 등장인물들의 한복 등 한국 전통문화에도 관심이 집중되었다.
이 드라마의 애청자라고 밝힌 미국 SF 작가 존 호너 제이콥스
(John Hornor Jacobs)가 자신의 트위터에 밝힌 시청 소감 중에 "Really enjoying
KINGDOM on Netflix. the Joseon era Korean zombie show,
but can we talk all the hats in the show for a hot second? I

need a scholar of Korean history to unpack all of these lids(넷플릭스에서 조선시대 좀비물 킹덤을 잘 보고 있어. 우리 잠깐 여기 나온 모든 모자에 대해 얘기해 볼까? 이것들을 설명해 줄 한국 역사학자가 필요해)" 라면서 드라마 속의 "all the hats"를 주목한 부분이 눈에 띈다. 이후에도 그는 "Kingdom on Neflix: zombies AND HATS. Life really can't get much better than this(넷플릭스 킹덤; 좀비와 모자들. 삶은 이보다 더 나아질 수 없다)"라는 글을 남기며 'HATS(모자들)'에 대한 관심을 지속해서 표명했다. 이렇게 드라마 속 다양한 '갓'에 주목한 시청자들이 늘어나면서 이 드라마는 '갓'이 'god'이라는 중의적인 의미를 띠며 '갓덤'이라고 불리기도 했다. 당시에 갓은 아마존과 이베이에 등장하여 'Gat' 또는 'God'이라는 상품으로 판매되기도 했다. 우리에게는 익숙한 전통문화가 다른 나라 시청자들에게는 'what's new'로 받아들여질 수 있다는 사례이다.

what's new for creator

시청자가 바라보는 새로움은 그 이상의 차원으로 연결될 수 있다. 창작자들의 관심은 늘 새로운 것을 좇아 움직이기 마련이다. 디지털 콘텐츠의 창작자, 개발자들도 새로운 창작의 소재로 한국 전통문화를 주목하였다. 킹덤에 나온 갓을 포함한 한국 의복과 궁궐 등의 한국 가옥을 게임이나 영상물에서 활용하고 싶은 수요가 발생한

문화체육관광부 메타버스 데이터램에 개방된 수원화성행궁 디지털 에셋

것이다. 글로벌 시장에서 서비스 중인 대부분의 3D·2D 게임 개발 엔진이자 영화, 애니메이션 등 산업군에서 디지털화 작업에 활용되는 제작 툴을 서비스하고 있는 언리얼 엔진, 유니티 엔진 등 글로벌 마켓 담당자들은 당시 상황에 대해 한국에 대한 검색량이 마켓에서 폭발적으로 늘었지만, 개발자의 수요를 충족하지 못했다고 전한다. 디지털 마켓에 한국의 전통문화 데이터는 극히 한정적으로 존재하였기 때문이었다.

문화체육관광부 문화정보화 전담기관인 한국문화정보원의 자료에 따르면, 2022년 기준 유니티 마켓에서 국가명으로 검색을 해보았을 때 한국은 64개의 디지털 데이터가 게시되었던 것에 비해 일본은 885개의 게시 자료가 있다고 했다. 이렇게 마켓에 올려져있는 전통문화 디지털 에셋들은 '용과 같이 유신국'(일본), '검은 신화 오공'(중국)과 같은 게임을 비롯하여 광고, 영화, 애니메이션 등에서 활용되고 있었다. 한국의 전통문화 에셋은 개방된 수량 자체도 적었지만, 경량화된 고품질 데이터가 아니었기 때문에 실제로 창작자들이 이용하기에는 어려운 상황이었다.

이런 배경에서 문화체육관광부는 전통문화의 산업적 활용을 지원하기 위해, 전통문화 디지털 에셋을 제작하는 프로젝트를 진행하였다. 2023년 5월 전통 문양과 한옥, 한복 등 총 4201개의 디지털 에셋이 한국문화정보원에서 새로 제작되어 공공누리 자유 이용 원칙에 따라 누구나 자유롭게 다운로드할 수 있게 무료로 개방되었다. 특히 1유형 공공저작물이어서 2차적 저작물로 변형하거나 상업적으로도 이용할 수 있었으므로 전 세계 창작 개발자들의 호응이 따른 건 어쩌면 당연한 결과였다. 한국문화정보원에 따르면 2024년에 2차로 지금까지 시도되지 않았던 '수원 화성' 디지털 에셋까지 총 4543개를 추가로 제작하여 개방하면서 2024년 6월 현재 17개 게시물 기준으로 107만 건, 개별 데이터 기준으로는 누적 총 4억3000만 건 이상 다운로드되었다고 한다. 게임 개발자, VFX 스튜디오, 웹툰, 방송 등의 업계는 물론이고 연구진 또는 학생들까지 이용의 폭이 넓어지면서 우리 전통문화가 전 세계 디지털 공간에서 새로운 창작의 소스가 된 것이다.

Why is it?
낯선 새로움, hip tradition

우리 전통문화가 세계인들에게 새로운 창작 소재가 될 수 있었

국립중앙박물관 뮤지엄숍에서 판매하는
반가사유상 미니어처

던 것은 그들이 접해보지
못했던 'what's new'이기
때문인데, 이런 '낯섦'은
비단 외국인들에게만 해당
하는 것은 아니다. 최근 한
국 젊은 세대를 중심으로
우리 전통문화에 관한 관
심이 높아지며 음식, 의복,
상품, 공간, 문화에 이르기까지 '옛것'을 '새롭게' 바라보는 수요가
늘어나고 있다.

2021년 국립중앙박물관 뮤지엄 숍은 고려청자 이어폰 케이스와
반가사유상 미니어처를 선보였는데, 품절 대란이 일어날 정도로 화
제를 불러일으켰다. 단순히 전통 문양을 사용하거나 문화재의 모양
을 가져온 것만이 아니라, 금동대향로 미니어처를 인센스로 사용한
다든가, 자개 소반 형태로 무선 충전기를 만드는 식으로 현대적 감
각의 실생활용품으로 재해석을 한 것이 감각적으로 매력 있게 다가
온 것이다. 국립박물관문화재단에 따르면 2023년 방문객은 역대 최
대인 417만명을 기록했고, 뮤지엄 숍(MU:DS)의 매출도 2019년 86억원
에서, 2022년 117억원을 거두었고, 2023년에는 재단 창립 이래 최
대인 149억원을 기록했는데 이는 전년 대비 30% 늘어난 수치이다.
2024년에도 '취객선비 3인방 변색잔 세트' 등이 예약판매 1분 만에
준비한 물량이 매진되었고, '덕수궁 오얏꽃 위스키 잔' 등이 완판 신

화를 이어서 거두고 있다. 경복궁, 덕수궁 등 고궁 굿즈를 판매하는 한국문화재재단 역시 지난해 기준 매출액이 처음으로 110억원을 돌파했다고 한다. 뮤지엄 상품들이 예전처럼 외국인 기념품이나 고급 선물용만이 아니라 본인이 실사용하거나 소장하기 위한 용도로 구매된다는 건 의미가 있다.

전통문화를 현대적 감각의 실용 디자인 상품으로
탄생시킨 자개 소반 형태의 무선충전기

　한국 전통문화는 박물관 안에 머물러 있지 않다. 글로벌 기업 스타벅스의 MD^(merchandise)는 새로운 상품 출시될 때마다 오픈런으로 인기를 끌기도 했지만, 최근에는 그다지 새롭지 않다는 평이 많았다. 그런데 최근 모처럼 소장 욕구를 불러 일으킨다는 굿즈가 등장했다. 2024년 6월, 한국 전통민화 '호작도'에 영감을 받은 텀블러, 머그 등과 한복 두루마기를 입은 베어리스타 키링을 출시하였고, 이어 8월에는 광복절을 기념하여 전통 문양 단청을 모티브로 한 상품을 선보였다. 국가무형유산 단청장 이수자의 감수를 받아 텀블러 외에도 찬합 세트 등을 새로이 구성했는데, 의미를 잘 담아낸 디자인으로 호평을 받았다. 이러한 전통문화의 인기는 구매하는 상품만이 아니라 체험에서도 나타난다. 경복궁, 창덕궁 등의 고궁 야간 개장 프로그램 '별빛 야행'이나 임금의 궁중 다과 체험 '생과방 다과' 등의 궁궐 프로그램들은 예매 개시와 함께 전 회차 매진이 이뤄져 '궁케팅'이란 말이 나올 정도이다. 예전에 할매 과자, 제사상 음식 취급을 받던 전통 다과의 인기도 눈에 띈다. 고려시대 전통 한과 '개성 주악'이 온라인 사이트, 판매 카페, 요리학원 등에서 다양하게 인기몰이하였고, 장인약과 등에서 시작된 약과의 인기도 시들지 않는다. 편의점 GS25는 약과 제품을 기획하기 위해 '약과 연구소'를 만들어 자체 약과 브랜드 '행운약과'를 론칭했고, CU도 '이웃집 통통이 약과쿠키'를 판매하며 판매 닷새만에 10만개를 매진시켰다고 할 정도이다. SSG닷컴도 2023년 약과·유과 등 한과 매출이 전년 동기 대비 50% 증가했다고 밝혔다.

이런 인기의 주역은 20~30대이다. SSG가 집계한 한과를 구매한 연령을 보면 20대가 전년 동기 대비하여 165%로 가장 많이 증가했고, 30대는 50% 늘었다고 한다. 예매 사이트 인터파크에 따르면 궁궐 체험 프로그램의 입장권 예매자도 대부분 30대 이하였다. '생과방'은 입장권 예매자의 82.6%가 30대 이하였고, '밤의 석조전'은 81.9%, '달빛 기행'은 74.1%가 30대 이하였다. 국립문화재박물관이 밝힌 2023년 뭋즈 구매자 통계에서도 20대는 12.7%, 30대는 48.7%로, 20~30대가 전체 구매자의 60% 넘는 비중을 차지하고 있다. 전통문화가 이렇게 젊은 세대에게 인기를 끌고 있는 현상을 유행에 밝고 트렌디하다는 뜻의 힙(hip)과 전통적(traditional)이라는 의미를 합쳐 이른바 '힙 트래디션(Hip Tradition)'이라고 부른다.

전통의 동시대성, 오래된 미래

시간상으로 '오래된' 의미를 지닐 수밖에 없는 전통문화가 이렇게 젊은 세대에게 '최신'의 유행으로 다가온다는 건 아이러니하지만 당연하다. 근대화, 산업화가 급속히 진행된 한국 사회에서 전통문화가 가정, 사회 등의 생활 속에서 자연스럽게 계승되기보다는 나의 삶에서는 단절되고 고립되어 온 것이 현실이었다. 이 때문에 외국인들이 다른 나라의 전통문화를 '자기 나라가 아닌 다른 나라에 특징적인'이라는 의미 그대로의 이국적(exotic)인 아름다움으로 받아들이는 것처럼, 분명 우리 문화임에도 불구하고 실제로는 잘 접해보지 못한 낯선 새로움으로 다가오게 된 것이다.

러시아 작가인 빅토르 쉬클로프스키(Viktor Shklovski)가 문학 창작 방법론으로 '낯설게 하기(defamilitarization)'라는 개념을 제시한 후, 이는 문학을 넘어 다양한 예술 창작에서도 적용되고 있다. 쉬클로프스키는 시간의 불일치, 공간의 분리 등을 제시하며, 일상적인 사물이나 관념을 낯설게 하여 새로운 느낌이 들도록 표현하는 예술적 기법을 '낯설게 하기'로 표현했다. 예술 창작가들은 늘 새로움을 찾기 위해 애쓸 수밖에 없는데, 우리가 자주 접하는 익숙한 것들에 대한 고정관념을 깨어 낯설게 만들어 새롭다고 받아들이게 하라는 전환적 발상이다. 새로움에 지쳐 그 무엇도 새롭지 않아진 때에 익숙하다고 여겨졌던 것들로 다시 눈을 돌리게되는 건 예술 창작, 광고 마케팅 등 상업 분야에서도 적용된다.

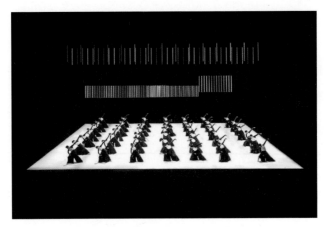

국가무형유산 '종묘제례악'의 절제미를 현대무용의 느낌으로 재해석하여
표현한 서울시무용단 공연 '일무'

지난 2020년 한국관광공사의 홍보영상 '필 더 리듬 오브 코리아 (Feel the Rhythm of Korea)' 시리즈에서 퓨전 국악 그룹 이날치는 국악과 EDM을 섞고 현대무용을 혼합한 '범 내려온다'로 유튜브 누적 조회수 6억 뷰를 넘기며 공공 광고의 새로운 지평을 열었다. 국립극장도 국립창극단의 창극 '장화 홍련', '심청'과 국립무용단 '묵향' 등을 시도하며 창작극의 매진을 가져오기도 했다. 디자이너 정구호 등의 타 장르의 예술가와 접목하며 전통적인 소재를 새로운 감각으로 연출한 것이 주효하며, 해외 초청 공연에서도 주목받았다. 2024년 5월 세종문화회관에서 공연한 서울시무용단의 '일무(佾舞)'도 절제미가 강조되는 종묘제례악을 마치 현대의 군무처럼 재해석하여 화제가 되었는데, 2022년 초연 후 2023년 미국 뉴욕 링컨센터에서 "한국 춤의 모던

한 변신, 변증법적 조화와 증식을 보여준다"라는 뉴욕타임스의 호평을 받았다. 문화 예술 분야에서는 익숙한 것을 새롭게 만들기 위한 창의적 접근 방식면에서 한국 전통문화는 이미 중심에 있다. 이것은 흔히 여겨지는 것처럼 단순히 전통을 타장르와 접목한다는 '크로스오버(cross-over)'의 차원이 아니고, 전통이라는 소재를 현대를 살아가고 있는 시대의 감각으로 재해석하는 '동시대성'을 적용하기 위한 노력이다.

이렇듯 전통문화는 문화예술의 창작자, 상품의 생산자들에게는 익숙한 것을 새롭게 바라보게 하는 창작, 생산의 소재로써 활용이 되었고, 또한 소비자에게는 우리 것이지만 지금까지 쉽게 접해보지 못했던 새로운 경험 측면으로 다가왔다. 이렇게 과거의 것은 우리가 사는 현대에서 새로운 가치를 만들어 내고 있다. 그리고 이제는 미래를 위한 자산 가치로까지 연결 중이다.

디지털 공간 속 전통문화

2020년 코로나19가 본격화된 이후 비대면 온라인 문화가 익숙해지고 산업 전반의 디지털 전환이 가속화되면서, 한국 사회에서는 메타버스가 화두로 떠오르며 기업, 학계를 비롯해 정부, 지자체 등 공공에 이르기까지 한국 사회 전반적으로 메타버스 사업이 열풍처럼 불어닥쳤다. 남보다 뒤처지지 않게 메타버스 플랫폼을 구축하고 서비스를 시행해야 한다는 당위가 먼저 앞서고, 그를 위한 새로운

펄어비스는 모바일 게임 '검은 사막'의 새로운 영지로
조선시대를 배경으로 한 '아침의 나라'를 구성했다

콘텐츠 확보의 필요성이 이후에 뒤따라왔다. 시공간의 제약이 없는
디지털 공간인 메타버스 세계 속에 전통문화가 깊숙이 들어갔다. 글
로벌 유저들에게는 '이국적' 아이템이었고, 한국의 젊은 세대에게도
'힙 트래디션' 가치를 제공할 수 있으니 새로운 콘텐츠 확보를 위해
서 제격이었던 셈이다.

2023년 한국전통문화전당은 자체 메타버스 플랫폼 '메타 전당'
을 오픈하여 전통 놀이 등을 체험할 수 있게 했고, 12월 한국공예디
자인진흥원도 메타버스 플랫폼 '제페토(ZEPETO)'에다 덕수궁을 재현한
'하늘섬 위, 덕수궁'을 오픈했다. 이 기관이 제페토에서 선보인
'K-Kings' 시리즈의 창덕궁, 비원, 경복궁에 이어 마지막 편이다.
우리나라 궁궐을 배경으로 하여 전각 내외부를 돌아볼 수 있는 가상
체험과 함께 이 공간에서 전통 생활문화를 게임의 형식으로 재미있
게 경험하면서 우리 궁궐과 전통문화를 친근하게 접할 수 있게 하기

위한 목적이다. 이런 시도는 관광자원의 활성화를 위한 지자체의 요구와 부응하여 전북 남원시의 '광한루원 메타버스', 익산시의 '메타버스 익산 미륵사지', 경주시의 '천년 신라 왕경 디지털 메타버스 프로젝트' 등이 기획 중이거나 시행되었다.

이렇게 정부, 지자체, 기관이 좋은 기획 의도를 갖고 직접 메타버스 플랫폼을 제작 서비스를 시행하였으나, 실제 활용에는 어려움을 겪고 있는 것이 현실이다. 서울시의 '메타버스 서울'도 플랫폼 이용하는 유저들이 많지 않아 유령도시라는 쓴소리를 들었고, 하루평균 접속자 수가 100명도 안 되는 지자체 플랫폼이 허다해 예산 낭비라는 지적을 받고 있다. 디지털 플랫폼은 구축 이후 사람들이 관심을 두고 재미를 느낄 수 있도록 콘텐츠의 업그레이드와 활용이 중요하다는 기본을 놓친 결과이다. 자체 플랫폼에 비해 접속자 수 확보가 상대적으로 쉬워 보이는 제페토 내의 서비스도 문제가 없는 것은 아니다. 기본적으로 민간 플랫폼에 탑재한 것이다 보니, 해당 플랫폼 외에서의 활용은 불가능하며 서비스 확대도 어렵다. 빠르게 변화하는 디지털 세계에서 유연하게 반응하기 어렵다는 공공 분야의 태생적 한계로, 공공에서 제공하는 전통문화 메타버스 플랫폼의 미래는 밝지 않다.

이에 비해 민간 기업이 하는 서비스에서는 전통문화가 새로운 콘텐츠로서의 가치가 더 높아지고 있다. 일본, 러시아, 북미 등 현재 전 세계 150여 개국에 '검은 사막' 게임을 서비스하는 펄어비스는 2023년 게임 내 신규 영지를 선보였다. 기존 중세 판타지를 배경으로 한 검은 사막의 영지에 조선시대의 문화를 담아낸 '아침의 나라'를 새로 구성하여 한국의 신화나 민담, 설화 등을 바탕으로 이야기를 구성하고, 도깨비, 구미호, 흥부 놀부, 별주부전, 바보 온달 등 캐릭터 요소를 넣었다. 배경으로도 담양 죽녹원, 청주시 상당산성 등 실제 한국의 지형을 반영하였고, 태백의 허리띠, 신규 선박 판옥선, 기와집 주거지 등의 다양한 전통문화 요소를 담았는데, 게임 출시 후 부채, 전통 잔 등으로 구성된 아침의 나라 한정 굿즈 패키지까지 해외 커뮤니티에서도 화제가 되었다. 이 기업은 한국관광공사, 국립박물관문화재단, 문화재청 등 주요 기관과 지방자치단체의 협조를 받아 문화유산 등을 3D 모델링해 게임에 담았고, 2023년 9월에는 한국전통문화대학교와 업무협약을 맺고 역사 고증 자문단 구성, 디지털 문화유산 활용 협력 등의 다양한 협업을 본격적으로 진행하고 있다.

문화체육관광부와 한국문화정보원이 2023년 1차로 기와, 도자 등에 새겨진 전통 문양, 한복, 한옥에 이어 2024년 2차로 수원 화성 문화유산과 디지털 휴먼 등 전통문화 디지털 에셋을 개방한 것도 이렇게 민간의 창작자들이 활용할 수 있는 창작 소스를 제공했다는 데 의의가 있다. 특히 자체 플랫폼에서만 내려받거나 이용할 수 있게 했던 기존의 공공 서비스의 관례를 깨고, 유저들이 이용하는 언리얼 엔진이나 유니티 등 글로벌 마켓에서 직접 개방했다는 것이 파격적이다. 3D 모델링과 텍스처, 사운드 등 다양한 데이터를 모듈화된 에셋으로 제작하였기 때문에 완성된 형태 외에도 각각의 부품 소재로도 활용할 수 있어 게임 등 가상 세계 배경이나 산업 디자인에서 쉽고 자유롭게 바로 사용이 가능해졌다. 문화유산을 3D 스캔하고 모델링하여 디지털 에셋화하는 작업에 대기업만큼 자본력과 인력을 투입할 수 없는 중소기업 또는 개인 창작자들도 이제 한국의 전통문화를 디지털 창작에 이용할 수 있게 되었다. 해외 개발자들도 그동안 동양풍의 게임이나 콘텐츠를 구성할 때 상대적으로 개방이 많이 된 중국, 일본식 그래픽 요소 대신에 한국의 전통문화를 디지털 창작 소스로 활용할 가능성이 커졌다. 정부와 공공기관, 대학 등에 이르기까지 전통문화의 디지털 전환의 시도가 다양한 분야에서 점차 확대되고 있으므로 앞으로 창작자들이 이용할 수 있는 전통문화 창작 소스는 보다 더 글로벌하게 제공될 전망이다.

Where is it going? and what should we do?

2024년 5월, 1962년 제정된 문화재보호법이 국가유산기본법으로 대체되면서 문화재청의 이름도 62년 만에 국가유산청으로 이름을 바꾸었다. 그동안 '문화재'라는 단어가 보존하거나 복원해야 하는 '재화적 성격'이 중시되었다면, 이제 '국가유산'이라는 단어를 사용한다는 것은 미래 후손들에게 이어지는 활용과 재창조 측면의 관심을 강조한다는 의미가 있다. 이는 문화유산이 단순히 오래된 과거가 아니라 이제 현대를 사는 동시대성의 의의를 넘어서 미래를 위한 자산이 될 수 있는 '문화적 가치'로 중요하다는 의미를 나타낸다. 이

국가유산청에서 2024년 5월부터 서비스를 시작한 '국가유산 디지털 서비스'_digital.khs.go.kr

에 따라 국가유산청은 문화유산의 글로벌 확대도 강조하고 있다.

국가유산 체제로 전환하면서 국가유산청은 48만여 건의 대용량 원천 데이터를 '국가유산 디지털 서비스($\frac{\text{http://digital.}}{\text{khs.go.kr}}$)'를 통해 무료 개방하였다. 국가유산청이 국제기념물유적협회(ICOMOS) 한국위원회와 2022년 12월에 공동으로 제정한 '문화유산 가치 보존을 위한 한국 원칙' 제30조(디지털 기술의 적용)에 따라 국가유산의 디지털 복원 보존을 위해 추진한 '국가유산 3D 정밀데이터'와 함께, '국가유산 3D 에셋' '테마 콘텐츠' 등의 자료가 포함되어 있다. 문화체육관광부와 한국문화정보원에 이어 국가유산청도 국가유산의 3D 에셋을 글로벌 마켓인 언리얼과 유니티 등에도 직접 공개하였다. 국가유산의 디지털화에 대해서도 단순한 기록과 보존이라는 디지털 아카이빙 차원을 넘어서 활용과 산업 기여의 가치를 반영한 것이다.

최근 여러 형태의 한국적인 것, 전통문화를 활용한 문화와 상품의 소비에 20~30대가 가장 적극적인 이유는 그들이 우리 전통문화에서 '낯선 새로움'을 발견했기 때문이지만, 또한 그것이 자신에게 '매력적인' 가치가 있다고 인정하여서다. 전통문화를 소비하는 것이 단순히 새로움이라는 요소에만 기인하는 것이라면, 현재와 같이 힙한, 트렌디하다는 '이미지'가 갖고 있는 유행성이 지나간 이후에는 존재의 의미가 사라지게 되지 않을까? 그렇지 않을 것이다. 과거에서부터 축적된 전통문화 요소들은 단순히 보존해야 하는 고정된 자료로만이 아니라, 현재의 내가 원하는 가치를 구현할 수 있도록 창작되고 활용되는 유동적인 재료로 기능할 때 자산으로서의 가치가 더해질 것이기 때문이다. 문화예술의 창작자와 문화상품의 생산자들이 전통문화를 활용하는 데 있어서 단순히 'hip tradition'이라는 트렌드에 함몰되는 것을 경계해야 할 이유이다. 국립중앙박물관 상품 뮷즈(MU:DS)가 인기를 끈 건, 'oldies but goodies'여서가 아니라 내가 실제로 사용하거나 소장하기에 이 상품 자체가 지금 '멋있게' 느껴져서 사고 싶은 욕구를 자극했다는 것을 돌아봐야 한다. 앞으로도 전통문화 요소들이 현대적 감각에 실려 표현된다면 지금까지 볼 수 없었던 상품이 등장할 잠재력은 무궁무진하다.

그런 의미에서 전통문화의 디지털 전환도 기존의 디지털화 차원을 점차 넘어서서 기존에 시도하지 못했거나 상상하지 못한 새로운 유형의 창작과 생산이 점차 증가할 것이다. 공공기관의 메타버스 플랫폼들이 호응받지 못하고 일회성, 한시성, 전시성 행정이라는 쓴소리를 받은 이유는, 현재 소비자들이 필요한 것이 무엇인지, 무엇이 제공되어야 하는지에 대한 고민에서 출발하지 못해서이다. 단순히 메타버스를 해야 하므로, 또는 디지털화 자체가 목적이 되어버린다면 시장은 외면할 수밖에 없다. 현실에서 충분히 할 수 있는 것을 그대로 옮겨놓았을 뿐인 디지털 공간에 일부러 찾아가서 굳이 번거롭고 귀찮게 접속할 이유는 전혀 없지 않은가. 기업과 개인 창작자들이 전통문화의 디지털 에셋의 무료 개방을 환영한 것처럼 실제로 산업계에서 필요로 하는 창작 원천 자원에 대해 더 고려해야 할 필요가 있다.

20~30대의 전통문화에 대한 호감도가 높아진 이유에는 '우리 것'에 대한 애정도가 바탕이 되긴 했을 것이다. 하지만, 국경이란 경계가 없이 글로벌한 초연결이 실시간으로 이뤄지는 세상에서 이것을 '애국심'이라는 의미로만 받아들이면 되는 걸까? 디지털 플랫폼과 미디어를 통해 문화의 교류와 소통이 자유로워지고, 다른 문화에 대한 공감과 이해가 필요해진 세상이다. 한국 문화에 대한 자부심은 그것이 다른 나라보다 우월하다는 상대적 가치를 지녀서가 아니라, 우리가 갖고 있는 독창성에 대한 인식에서 기인한다. 세계 각국의 다양한 문화를 마치 중국이 원조인 것처럼 만들고 있는, 이른바 '동북공정'은 우리 문화의 가치에 대한 무시 또는 왜곡이므로 경계심을 가질 수밖에 없다. 한류의 확대에 따라 우리 문화가 글로벌 인기를 얻으면서 동북공정의 대상이 되는 일도 발생하고 있다. 2020년에 페이퍼 게임즈의 모바일게임 '샤이닝니키'에 올려진 한복이 명나라 의상이라는 중국 네티즌 주장으로 한복 의상이 삭제되는 일이 있었고, 2023년에는 언리얼 엔진에서 한옥 디지털 에셋에 악성 댓글이

달리는 해프닝이 일어났다. 이제 이러한 일은 언제든지 발생할 수 있는 상황이다. 이른바 국경과 영토가 없는 디지털 공간에서도 문화의 국적을 사수해야 한다는 것이 아이러니하기만 하다.

　미국 오하이오 주립대학 예술경영교육정책학과 마거릿 위조머스키(Margaret Wyszomirski) 명예교수는 "국가의 이유, 예술의 이유 – 공공 목적에 대한 생각(Raison d'Etat, Raisons des Arts - Thinking about Public Purposes)" 이라는 글에서 문화예술이 기여하는 공공의 목적으로 열거한 5가지 요소 중의 하나로 '안보(security)'의 관점을 제기하였다. 그는 국가 자산으로서 문화유산을 보존해야 하는 중요성과 함께 저작권 보호의 가치를 강조하고 있는데, 이 의미를 현재 글로벌 디지털 세상에서도 다시 살펴보게 된다. 우리 문화는 상대적으로 남들보다 우월하기 때문이 아니라, 남들과 다른 우리 것이기 때문에 가치가 있다. 글로벌 시대에 서로 다른 문화를 지닌 사람들과 서로 소통하고 공감하기 위해서는 다양한 문화를 이해하고 해석하는 능력이 필요해졌다. 자신의 문화를 주장하고 강요하는 것이 아니라 다양한 문화를 수용하고 활용할 수 있기 위해서 '문화 리터러시(cultural literacy)'가 중요해진 이유이다. 전통문화의 디지털 자산화는 우리 문화의 글로벌 확산에 기여하겠지만, 우리 것에 대한 가치의 인식이 결국은 다양한 문화에 상호 공감하는 바탕이 되기 때문이라는 차원이 중요하다고 하겠다. 박동진 명창의 "우리 것은 소중한 것"이라는 광고의 울림은 32년이 지난 지금도 여전하다. '소중하다'는 유일하고 최고이기 때문이어서가 아니라, '매우 귀하고 값지다'라는 사전적 의미를 갖고 있음을 다시 되뇌어 본다.

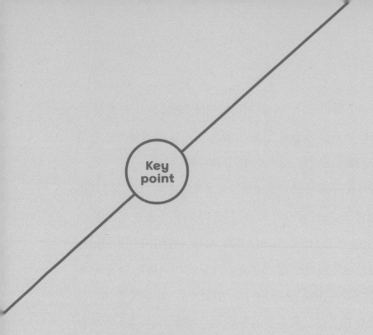

최근 한국 전통문화가 전 세계 디지털 공간에서 콘텐츠 창작 소재로 주목받고 있다. 창작자들의 관심은 늘 새로운 것을 찾아 움직이는데, 이는 외국인만이 아니라 옛것을 새롭게 바라보기 시작한 한국 젊은 세대에게도 해당되었다. 전통이라는 소재를 현대를 살아가는 시각으로 재해석한 다양한 상품, 콘텐츠, 공간, 문화 등이 화제를 모으며, 창작자, 생산자, 소비자 모두에게 새로운 경험을 전달하면서, 현재를 넘어서 미래를 위한 가치의 의미로 확대되고 있다. 지자체, 기관, 기업, 학교 등이 전통문화의 디지털 전환을 시도하며, 디지털 플랫폼 구축과 디지털 에셋의 개방에 나섰고, 국가 유산이 보존과 복원의 개념에서 활용과 재창조로 확장되면서 전통문화의 디지털 자산화 의미도 증대되었다. 시공간의 경계가 없는 디지털 시대에서 전통문화가 창출하는 경제적 차원이 강조되지만, 우리 전통문화에 대한 가치 인식이 다양한 문화를 이해하고 공감하는 바탕이 될 수 있다는 의미도 중요하다.

노멀과 뉴노멀

Chapter 5

미신과 영웅

〈이상한 나라의 앨리스〉에서 등장하는 유명한 대사가 있다. "난 항상 아침을 먹기 전에 불가능한 여섯 가지를 상상하곤 해. 몸이 작아지는 물약이 있다. 몸이 커지는 케이크가 있다. 동물들이 말을 한다. 고양이가 웃을 수 있다. 이상한 나라가 존재한다. 나는 재버워키를 죽일 수 있다!" 이 대사는 루이스 울퍼트라는 영국의 진화생물학자에 의해 2006년에 〈Six impossible things before breakfast〉라는 책의 제목으로 사용되었는데 이 책은 전 세계의 관심을 끌었다. 한국에서도 〈믿음의 엔진〉으로 번역되었고, 2024년 5월에 시작한 신동엽이 진행하는 인문학 예능 프로그램 〈인간적으로〉의 첫 회에서 이 주제를 다루었다.

이상한 나라의 앨리스와 진화생물학자와 한국의 예능 프로그램을 관통하는 내용이 과연 무엇이길래 이 〈믿음의 엔진〉은 시간과 장소를 가로질러 관심을 받고 있는 것일까? 루이스 울퍼트가 이 책의 부제로 사용한 구절이 있다. 바로 '믿음의 근원에 대한 진화론적 관점'이다. 이상한 나라에서 벌어지고 있는 이상한 일들에 대

〈이상한 나라의 앨리스〉 포스터_CC0-PD

처하기 위해, 종족 보전을 위한 진화의 과정을 거치기 위해, 그리고 정글과도 같은 한국의 예능 프로그램에서 시청자의 눈길을 끌기 위해 선택한 것이 바로 믿음에 대한, 그런데 이성에 기반하지 않은 믿음에 대한 담론이었다. 그리고 이것은 최근 우리의 관심을 사로잡고 있는 일확천금의 경제 현상과 사이비 종교, 그리고 무책임한 정치적 행태에 대한 해석과 밀접하게 연결되어 있다.

What do we see?
리딩방

주식 시장에 빠져 있는 사람들은 세상을 움직이는 만물의 법칙이 존재하고 그 법칙이 주가도 움직인다고 믿는 듯하다. 사실 경영학에서 가르치는 많은 주가 분석 모델들은 우리가 어느 정도 주가를 예측할 수 있다고 설명

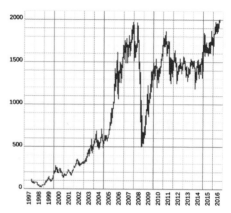

주가 변동은 사람들을 매료한다_CC0-PD

하고 있고, 특히 AI를 활용하면 주가를 예측할 수 있는 가능성을 높일 수도 있다고 한다. 그러나 이러한 모든 모델들은 과거의 주가에 영향을 미쳤던 요인에 대한 자료를 기초해서 미래를 예측하는 것이다. 그런데 내일의 주가는 인간이 절대로 알 수 없는 미래의 영역에 속한다. 즉, 주가를 정확히 예측하는 사람이 있다면 그는 미래를 예측하는 것이고, 이는 신의 영역에 손을 대는 것이다. 우리가 할 수 있는 것은 오직 합리적으로 예측의 불확실성을 줄이는 일에 한정된다.

그러나 최근 인기를 끌고 있는 소위 '리딩방'을 이끌고 있는 사람들은 마치 세상의 이치를 꿰뚫고 있어서 주식으로 큰 돈을 벌게 해

줄 수 있다고 유혹하고 있다. 게다가 몇몇 리딩방은 SNS에서 이영애, 송은이, 백종원 등 연예인을 사칭하고 회원을 모집하여 피해를 입혔다고 보도되었다. 여기에 참여했던 사람들은 가치가 급등할 주식을 예측하여 알려주는 이러한 현자들이 실제로 존재하고 우리에게 큰 부를 안겨줄 것이라는 믿음을 가졌던 것이다.

사이비 종교

2023년 3월에 넷플릭스에 등장한 콘텐츠가 한국을 떠들썩하게 만들었던 사건이 있었다. 기독교복음선교회 사건이 그것이다. 소위 JMS라고 불리는 교주 정명석이 1978년에 설립한 이 종교단체는 이미 1987년에 성적 피해를 입은 여성 교인의 증언이 어느 잡지에 올라왔음에도 불구하고 꾸준히 교세를 넓혔다. 2008년에 교주 정명석은 10년형을 받고 수감되었지만 이 과정에서 국가정보원이나 검찰에 근무하는 JMS 추종자들이 그의 도피를 도왔다는 사실이 밝혀졌고, 심지어 정명석은 수감 중에도 외부와 연락을 취하며 범죄를 이어갔다. 2018년에 만기 출소한 정명석은 2022년에 재수감되어 30년형을 받고 복역 중이다.

특정 종교에 심취한 사람들이 비정상적인 상태에 빠지는 일은 종종 뉴스에 등장한다. 미국에서 1960년대에 안수를 받은 목사 짐 존스는 1974년에 남미의 존스타운에 집단생활을 하는 인민사원을 설립하여 사회주의적 공동체 생활을 표방했다. 결국 이곳에 감금된 사람들의 안전을 우려한 미국 의회의 조사를 받던 중 독극물에 의해 909명이 집단 자살을 하는 희대의 비극이 탄생하게 되었다. 일본에서도 1980년대 후반에 옴진리교라는 사이비 종교가 등장하였는데 이 집단은 13명이 사망한 도쿄 지하철 사린 가스 살포사건 등 테러를 자행하여 일본 정부를 무너뜨리기 위한 활동을 벌이다가 해체되었다. 한국에서는 박순자가 1984년에 구원파에서 이탈하여 민속공예품 제조사인 오대양을 만들어 집단생활을 하다가 1987년에 사업이 기울면서 32명이 집단 자살하는 사건이 발생하기도 했다.

사이비 종교에 빠지는 사람들은 외부 사람들의 눈에는 절대로 정상적이라고 보이지 않는 것을 정상적이라고 보게 된다. 그리고 정상적인 상태로 돌아오는 징후가 보이는 경우에는 사이비 집단 내에서 가혹한 처벌과 따돌림을 받게 된다. 그렇게 하여야 나머지 사람들의 동요를 막을 수 있기 때문이다.

정치

트럼프와 김정은의 회담은 많은 사람들에게 희망을 주었지만 그 파국은 예정되어 있었다. 2024년 한국의 선거에서도 예정되어 있었던 파국이 나타났는데 바로 연동형 비례대표제에 대한 이야기이다. 기본적으로 비례대표제는 지역구 선거에서 소외되기 쉬운 소수 정당이 국회에 진출하여 다양한 소수의 목소리를 낼 수 있도록 하는 목적으로 마련되었다. 여기에는 다양한 방식이 존재하는데, 먼저 정

정치인들은 종종 비합리적으로 행동한다_CCO-PD

당별로 미리 비례대표 순번을 정해놓고 득표 비율에 따라 당선자를
결정하는 폐쇄형 명부제(한국의 방식)와 비례대표 후보를 투표자가
직접 고를 수 있는 개방형 명부제(일부 북유럽 국가들 방식)가 있을
수 있다. 또한 전국 단위로 비례대표를 선출하는 전국 단위 비례대
표제(한국의 방식)와 지역별로 비례대표를 선출하는 권역별 비례대
표제(독일 등 방식)로 구분할 수도 있다. 이 방식들은 한 선거구에서
한 명의 국회의원만 선출하는 소선구제(한국의 방식) 또는 두 명 이
상의 국회의원을 선출하는 중선거구제(일부 남미 국가와 스웨덴 등
의 방식)와 각각 결합하여 매우 복잡한 조합을 이룰 수 있다. 이러한
다양한 선택지는 소수 정당의 의견을 효과적으로 반영하자는 취지
에 따라 국가의 상황에 따라 선택할 수 있도록 준비되었다고 할 수
있다. 만약 소수 정당의 목소리를 반영할 필요가 없다고 판단된다면
프랑스처럼 비례대표를 뽑지 않고 모든 국회의원을 소선거구에서

다수 대표제로 선출하면 된다.

그런데 2024년의 한국은 적어도 비례대표제의 선택에 있어서 비합리성의 극치를 보여주었다. 이미 2020년 선거에서 소위 '위성 정당'이라는 꼼수의 폐해를 경험했던 정치권에서는 이러한 비합리적 제도를 폐지하자는 논의를 시도했으나 결국 소수 정당의 목소리는 전혀 반영될 수 없는 연동형 비례대표제를 채택하고 위성 정당을 만드는 촌극을 보여주고 말았다.

각 정당 내에서도 이성적인 생각을 하는 사람들이 분명히 있었을 터인데 왜 이러한 결과가 나오게 되었을까? 앞에서 설명했던 것들을 떠올려 보자. 사람들은 어쩌면 고단수의 정치의 세계에는 우리가 알지 못하는 진리의 법칙이 숨어 있기 때문에 당정 고위층의 지도력을 따르는 것이 묘수가 될 것이라고 믿었을 수 있다. 또는 당정의 결정을 따르지 않으면 결속력을 해치는 배신자라는 딱지가 붙을 것을 두려워하여 반대의 목소리를 내지 못했을 수도 있다. 어찌되었던 결과적으로 한국의 연동형 비례대표제는 전 세계에 한국의 정치적 후진성을 드러내는 계기가 되었다.

전쟁

팔레스타인과 우크라이나 지역에서 발발한 전쟁의 원인에 대해서는 여러 해석이 존재한다. 러시아가 우크라이나에 침공했던 이유에 대해 러시아는 그 지역에 거주하는 러시아인의 안전을 보호하기

팔레스타인 지역의 전쟁은 세계인을 슬프게 한다_CC0-PD

위해서라고 강변했고, 서방 국가들은 NATO의 확장을 저지하기 위한 것으로 해석했다. 하마스는 이스라엘을 공격한 이유에 대해 이슬람의 성지를 보호하기 위해서라고 설명했는데 전문가들은 이스라엘이 사우디아라비아와 국교 정상화를 진행하여 하마스가 고립될 것을 저지하기 위한 것으로 해석했다.

물론 이러한 표면적 이유와 내면적 이유는 모두 나름대로의 명분을 가지고 있고 전혀 근거가 없는 것도 아니다. 문제는 그 명분이 어떻든 결과적으로 수많은 인명이 희생되고 있다는 사실이다. 표면적 이유가 충족되었다면 그것으로 전쟁이 종료될 수도 있겠지만 휴전 또는 종전 협상은 당초 이유와는 무관하게 진행되기 마련이다.

그런데 사실 더 큰 문제는 이러한 인명의 희생이 불가피하다고 보는 견해가 확산되고 있다는 사실이다. 국가들 사이의 갈등은 항상 존재해 왔고, 이로 인한 전쟁에서 인명이 희생되는 것은 당연한 일이라는 인식이 당연한 믿음으로 자리 잡아 가고 있다는 점이 우려스럽다.

팔레스타인에서 목격되는 이스라엘의 만행은 미국 내에서 크고 작은 갈등을 일으키고 있다. 미국은 정치적으로 또는 경제적으로 이스라엘의 영향력이 크게 작용하는 친유대인 국가이다. 2024년 1월에는 하버드대학교 총장으로 취임한 지 5개월밖에 안 된 클로딘 게이 총장이 사임했는데 이와 관련하여 반유대주의에 대해 확실한 대응 의지를 보이지 않았다는 이유와 함께 이와는 동떨어져 보이는 논문 표절 의혹 등이 제기되었다. 2024년 5월에는 이스라엘을 비판하는 전쟁 반대 시위가 컬럼비아대학, 남가주대학, 프린스턴대학 등 미국 전역의 대학가로 확산되었다. 이 과정에서 폭력을 사용하는 외부 세력이 일부 개입했는데 이를 이유로 시위가 위축되는 결과가 초래되기도 했다.

Why is it?

의도적인 몰이성과 비합리성은 인류 문명의 진보를 무색하게 한다. 인류가 지금까지 합리성을 추구하면서 진화했던 수십억 년 동안 충분히 극복했을 법한 일 아닌가. 그럼에도 우리 주변에서 진행되고 있는 비합리적 믿음과 합리적 이성의 충돌은 아직도 성행하고 있으며 심지어 당분간 계속될 것 같다. 이러한 예측의 근거에 대해 살펴보자.

단순화의 이득

사실 앞에서 언급했던 루이스 엘퍼트가 믿음의 엔진이 가동되는 이유로서 가장 중요하게 다룬 것은 바로 무지함에 대해 참을 수 없는 인간의 본성이었다. 주가의 변동이나 초월적 현상에 대해 옳든 그르든 그 원인을 찾아내야 직성이 풀리는 본성을 가진 사람들은 미신적 행위를 통해서라도 사물의 인과관계를 만들어 냈다.

사실 우리의 행동과 그 결과 사이의 인과관계가 명확하지 않은 경우는 생각보다 많다. 고등학생들이 대학 진학을 준비하는 과정을 살펴보자. 우리는 잠자는 시간을 아껴서 열심히 공부하는 학생이 그 열매를 거둔다고 믿고 있지만 사실 여기에는 많은 변수가 존재한다. 예전에는 '4당 5락'이라는, 즉 4시간 자면 시험에 붙고 5시간 자면 떨어진다는 무시무시한 교훈을 책상머리에 붙이고 독하게 마음을 먹곤 했었다. 하지만 정말로 잠을 적게 자는 것이 시험을 잘 보는 효과적인 비결은 아니었다. 오히려 충분히 자면서 정상적인 컨디션을 유지하는 것이 더 나은 방법일 수도 있다. 그러나 4당 5락이라는 표현은 최선을 다하는 자세를 요약하고 단순화하는 하나의 상징이었다. 이것을 단순히 해석하여 공부의 질을 무시하고 잠을 줄이는 것에만 집중하는 일은 비합리적이고 비효율적인 공부 방식에 불과하다.

정치권에서 선거철을 맞이할 때 자주 쓰는 말 중에 '집토끼'라는 표현이 있다. 이미 자기 진영을 지지하고 있는 유권자를 뜻하는 말인데 상대방과 세력이 백중할 때에는 집중적으로 관리를 해야 하는 대상이라는 의미로 쓰인다.
이것은 결국 산토끼를 잡으
러 바깥쪽에 신경을 쓰다가
집에 있는 토끼가 도망가는
낭패를 겪지 말아야 한다는
교훈을 의미한다. 그런데 이
표현을 강조하는 정치인들이
결국 간과하는 것은 외연 확
장 없이 지지자 결집에만 힘
쓰는 일은 궁극적으로 점점
더 선거에서 불리하게 작용
한다는 사실이다. 이러한 행

집토끼는 종종 정치적으로
고정적 지지자로 비유된다_CC0-PD

위는 선거 결과에 영향을 미치는 복잡한 요인들에 대해 파악하기 힘
들기 때문에 그나마 선명하게 파악할 수 있는 기존 지지자들에 집중
하면서 선거의 판세를 단순화하려는 시도라고 해석하는 것이 타당
할 것이다. 하지만 선거의 복잡성은 애써 외면한 채 상황을 단순화
하기 쉬운 대상인 집토끼에만 집중하는 것은 비합리적인 태도라 할
수 있다.

　사실 경영학의 세계에서는 일찍이 이러한 의도적인 단순화를 긍
정적으로 활용하는 개념을 만들어서 사용하고 있다. 바로 휴리스틱
이라는 개념이다. 이것은 주먹구구라고 번역되기도 하고 어림셈법,
간편법 등으로 표현되기도 한다. 그러나 대부분의 경우 영어 그대

로 휴리스틱 접근법이라고 부르는데, 주먹구구나 어림셈법 등이 가진 다소 부정적인 뉘앙스가 적절하지 않기 때문이다. 휴리스틱 접근법은 매우 복잡한 문제를 해결하기 위해 엄밀하고 체계적인 방법이 무엇인지 발견하기 힘들 때 경험과 학습에 기반하여 크게 틀리지 않는 해결법을 찾는 방법이다. 예를 들어 어떤 기업이 제품을 생산할 수 있는 방법을 다섯 가지 정도 가지고 있는데 각각의 비용에 영향을 미치는 환경변수가 매우 복잡하고 시시각각으로 변할 때에는 가장 비용이 낮은 하나의 방법을 찾기 위해 시간과 노력을 소비하기보다는 일정 기준을 설정하여 그 정도의 조건에 맞는 방법이면 채택한다고 결정할 수 있다. 즉 '정답'은 아니지만 '정답 가까운 답'을 추구하는 것이다.

이러한 의도적인 단순화는 정답을 알고 있다고 확신하는 미신의 추구와 어떤 의미에서는 유사하지만 근본적으로 다르다. 4당 5락을 믿는 학생이나 집토끼 단속을 신봉하는 정치인은 마음 한편으로는 이것이 과연 통하겠는가 하는 의심을 가지면서도 다른 복잡한 해결책을 외면하는 사람들이고, 휴리스틱을 사용하는 경영자는 이 방법의 취약성에 대해 인식하면서도 포괄적인 효율성을 추구하는 사람들이다.

희생양의 필요

이미 발생한 어떠한 현상의 원인이 무엇인가에 대해 명확히 설명하기 힘들 때에도 굳이 하나의 원인을 찾으려는 성향은 그 현상에 대해 책임을 지는 사람을 색출해야 한다는 강박관념에 기반한다. 좋은 결과가 나타난 경우에는 어느 특정인을 지목하여 공을 돌리기보다는 '우리 모두의 단합된 노력'으로 해석하기 쉬운데, 이것은 어느 한 명이 공을 독식하는 것을 막기 위함이다. 그러나 좋지 않은 결과가 나타났고, 그 원인이 복합적이라고 생각될 때에는 의도적인 몰이성과 비합리성이 다시 고개를 든다. 이것은 나쁜 결과에 대해서 누군가는 책임을 지는 것이 옳다는 근거 없는 관습에 기인한다.

예를 들어 정치 분야에서는 선거에서 패배한 정당의 고위 당직자가 선거 패배의 책임을 지고 사임하는 일이 관례화되었다. 그런데 선거 패배라는 결과가 정말로 그 고위 당직자가 잘못해서 발생한 일인가에 대해 분명하지 않을 때가 많다. 어떤 경우에는 해당 고위 당직자의 잘못으로 인한 결과일 수도 있고, 또 다른 경우에는 고위 당직자의 의사결정과는 무관한 수많은 외부적 여건으로 인한 결과일 수도 있다. 그러나 패배를 극복하고 새로운 출발을 하기 위해서는 어떤 수단이든 일단락을 짓는 과정이 필요한 것이고, 이를 위해 책임 소재가 불분명한 상태에서도 처벌을 받는 의도적인 비합리성이 관행으로 자리 잡은 것이다.

이러한 책임자 처벌의 과정이 과연 합리적인 대응책인지 아니면

우리는 때로는 희생양이 필요하다_CC0-PD

합리적이지 않은 희생양 지목에 불과한 것인지 불분명하다 할지라도 희생양 지목의 관행에서 벗어나는 일 그 자체로 더 나쁜 결과를 초래할 수 있다. 예를 들어 한국 사회를 큰 슬픔에 잠기게 했던 사회적 참사나 구조 장병 사망 등의 사건과 관련해 정부의 대응은 먼저 사건의 진상을 철저히 파악하자는 것이었다. 이 대응 방식이 합리적이고 선한 의도에 의해 마련되었다고 전제하여 해석하자면 다음과 같다. "이러한 사건들의 참된 책임 소재를 파악하는 것은 가능한 일이다. 정부는 이를 파악할 능력이 있으며 그 파악이 끝나면 정부는 공정한 원칙에 따라 문제의 근원을 해결할 것이다." 반면에 만약 이 대응 방식이 비합리적이고 선하지 않은 의도에 의해 마련되었다고 전제하여 해석하자면 다음과 같다. "이러한 사건들의 참된 책임 소재를 파악하는 것은 애당초 불가능한 일이다. 정부는 사회적 불안을 방지하기 위해 다소 불공정한 면이 있더라도 현상 유지를 위해 노력할 것이다." 국민은 정부가 합리적인 접근을 하는 것인지 그렇지 않은 것인지에 대해 합리적으로 판단하기 힘들다. 게다가 해당 사건들의 참된 책임 소재를 파악하는 것이 과연 가능한 일인지 그렇지 않은 것인지에 대해 합리적으로 판단하는 것조차 힘들다. 이러한 불확실한 상황에 있어서 희생양 지목과 같은 비합리적인 해결책은 나름대로 가치를 지니게 된다.

Where is it going andwhat should we do?

2024년에 한국에서 발생했던 여러 사건들은 2006년에 루이스 울퍼트가 집필했던 〈믿음의 엔진〉에서 설명했던 비합리성에 대한 의존 현상을 그대로 보여주고 있다. 한국만이 아니라 팔레스타인과 우크라이나에서 발생한 전쟁을 대하는 국제 사회에서도, 그리고 자국 우선주의의 열풍이 불었던 미국에서도 이와 유사한 현상이 발견되고 있다. 이러한 현상이 2025년에도 여전히 비합리적인 믿음에 의존하며 살아가야 할 우리에게 주는 시사점은 무엇인가?

카리스마에 대한 추종

불확실한 상황을 견딜 수 없는 사람들은 강력한 카리스마를 추종하게 된다. 카리스마는 복잡한 현상을 단순화하고 미래의 불확실성을 제거함으로써 사람들의 불안한 심기를 달래 준다. 이것이 정치 분야에서는 독재자로, 경제 분야에서는 독점적 지위의 기업으로, 그리고 기술 분야에서는 어떠한 질문에도 답해주는 인공지능의 형태로 나타날 수 있다. 이들에게 의존함으로써 사람들은 현자를 만난 듯한 안식을 찾을 수 있다.

보다 구체적으로, 미국이나 중국이나 러시아와 같은 강대국의 수반들은 점점 더 자국의 이익을 위해 카리스마를 강화할 것으로 예측할 수 있다. 국제연합이나 국제 무역기구와 같은 국제적 기구들이 글로벌 경제의 통합과 질서를 추구하던 기대는 저물어 가는 듯하다. 대신 자국민의 경제적 이익을 위한 강대국들의 경쟁이 심화되고, 이를 가장 적극적으로 추구하는 지

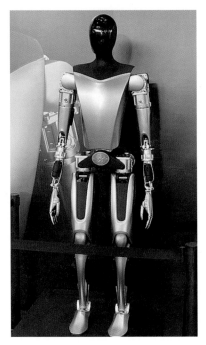

테슬라가 제조한 로봇 옵티머스 _CC0-PD

도자가 탄생하는 상황에서 국가 간 갈등이 심화될 것으로 예측된다. 이는 기존의 균형 외교 또는 등거리 외교와 같은 온건한 정책이 더 이상 효력을 발휘하기 힘들 수 있다는 것을 의미한다.

또한 독점적 지위의 기업이 사람들의 선택을 받아서 강력한 우위를 점하는 시대가 올 것이라고 예측할 수 있다. 산업의 경계가 희미해지는 빅 블러(big blur) 현상이 심화되면서 중요한 플랫폼과 생태계를 장악한 기업이 다수의 산업에서 초격차를 달성하게 되면 소비자들은 이들 기업과 지속적인 관계를 맺는 것으로부터 큰 편의를 얻을

수 있다. 예를 들어 애플의 생태계에 속한 소비자들은 지금까지는 휴대전화, 노트북, 태블릿, 영화 스트리밍 등에서 호환성의 편의를 누렸지만 앞으로 더 다양한 분야에서 이득을 얻을 수 있다. 테슬라는 자동차와 우주여행 등 다소 분산된 산업에서 생태계를 구축하는 것으로 보이지만 로봇 산업으로 진출하는 순간 시각 정보를 활용하는 거대한 생태계를 장악할 것으로 예상된다.

카리스마에 대한 견제

불확실한 상황을 견딜 수 없는 사람들이 몰이성적인 카리스마를 추종하는 암울한 세상에서도 사람들에게 새로운 비전을 제시하는 관료나 학자나 정치인이 존재한다는 것은 그 와중에서도 한 가지 희망을 가질 수 있게 한다. 예를 들어 챗GPT를 통해 강력한 플랫폼을 구축하고 있는 오픈AI를 대상으로 미국의 연방거래위원회나 한국의 공정거래위원회에서 시장 지배력 남용을 통한 경쟁 제한의 가능성에 대해 조사에 착수했다. 독점 시장이 구축되어 소비자의 이익이 침해되는 사태가 발생하는 것을 좌시하지 않겠다는 것이다. JMS를 고발했던 김도형 단국대 교수는 신변의 안위를 위협하는 반대 세력에도 불구하고 기나긴 싸움을 지속하고 있다. 보수와 진보로 양극화된 한국의 정치 지형에서 22대 국회에서는 미약하나마 제3지대 국회의원이 원내에 진입하여 차별화된 활동이 기대되고 있다.

기업 경쟁력의 개념에 대해서도 새로운 변화가 감지된다. 코로나

19를 포함한 기나긴 저성장의 터널을 지나면서 기업들에게는 지속 가능성의 중요성이 특별히 강조되는 시대가 되었다. 이는 두 가지 추세를 포함한다. 첫째, 높은 불확실성의 시대에 있어서 정교한 최적화의 방안을 찾기보다는 주먹구구를 의미하는 휴리스틱에 의존하거나 임기응변에 의한 생존을 의미하는 브리콜라주 개념을 활용하는 경영 방식이 관심을 받고 있다. 둘째, 개별 기업의 이윤을 끌어올려 주주 가치를 극대화하는 기존의 성공 공식 대신 공유 가치 창출이나 ESG 활동을 중요시하는 공존공영의 경영 방식이 일상화되었다.

이러한 정치, 경제, 사회, 문화 분야에서 발견되고 있는 '카리스마 반대'의 추세는 앞에서 설명한 '카리스마 추종'의 추세와 함께 충돌과 균형을 이루어 나가면서 헤겔의 변증법, 즉 정반합의 세상으로 우리를 인도하게 된다. 2025년을 살아갈 우리를 매료할 세력은 과연 어떤 형태로 등장할 것인가?

Key
point

　최근 정치, 경제, 사회, 문화 분야에서 발견되는 몰이성과 비합리성은 복잡한 현상을 단순화하여 사람들을 그릇된 믿음에 빠지게 하는 사이비 종교와 같은 현상을 방불케 한다. 그러나 그 반면에 장기적 비전을 제시하면서 이성적 행동의 끈을 놓지 않는 소수 선각자의 행동 역시 발견할 수 있다. 단기적으로 활용되는 비이성적 카리스마와 장기적으로 이에 대항하는 견제 세력은 결국 헤겔의 정반합 원리에 따라 또 다른 균형을 찾아가는 과정을 보이게 된다. 이 가운데에서 사람들의 니즈를 충족하는 다양한 정치적, 경제적, 사회적 기회가 창출된다.

탈권위 반전 매력

2024년 영화계에서는 연륜 있는 정상급 배우부터 신인 배우까지 너나 없이 홍보 전선에서 팬 서비스에 열을 올렸다. 아직 온전히 회복하지 못한 영화 시장의 현실을 반영한 듯 그들은 팬이 주는 머리띠, 털모자, 주접 멘트도 마다하지 않고 팬들에게 한 발자국 더 다가가려 애쓰는 모습을 보였다. 서울국제불교박람회에서는 DJ뉴진스님이 등장해 "극락도 락(樂)이다"를 외치며 EDM 리믹스 파티를 즐겨 종교를 막론하고 호평을 얻었고, '명품의 끝판왕'으로 불리는 에르메스는 국내 첫 대중 전시회를 개최해 럭셔리 브랜드로서 그간 견지해 왔던 차별화 전략에 변화가 생겼음을 감지할 수 있었다. 이러한 변화는 사회 각 분야에서 권위보다 친근함의 영향력이 높아졌음을 보여준다. 친근함의 가벼움은 어떻게 권위의 무게감보다 더 큰 힘을 얻게 되었을까?

What do we see?
무게감을 덜어낸 배우들

2024년 상반기 오컬트 장르 영화 최초로 1000만 관객을 돌파한 영화 〈파묘〉의 흥행 요인에는 눈에 띄는 다른 요인이 있었다. 바로 '대배우' 최민식의 팬 서비스가 화제가 되었는데, 영화 흥행과 함께 진행된 무대 인사에서 팬이 떠준 목도리와 캐릭터 머리띠를 하고 손 하트를 하는 등 적극적인 팬 서비스로 주목을 받았다. 그동안 영화에서 보여준 카리스마 있는 모습과 반전되는 모습에 팬들이 열광하며 여러 밈을 만들어냈다. 관객들은 팬들의 다양한 요구에 응해주는 그에게 '식바오', '감귤민식', '요정민식', '쿠로민식' 등의 별명을 지어주고 "데뷔 35년차 배우의 팬 서비스 최고다", "할아버지 너무 잘 어울려요" 등의 반응을 보였다. 이러한 무대 인사 영상이 소셜미디어를 통해 확산되면서 '할꾸(할아버지 꾸미기)'라는 신조어가 등장하기도 했다. 화제가 된 만큼 팬들은 앞다투어 더 재미있는 플래카드를 만들어 무대 인사를 가득 채워 서로 소통하는 모습이 눈에 띄었다.

한편, 아이돌 팬덤만의 문화로 여겨졌던 생일 카페가 중년 배우들과 팬들 사이에서 확산되는 모습도 흥미롭다. 생일 카페는 좋아하는 가수나 배우의 생일을 기념하기 위해 팬들이 자발적으로 운영하는 임시 카페로, 음료를 주문하면 포토 카드나 굿즈를 함께 주고 방문한 팬들끼리 굿즈를 나누기도 하는 일종의 오프라인 팬덤 교류 공간이다. 물론, 생일 카페에 해당 연예인이 방문하는 것은 아니다. 가끔은 자신의 생일 카페에 방문하는 연예인들도 있기는 하지만, 팬들은 그들의 방문을 기대하고 생일 카페를 여는 것이 아니다. 오롯이 팬들이 함께 그의 생일을 축하하고자 하는 마음으로 만드는 공간이다. 생일 카페라는 행사는 자발적인 팬들의 시간과 노력이 많이 투자되어야 하는 특징을 가지고 있어 그동안은 주로 아이돌이나 젊은 배우 중심으로 열렸었는데 중년 배우층으로 팬덤이 확산되면서 이들을 위한 생일 카페가 여럿 개최되고 있다. 배우 조진웅은 본인의 생일 카페에 직접 방문하여 티아라, 귀걸이, 목걸이 등 핑크 보석이 박힌 장난감 공주 세트를 장착하고 팬들에게 반전 매력을 선보였다. 그리고 생일 카페에 온 팬들에게 사인을 해주면서도 휴대폰으로 야구 경기를 보는 아재 면모를 그대로 드러내 더욱 화제가 되었다.

출연자들의 파격 연기로 늘 이슈가 되는 〈SNL 코리아〉에서도 그간 무게감 있는 연기를 보여준 배우들의 새로운 모습을 확인할 수 있다. 배우 이지아, 임시완, 이희준 등의 연기를 본 시청자들이 "도대체 출연료를 얼마나 주길래 저렇게 연기 하냐"며 혀를 내두를 정도이다. 영화 〈범죄도시〉 시리즈의 '장이수' 역으로 관객들에게 깊은 인상을 남긴 배우 박지환은 〈SNL 코리아〉에서 아이돌 그룹 막내

멤버 제이환으로 변신해 뜨거운 반응을 얻었다. 라이브 방송, 팬 사
인회 레전드 영상, 춤, 노래까지 소화하며 그 세계관 안에서 기존 정
극에서는 보여주지 못했던 다양한 매력을 발산하였다. 영화 〈공조〉
등에서 젠틀한 모습을 보여줬던 배우 다니엘 헤니는 미국 지사에서
파견된 차장으로 등장해 한국 문화에 너무 몰입한 나머지 빨간 등산
복에 히프 색을 메고 출근하는가 하면, "형한테 반말을 찍찍해?"라
며 한국인 패치를 빠르게 장착한 모습으로 웃음을 자아냈다.

그간 연기 몰입에 방해가 될까 봐 예능 출연도 꺼리며 대중 앞
에 잘 나타나지 않던 배우들이 이제 신비주의에서 완연히 벗어난 모
습이다. 그리고 그들의 새로운 연기는 열광하는 팬들에 의해 밈으로
재생산되고 또 다른 팬덤을 만들어내고 있다. 역할의 무게감을 덜어
낸 배우들의 변신이 앞으로 더욱 기대가 되는 이유이다.

장벽을 낮춘 럭셔리

국내 화장품 기업의 럭셔리 브랜드가 CJ올리브영에 잇달아 입점했다. 아모레퍼시픽의 '설화수'와 LG생활건강의 '더 히스토리 오브 후(더후)'가 연이어 올리브영으로 유통 채널을 확대한 것이다. 올리브영은 1300개가 넘는 점포를 기반으로 국내 화장품 시장의 온·오프라인 유통을 장악했다. 세계 최대 뷰티 편집숍인 세포라^(Sepora)가 2019년 국내에 진출한지 4년6개월만인 지난 4월 철수를 결정한 것과 대비된다. 이러한 유통 채널의 영향력 확대에 백화점 중심으로 유통되던 럭셔리 브랜드들이 올리브영으로 입점한 것은 화장품 업계의 또 다른 지각 변동으로 볼 수 있다. 중년층이 사용하는 브랜드라는 이미지가 강하던 '설화수'는 광고 모델을 그룹 블랙핑크 멤버 로제로 변경한 데 이어 유통 채널도 확대하면서 2030세대와 외국인 관광객 등으로 고객층을 넓히려는 전략을 확연하게 드러냈다.

한편, '명품의 끝판왕'으로 불리는 에르메스는 한국 진출 27년 만에 첫 대중 전시회를 개최해 주목을 끌었다. 극소수 VIP를 중심으로 행사를 개최하던 과거와 달리 이례적으로 잠실 롯데월드타워 잔디 광장에서 대규모 전시회를 진행했다. '에르메스 인 더 메이킹'이라는 이름으로 진행된 전시회에서는 장인들이 직접 작업하는 모습을 볼 수 있고, 다양한 체험을 할 수 있는 방식으로 구성되었다. 럭셔리 브랜드들이 고객과의 접점을 늘리기 위해 시도하는 변화는 여러 방식으로 관찰되고 있다. 프랑스 럭셔리 브랜드 루이비통은

2024년 첫 대중 전시회를 개최한 에르메스

2022년부터 꾸준히 팝업 레스토랑을 운영하고 있고, 서울 성수동과 청담동에 오픈한 '카페 디올', 한남동에 문을 연 '구찌 오스테리아 서울' 등 여러 럭셔리 브랜드들이 미식을 매개로 소비자들에게 다가서고 있다.

　우선 럭셔리 브랜드들의 이러한 움직임에 대해 소비자들은 환영하고 있다. 올리브영 플래그십 스토어 입점을 기념한 '올영라이브' 행사 1주일간 '설화수'의 매출은 7억원을 넘어섰고, 누적 시청자 수는 35만명을 기록했다. 그리고 사전 예약으로 입장 가능했던 '에르메스 인 더 메이킹' 전시는 개막 전 이미 마감될 정도로 인기를 끌었다. 럭셔리 브랜드의 소비층이 점차 젊어지면서 경험을 중요시하는 이들을 위한 다양한 접근 방식은 그간 도도하기만 했던 럭셔리 브랜드들의 전략 변화를 실감케 한다. 그러나 그러한 전략 변화 속에서도 중요한 것은 브랜드 고유의 품격을 잃지 않는 것이다. '에르메스 인 더 메이킹' 전시는 그들이 추구하는 장인 정신에 대한 이야기를 담고 있고, '카페 디올'은 매장에 들어서자 마자 고유의 감성과 우아함이 가득하다. 결국 권위를 내려놓는 것이 친근함이 될지, 개성의 상실이 될지를 좌우하는 포인트가 바로 여기에 있다.

충주맨이 쏘아 올린 작은 공

자고로 공공기관의 소셜미디어라 하면 고딕체와 명조체가 어우러져 근엄한 분위기를 내뿜기 마련이다. 거기에 더해 기관장이 전하는 새해 인사나 지역의 주요 행사 공지라면 내용적인 측면에서도 보다 정확한 묘사가 있어야 되지 않을까 싶다. 좀 더 발전한 형태라면 기관을 상징하는 캐릭터가 등장하여 기관의 소식을 전할 수도 있다. 사실 이런 기관들의 소셜미디어 운영은 소통이라기보다는 공지 방식에 가까웠고, 내용이나 말투에서도 거리감이 느껴지기 마련이었다. 그래서 여러 기관의 소셜미디어 콘텐츠를 놓고 보면 모두 비슷비슷해 보이곤 했다.

그런데, 충주시 공식 유튜브 채널인 '충TV'와 그 채널의 운영을 담당하는 '충주맨' 김선태 주무관이 공공기관의 소셜미디어 생태계를 완전히 뒤바꿔 놓았다. 그는 1년 예산 단 60만원으로 혼자 기획·촬영·편집을 도맡아 하며 구독자 76만5000명(2024년 8월 기준)을 보유한 국내 지자체 중 가장 큰 유튜브 채널을 만들어냈다. 시

인구의 3.5배라는 경이적인 기록이다. 충TV의 성공은 그간 지자체에서 운영하던 소셜미디어 운영 방식을 완전히 파괴한 데 있다. 콘텐츠만 놓고 보면 공공기관에서 만들었다는 것이 믿기지 않을 정도이다. 충주 대학찰옥수수 홍보 포스터에는 '눈에는 눈 이에는 옥수수'라는 문구와 함께 곰 인형 입에 옥수수를 붙여놓고, 팬데믹 시기 거리 두기를 홍보한 '공무원 관짝춤'은 조회 수가 1000만회를 넘어섰다.

운영자가 영상 전문가가 아니다 보니 영상은 거칠고 편집은 날것의 느낌이다. 하지만 '평범한 공무원이 시장이 시켜서 궁시렁거리며 하는 유튜브' 콘셉트는 B급 감성에 열광하는 시청자들을 완전히 사로잡았다. 공공기관 채널이지만, 기관에서 하고 싶은 이야기나 결재권자가 좋아하는 콘텐츠가 아닌 시청자들이 좋아할 만한 콘텐츠를 만들기 위해 노력한 점이 주요하게 작용한 것으로 보인다. 물론 '공공기관스럽지 않음'을 표방하다 보니 영상 중 적절치 않은 표현으로 문제가 된 경우도 있지만 대다수의 콘텐츠들이 신선한 아이디어를 바탕으로 구독자들을 열광케 했다.

'충TV'가 인기를 얻자 타 지자체를 비롯한 많은 공공기관들이 소셜미디어 운영 전략을 친근함으로 바꾸고 있다. 제2의 '충주맨' 자리를 노리는 '코레일 홍보 요정'과 '소방관 삼촌'이 뒤를 잇고 있으며, 여러 기관이 앞다투어 참신한 콘텐츠를 만들어 내고 있다. 지금의 대중에게는 권위에 기대는 것보다 그들의 호기심을 자극하고 즐거움을 주는 것이 더 효과적인 마케팅이라는 것을 이제 그들도 깨달은 듯하다. 대다수의 공공기관 홍보 방향이 B급 정서로 흘러가는 것은 경계해야 한다는 목소리도 나오고 있지만, 충주맨이 쏘아 올린 작은 공이 경직된 공직 사회에 큰 변화를 일으킨 것만은 분명해 보인다.

Why is it?
권위와 권위주의

'한 분야에서 사회적으로 인정받고 영향력을 행사할 수 있는 위신'이라는 의미의 권위는 다양한 형태로 존재해 왔다. 봉건사회에는 신분에 따른 정치적 권위가 사회를 지배했고, 법정의 재판장에게는 법적 권위가 부여된다. 학계에서는 교수와 연구자들의 학문적 권위가 영향을 미치고, 널리 신망을 받는 명망가들은 도덕적 권위를 가지고 있다. '권위'를 의미하는 라틴어 'auctoritas(authority)'의 어원은 'auctor(author)'이다. 'auctor(author)'는 글을 쓰는 저자라는 의미와 함께 스승, 증인, 어떤 일에 조언을 주는 고문, 대리인 등 여러 의미를 가지고 있는 단어이다. 우리 사회에서 통용되는 다양한 권위만큼이나 그 의미의 폭이 넓다.

우리는 종종 '권위'와 '권위주의'를 혼돈하여 권위 자체에 대한 부정적 시각을 갖기도 하지만, 권위는 사회 내에서 발생하는 여러 관계 안에서 구조화되고 정당화된 영향력으로 사회적 질서를 유지하게 하고 변화시킬 수 있는 힘이기도 하다. 반면 권위주의는 스스

로 권위를 내세우거나 권위에 복종하게 한다는 의미를 갖는다. 권위라는 개념 자체에는 영향력을 행사하는데 있어 강제성이 존재하지 않지만, 권위주의에는 사람들을 복종시키기 위한 강제성이 포함된다. 합리적인 설득보다 무조건적인 복종을 강요하고 자신의 지시에 따르도록 하는 권위주의는 요즘 우리가 이야기하는 꼰대의 모습과 무척이나 닮아 있다. '라떼는 말이야'라는 표현으로 대표되는 꼰대의 모습은 자신의 생각을 타인에게 주입시키려고 하며, 나와 다른 의견을 수용하지 않는다.

결국 지금의 탈권위 현상은 정확하게 말하자면 '권위주의적임'에서 벗어나고자 하는 현상으로 볼 수 있다. 팬들이 주는 인형 머리띠를 두른다고, 대중을 위한 행사를 기획한다고 진정한 의미의 권위가 사라지는 것은 아니다. 어쩌면 소통과 수용적인 태도로 형성된 솔직한 모습과 배려심은 그 권위를 더 강화시켜 주는 기반이 된다고 볼 수 있다. 사회적인 영향을 미칠 수 있는 힘은 하루아침에 생기지 않는다. 누구에게 강요한다고 생겨나는 것은 더더욱 아닐 것이다. 오랜 기간 축적된 지혜와 아우라가 핵심이 된다면 대중에게 다가가면 갈수록 그 권위는 더 힘을 갖게 될지 모른다.

B급 감성의 주류화

권위를 벗어난 반전 매력이 사랑받는 데는 우리가 B급 감성이라고 부르는 하위문화의 주류화 현상이 영향을 미쳤다고 볼 수 있다. 'B급'이라는 표현은 대공황 시기 미국 할리우드에서 완성도 높은 영화에 저예산 영화를 끼워 팔던 행태에서 유래하였다. 시간이 지나면서 영화는 거대한 자본을 투입한 영화를 A급으로, 저예산으로 제작된 영화를 B급으로 나누어 부르기 시작했다. 그러나 B급 영화는 새로운 감독과 작가들에게 실험과 금기 도전의 기회를 주었고, 자본의 통제에서는 발휘되기 어려운 상상력과 도전이 B급 영화의 또다른 정체성이 되었다. B급과 비슷한 키치(kitsch)라는 표현도 모조품이나 저렴한 가격에 대량 생산한 미술 작품을 일컫는 표현에서, 현재는 팝아트나 키치 패션처럼 독특한 취향과 개성을 뜻하는 표현으로 사용되고 있다. 그룹 아이브의 노래 'Kitsch'의 가사에서도 우리만의 자유로운 방식이 우리다움이며, 그러한 방식에 기존의 잣대로 평가받고 싶지 않다는 의지가 확연히 드러난다.

노래 'Kitsch'로 많은 사랑을 받은 아이브

It's our time

우린 달라, 특별한 게 좋아

Oh, what a good time

난 잘 살아, 내 걱정은 낭비야

니가 보낸 DM을 읽고 나서

답이 없는 게 내 답이야

(That's my style)

OOTD 하나까지 완전 우리답지

My favorite things

그런 것들엔 좀 점수를 매기지 마

난 생겨 먹은 대로 사는 애야

뭘 더 바래?

That's my style

(That's my style)

2022년 개봉하여 아카데미 시상식을 휩쓸고 2023년 재개봉 열풍까지 불러일으켰던 영화 〈에브리싱 에브리웨어 올 앳 원스 (Everything Everywhere All At Once)〉는 이러한 B급 감성과 키치함의 정점에 있는 작품이다. 다양한 장르가 혼합되어 한치 앞을 예상할 수 없는 전개로 관람객들의 눈을 사로잡은 이 영화는 그 '미친 상상력'과 유쾌한 세계관 속 메시지를 인정받아 평단의 눈까지 사로잡았다. 소셜미디어를 중심으로 새로운 콘텐츠가 쏟아져 나오는 요즘, 이처럼 B급 문화는 기존의 문법과는 완전히 다른 내 생각과 정체성을 자유롭게 표현하는 수단이 되고 있다.

앞서 살펴보았듯이, 저예산 영화를 일컫는 표현에서 유래한 B급 문화의 장점은 누구나 만들 수 있고 누구나 즐길 수 있는 접근성 향상으로도 볼 수 있다. B급 문화의 확산과 주류화는 필연적으로 자본, 권력 등으로 대변되는 A급의 권위 약화 현상을 불러일으킨다. 이러한 현상은 방송계에서도 뚜렷하게 확인할 수 있다. 전통적인 권위의 지상파 방송인 KBS, MBC, SBS는 이제 유튜브 등의 소셜미디어를 중심으로 한 저예산 콘텐츠에 많은 시청자를 내어주었다. 지상파 방송들은 이제 역으로 소셜미디어에서 유행하는 밈을 가져와 프로그램 소재로 사용하고, 유명 유튜버들을 출연자로 섭외한다. 이름이 주는 권위가 아니라 시청자들의 마음을 움직일 재기발랄하고 키치한 B급 감성이 필요한 시대이다.

솔직한 반전 매력의 힘

한때 부캐가 유행하면서 한 사람 안의 다양한 정체성을 인정하는 멀티 페르소나에 대한 인식이 확대되었다. 사람들은 이제 사회적 지위에 의해 보여지는 권위나 카리스마 뒤에 가려진 다양한 모습이 존재할 수 있다는 사실을 인정하게 되었고, 그 모습이 나와 크게 다르지 않은 모습이라면 더 친근함을 느끼고 응원하게 되었다.

2024년 제60회 백상예술대상에서 남자 예능상을 수상한 나영석 PD는 KBS 공채 출신으로 〈1박2일〉 등 인기 프로그램을 제작했던 프로듀서이다. 그는 tvN으로 이적한 후 〈꽃보다 할배〉, 〈윤식당〉 등 연이어 히트작을 만들었지만 2023년 에그이즈커밍이라는 제작사를 설립하여 보다 자유로운 형식의 프로그램을 제작하고 있다. 〈1박2일〉 PD 시절부터 나영석 PD는 방송에서 존재감을 드러내 왔는데, PD라는 리더로서의 역할과 동시에 친근한 모습을 자주 보여주었다. 신서유기 외전으로 기획된 〈강식당〉에서는 나노(나영석 노예의 줄임말)라고 불리며 설거지 지옥에서 벗어나지 못하는 모습을 보이기도 하고, 〈뿅뿅 지구오락실〉에서는 MZ 출연진들에게 영석이 형으로 불리며 웃음의 한 축을 담당하기도 했다. 그는 특히 유튜브 '채널 십오야'에서 〈소통의 신〉, 〈나영석의 나불나불〉과 같은 프로그램을 진행하며 유튜버로서도 편안하고 솔직한 모습을 보여주고 있다. 그의 남자 예능상 수상은 PD임과 동시에 유튜버로서 활약하는 그가 보여주는 다양한 면모를 인정받은 것이라고 볼 수 있다.

제60회 백상예술대상 남자 예능상을 수상한 나영석 PD(좌)_©연합뉴스

MBC 예능 〈나 혼자 산다〉에 출연한 김대호 아나운서 역시 아나운서라는 직업이 주는 정돈되고 깔끔한 이미지와는 다른 엉뚱하고 소탈한 일상을 보여주며 인기를 얻었다. 기안84에 버금가는 날것의 일상생활뿐만 아니라 'K-직장인'의 애환을 보여주며 시청자들의 공감대를 샀다. 그는 2023년 MBC '방송연예대상' 신인상을 수상하기도 했는데, 가수 선미의 '24시간이 모자라'를 직장인 버전으로 개사한 파격적인 축하 공연으로 눈길을 끌었다.

"24시간이 모자라 MBC가 부르면 어디든지 가야 해 48시간도 모자라 여기 가서 일하고 저기 가서 일하면 … 칼퇴근할 때는 날아가 출근을 할 때는 발이 안 가 떨어지질 않아(직장인 직장인)."

TV 방송에 출연하는 연예인으로 보이지만, 결국 그도 우리와 별반 다르지 않은 직장인이었구나 하는 사실을 깨닫는 순간 시청자들은 친근함을 느끼게 된다. 콘텐츠 홍수 속에서 시청자들과의 접점이 없는 것들은 금방 기억에서 사라진다. 그런 측면에서 다른 세계의 사람 같아 보이던 인물들이 반전 매력을 내보이며 나와 별반 다를 것 없다고 느껴질 때, 그리고 오히려 그 모습이 웃음을 자아낼 때, 시청자들은 그들을 더 매력적으로 느끼게 된다. 반전 매력이 주는 힘은 바로 여기에 있을 것이다.

Where is it going and what should we do?

더 이상 권위에 기대 성공을 이어 나가려는 태도는 유효하지 않은 시대임이 분명하다. 배우 이정재는 디즈니플러스 〈애콜라이트〉에 출연하게 된 계기를 설명하며 런던까지 날아가 오디션을 보게 된 이야기를 들려주었다. 그는 살짝 부끄러운 듯한 모습을 보였지만, 한 분야에서 최고의 자리에 올랐다고 할 수 있는 그가 또 다른 도전을 위해 노력하는 모습에 시청자들은 박수를 보냈다. 이제 배우들은 영화를 홍보하기 위해 유튜브 예능에 출연해 웃긴 밈을 만들어 내는 것을 마다하지 않고, 요즘 유행하는 챌린지를 따라하며 시선을 끈다. 그들이 가지고 있는 명성보다 팬들이 원하는 것이 무엇인지, 시장에서 원하는 것이 무엇인지 파악하는 것이 더 중요해졌다.

이러한 변화는 비단 방송가뿐 아니라 기업 경영에서도 유효하다. 고객의 눈높이에 맞춰 유연하게 대응하는 애자일 마케팅(agile marketing)이 새로운 기회 창출에 기여할 수 있을 것이다. 소프트웨어 개발 용어에서 비롯된 '애자일'이라는 표현은 재빠른, 민첩한이라는 의미를 가지고 있다. 사용자의 피드백을 적극적으로 반영하여 빠르고 지속적인 소프트웨어를 배포하는 방식이다. 이러한 개념에서 파생된 애자일 마케팅은 시장의 요구에 민첩하게 반응하는 전략을 이야기하는데, 고객의 의견을 제품 개선과 마케팅 메시지 개발에 유연하고 적극적으로 반영하는 것이다. 그리고 유연하고 민첩한, 마치 고양이와 같은 모습으로 고객의 눈높이에 맞춰가는 과정에서 기업이 다루는 상품이나 분야에는 제한이 있을 수 없다.

수많은 인스타그램 채널 중 최근 눈에 띄는 곳이 하나 있다. 학술 콘텐츠 플랫폼 DBpia의 채널이다. 논문이나 학술 자료를 이용할 수 있는 사이트로 주로 연구자들이 많이 사용하는 플랫폼인데, 이 플랫폼의 인스타그램 팔로워 수가 5만명이 넘는다. 학술 콘텐츠 플랫폼이 인스타그램을 운영한다는 것도 놀라운데 대체 팔로워 수가 왜 이렇게 많은가 싶어 살펴보니 어렵고 딱딱하기만 한 논문을 가지고 만든 콘텐츠로 250만 조회 수를 넘긴 영상도 있다. ASMR 관련 연구를 가지고 실제로 ASMR을 한다거나, 유행하는 밈을 논문 제목으로 풀어내기도 하고, 무물(무엇이든 물어보세요) 질문을 받아서 논문으로 답을 해주기도 한다. 각 콘텐츠에는 '은은한 광기가 딱 내 스타일', '담당자 월급 올려주세요' 등의 댓글이 달려있다. 논문이라는 콘텐츠의 재기발랄한 해석으로 DBpia 이용자들과 인스타그램 팔로워들의 니즈를 꿰뚫은 인스타그램 운영 전략은 1년 만에 팔로워 수를 기존 7000명에서 5만명으로 끌어올렸다. '정교함'과 '재미' 사이에서 저자의 의도가 곡해되거나 희화화되지 않도록 노력하고 있다는 담당자의 인터뷰에서도 느껴지듯 엉뚱함에서 오는 재미뿐만 아니라 유용한 정보를 함께 주는 균형감이 팔로워들의 마음을 사로잡은 것으로 보인다.

언제나 통하는 권위라는 것은 없다. 지금의 소비자들은 범접하지 못할 것 같던 아우라 뒤에 숨겨진 친근하고 솔직한 모습에 열광하며, 그것이 진정성을 바탕으로 할 때 더 많은 권위를 부여한다. 늦잠자서 허둥지둥 출근하는 사장님도, 수업하기 싫은 날은 매일이라는 교수님도 결국 나와 다름없어 보이는 반전 매력이 2025년에는 더욱 상대방의 마음을 움직일 것이다.

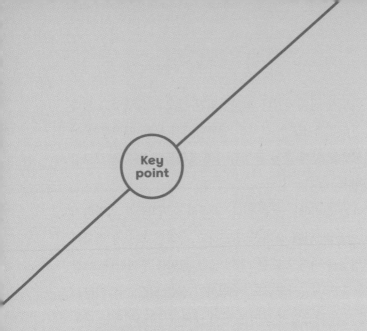

　최근 관찰되는 '탈권위주의' 현상에는 '꼰대 문화'에 대한 비판과 함께 B급 감성이라고 불리는 하위문화의 주류화 현상이 주요한 영향을 미쳤다고 볼 수 있다. 멀티 페르소나에 대한 인식이 확대되면서 사람들은 사회적 지위에 의해 보여지는 권위나 카리스마 뒤에 가려진 다양한 모습이 존재할 수 있다는 사실을 인정하기 시작했고, 이러한 모습이 나와 별반 다름없음을 느낄 때 훨씬 친근함을 느낀다. 요즘과 같은 콘텐츠 홍수 속에서 이런 친근함은 시청자들과의 접점을 확대시켜 더 높은 각인 효과를 가져온다. 〈SNL 코리아〉에 출연해 망가짐을 무릅쓰고 연기하는 배우들과 소비자와의 장벽을 낮추는 럭셔리 브랜드, 그리고 B급 홍보물을 앞다투어 만들어내는 공공기관들까지 모두 기존의 권위의식을 내려놓고 새로운 반전 매력을 보여주기 바쁘다. 이러한 관점에서 2025년에는 고객의 눈높이에 맞춰 유연하게 대응하는 애자일 마케팅($^{agile}_{marketing}$)이 더욱 주목받을 것이며, 소비자의 삶에 더 가까운 모습이 그들의 마음을 움직일 것이다.

정상, 상식, 그리고 뉴 노멀

2024년 6월에 개봉한 〈인사이드 아웃 2〉는 1편 이후 9년 만에 개봉된 영화이다. 1편에서는 주인공 소녀의 마음 속에 존재하는 기쁨, 슬픔, 버럭, 까칠, 소심의 다섯 가지 감정이 그려내는 스토리를 소개했다면 2편에서는 불안, 당황, 부럽, 따분이 등장하여 청소년기에 접어든 소녀의 더 복잡한 감정의 롤러코스터를 보여주었다. 이 영화에 대한 해석이나 감상은 사람마다 다르겠지만 필자의 얕은 심리학적 지식에 기반할 때 적어도 한 가지는 명확한 것 같다. 이러한 복잡한 감정은 누구나 가지고 있는 것이니 때때로 어느 한 가지에 빠지더라도 그리 걱정할 것은 아니라는 것이다. 특히 2편에서 주인

인사이드 아웃은 청소년의 심리적 요소를 잘 묘사했다_CC BY 2.0

공 역을 맡은 불안의 감정이 더욱 그러한데, 정도의 차이는 있을 뿐 모두가 불안한 감정을 가지고 있기 때문에 그것에 대해 본인만 비정상적이라고 여기면 안 된다는 생각을 하게 된다.

이렇듯 개인의 차원에서는 정상적 또는 상식적이라고 평가될 수 있는 범위가 다소 넓을 수 있지만, 집단의 차원에서는 그렇지 않은 경우가 많은 것 같다. 2022년 5월에 취임한 윤석열 대통령의 취임사는 "공정과 상식을 바로 세우고 통합의 정치를 하라는" 국민의 뜻을 받들겠다는 것이었는데 이 '공정과 상식'은 취임 이후 내내 야당의 공격 대상이 되었다. 2024년 5월 더불어민주당은 채상병 특검법에 대해 거부권을 행사한 대통령에 대해 "공정과 상식을 통째로 무너뜨리고 있는 상황"이라고 비판했다. 공정과 상식이라는 개념을 정의하는 방식이 그 주체에 따라 정치적으로 상이할 수 있는 가능성을 발견할 수 있다. 그렇다면 과연 정상 또는 상식이라는 것은 보편적으로 존재할 수 있는 것일까? 그리고 그러한 보편성에 대한 합의가 시간의 흐름에 따라 수정되는 것에 대해 우리는 얼마나 열려 있는 것일까? 이 장에서는 정상, 상식, 그리고 뉴 노멀이라는 개념을 중심으로 새롭게 떠오르는 현상에 대해 다루어 보기로 한다.

What do we see?
정치적 올바름과 상식의 범주

영국의 수낵 총리는 2023년 말에 소위 상식부 특임장관($_{of}^{Minister}$ $_{Sense}^{Common}$)으로 에스터 맥베이를 임명했는데, 이는 수낵 총리가 그녀에게 "좌파의 의제에 상식으로 대응하라"고 말한 것에 기인했다. 공식적인 직함은 정무장관인 무임소장관으로서 특정한 부처를 맡는 대신 정부 정책 수립을 돕는 역할을 한다. 예를 들어 특정 정책이 과연 상식에 부합되는가에 대해 조언을 해 주는 역할 말이다.

그런데 아이러니하게도 맥베이 자신이 제시한 정책이 과연 상식에 부합되는가에 대한 논란이 일었다. 2024년 5월 맥베이는 정부 공무원 신분증의 목걸이 디자인을 통일해야 한다고 주장했는데, 그것은 일부 공무원들이 무지개 문양을 가진 목걸이를 착용하여 성소수자를 지지하는 정치적 견해를 표출하는 것이 공무원으로서 적절한 행동에 상식적으로 부합되지 않는다는 신념에 기반한 것이었다. 그런데 이에 반대하는 언론은 논쟁의 여지가 있는 사안에 대해 상식

영국 무임소 장관 에스더 맥베이_CC BY 2.0

이라는 자의적인 잣대를 적용하여 논의와 타협을 근본적으로 금지할 수 있다고 맥베이를 비판했다. 상식의 범주에 대한 상식적 판단 기준이 모호했던 것이 문제가 된 것이다.

　사실 성소수자에 대한 태도를 포함한 정치적 올바름(political correctness)의 견해에 대해 상식의 범주를 어디까지 적용해야 하는가에 대해서 많은 사람들은 혼란에 빠져 있는 듯하다. 정치적 올바름을 단순하게 설명하자면 우리가 일상적으로 사용하는 표현에서 있어서 차별적 요소를 제거하자는 것인 만큼 여기에는 무리 없이 상식적인 기준이 적용될 수 있는 것 같다. 예를 들어 예전에는 특정 인종이나 민족을 비하하는 '니그로'나 '조센징' 같은 호칭들이 여과없이 사용되었지만 정치적 올바름의 인식이 확산되면서 이러한 용어들이 차별을 조장한다는 것을 알게 되었다. 더 나아가서 뉴스를 취재하는 남자 기자는 그냥 기자라고 부르면서 여자 기자는 굳이 여기자라고 부르는 것을 포함해서 여의사, 여승무원, 여배우 등의 용어도 여성의 사회적 활동이 드물었던 시절의 낙후된 인식에 기반한다는 것을 깨닫게 했다. 아마도 그 중 가장 최악의 명칭은 남편을 여읜 부인이 아직 세상에 남아 있다는 의미를 가진 '미망인'일 것이다. 이러한 명칭을 바꾸는 것은 문명의 발달에 따른 상식적인 변화라는 것에 대부분의 사람들은 공감할 것이다.

정치적 올바름에 대한 역공

그런데 뜻밖의 현상이 발생하고 있다. 정치적 올바름의 취지가 지나치게 강조된 나머지 그 반대쪽에 있다고 추정되는 사람들의 발언은 봉쇄되고 공격받는 부작용이 나타났던 것이다. 2024년 3월에 우리나라에서 번역서로 발간된 〈잘못된 단어〉에서 저자인 르네 피스터는 미국의 좌파 진영이 정치적 올바름의 개념을 기반으로 다른 사람들의 표현의 자유를 제한했던 사례를 소개했다. 예를 들어 아메리카 대륙을 발견했던 콜럼버스는 원주민을 학살하고 흑인을 노예화 시켰다는 비판을 받기도 하는데 그 때문에 콜럼버스에 대해 조금이라도 긍정적인 평가를 하는 사람들은 집단적인 공격을 받는다는 것이다. 즉 하나의 현상이 여러 측면을 가질 때 인종, 민족, 성별 등에서의 평등적 가치를 훼손할 수 있는 견해는 근본적으로 봉쇄되는 부작용이 제기되었다.

콜럼버스에 대한 상식적 평가가 흔들리고 있다_CC-PD

정치적 올바름에 대한 논란은 심지어 인공지능의 영역으로 번졌다. 구글의 인공지능 기반 챗봇인 제미나이에 미국 초대 대통령이나 제2차 세계대전 당시 독일군 이미지를 생성하라고 하니 흑인 얼굴이 등장했는데, 이는 남성 위주의 역사적 편향성에 기반하여 추정하지 말라고 적극적으로 지시한 구글의 노력의 결과였다고 한다. 차별적 편향을 바로잡으려는 노력이 오히려 상식에 어긋나는 결과를 초래한 사건이었다.

정치적 올바름은 한국에서도 유별난 사건을 일으키곤 한다. 2023년 6월 대구에서는 대구퀴어문화축제가 열렸는데 대구시와 대구 중구청은 이 축제가 도로 점용 허가를 받지 않았다는 이유로 공무원 500명을 동원하여 집회 해산의 행정 처분을 시도했다. 반면에 대구경찰청에서는 이 집회가 적법하게 신고되었다고 판단하여 공무원들의 행동을 막았다. 결국 법원으로 넘어간 이 사안은 1년이 지난 2024년 5월 홍준표 대구시장과 대구시가 집회 방해를 했다는 것을 인정하여 문화축제 조직위원회에게 700만원을 지급하라는 1심 판결을 가져왔다. 상식의 영역을 벗어난 사안이 결국 법에 의존하는 관행을 보여주는 대목이었다. 하기는 미국의 트럼프 대통령 후보도

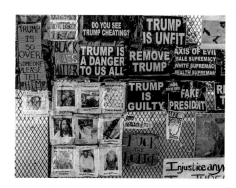

법적 처벌 대상이 대통령 후보가 된 미국 대선_CC AS-2.0

의사당 난동 등 4개의 형사 사건에 연루되어 법원의 판단을 기다리는 등 대통령 선거를 앞둔 미국의 대선 과정도 보기 힘든 비상식적 상황에 처해 있다.

뉴 노멀과 정상의 범주

뉴 노멀이라는 개념은 경제적 또는 사회적으로 큰 충격이 도래한후 다시 이전 상태로 돌아가지 않고 새로운 일상이 정상적인 것으로 간주되는 것을 일컫는다. 2008년 세계적인 금융 위기가 닥친 후 사람들은 이 위기가 지나면 예전의 경제 상태로 복귀할 것으로 기대했으나 많은 학자들이 경제 위기가 지나간 이후에도 저성장이 장기화되고 보편화될 것이라고 경고했던 것에서 유래했다. 뉴 노멀은 때로는 경제적인 저성장만을 의미하지는 않는다. 예를 들어 코로나19 펜

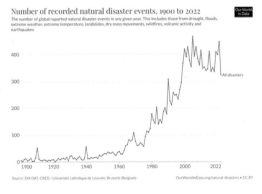

자연 재해는 뉴 노멀이 되었다_CC AS-4.0

데믹이 지나간 후 사람들의 일상은 그 이전으로 회귀하는 대신 마스크 착용이 일상화되고 재택근무와 화상회의가 증가하는 등 새로운 일상의 표준을 받아들이는 듯하다. 폭염이나 폭우 등 이상 기후는 예전에는 드물게 일어나는 자연 재해로 생각되었지만 사람들은 이제 지구 온난화로 인한 새로운 일상으로 여기게 되었다.

여기에서 한 가지 짚고 넘어갈 것이 있다. 뉴 노멀이라는 개념이 새로운 일상 또는 정상적인 상태라고 한다면, 이는 곧 정상적이거나 상식적이라는 것은 고정된 관념이 아니라 시대에 따라 바뀔 수 있다는 것이다. 2015년에 개봉되었던 홍상수 감독의 영화 제목처럼 〈지금은 맞고 그때는 틀리다〉의 논리가 여기에서 논하고 있는 상식과 정상의 개념에 적용된다면 사실 어떤 것이 상식적이거나 또는 비상식적이라는 것은 매우 제한된 의미에서만 판단되어야 한다는 것이다. 그러나 매우 평범하고 보편적이라는 것을 시사하는 상식(常識)이라는 단어가 그토록 제한적으로 사용되어야 한다는 것은 또 다른 차원의 아이러니가 아닐 수 없다. 이러한 아이러니의 근원을 상식과 정상이라는 단어가 가진 원초적 모호성을 중심으로 살펴보기로 하자.

Why is it?

사실 정상과 비정상, 상식과 비상식을 구분하는 기준에 대해 우리는 상당한 수준의 모호성과 혼란을 경험한다. 사실 이들 개념을 정의하는 것도 쉬운 일은 아니다.

상식의 다양한 정의

우리말에서 상식은 다양한 의미를 갖는다. 표준국어대사전에 의하면 '사람들이 보통 알고 있거나 알아야 하는 지식이 되는 것'이라고 설명하고 있다. 이 정의에 따르면 상식이란 대체로 보편적인 지식을 의미하고, 이러한 상식이 부족하다는 것은 지식이 부족하다는 것을 뜻한다. 사실 이 의미는 비상식보다는 몰상식을 뜻한다고 할 수 있다. 그러나 '상식에 어긋난다'고 말할 때, 즉 비상식을 의미할 때에는 이 정의가 적절하지 않다. 즉 지식이 없다는 의미보다는 보편적인 이치에 어긋난다는 의미가 비상식에 더 적절하다고 할 수 있다.

영어로 표시되는 상식은 한국어보다 더 넓은 의미를 갖는 것 같다. '상식적'이라는 단어는 영어로 common이라고 번역할 수 있는데 여기에는 매우 다양한 의미가 포함된다. 첫 번째로는 모두가 알고 있다는 의미로서 '일반적인' 또는 '공통적인' 등으로 번역될 수 있다. 이것은 한국어의 상식의 정의, 즉 사람들이 보통 알고 있는 지식이라는 의미와 유사하며, 반대말은 '독특한(unique)' 정도가 될 것이다. 두 번째로는 보편적인 이치라는 의미로서 '전형적인' 등으로 번역될 수 있다. 보편적인 이치에 어긋난다고 말하고 싶을 때에 '특이한(untypical)'이라고 표현할 수 있다. 세 번째는 반복된다는 의미로서 '일상적인', '낯익은', 또는 '반복되는' 등으로 번역될 수 있다. 반대말로는 '낯선(unfamiliar)' 정도가 될 것이다. 네 번째로는 평범하다는 의미로서 '저급의', '기본적인' 등으로 번역될 수 있다. 반대말로는 '특별한(special)'을 들 수 있다. common의 반대말 uncommon은 문맥에 따라 여기에서 반대말로 적은 unique, rare, unfamiliar, special로 바꾸어 적어도 의미가 통한다.

평가자의 위치

상식이라는 개념이 이처럼 다양한 의미를 갖는다는 것은 곧 비상식적인 행동도 매우 다양할 수 있다는 것을 시사한다. 즉, 상식이 부족한 몰상식한 행동은 비교적 단순하게 판단할 수 있지만 상식에서 어긋난 비상식적 행동은 판단하기에 복잡하거나 어려울 수 있다. 여기에 평가자의 위치 또는 입장까지 개입된다면 문제는 더욱 복잡하게 된다.

예를 들어 어떤 사람이나 집단이 하는 행동이 반복되는 관행에 기초할 때 그것은 위에서 설명한 세 번째 정의에 기반하여 상식적인 행동이겠지만 이와 동시에 그것이 보편적인 이치에 어긋나는 행동일 때에는 위에서 설명한 두 번째 정의에 기반하여 비상식적인 행동이라고 할 수 있다. 앞에서 예를 들었던 〈인사이드 아웃〉 영화에 등장하는 주인공과 같이 사춘기에 접어든 청소년들은 원인을 알 수 없는 반항과 좌절 등 '비정상적'인 행동을 하게 된다. 특히 이러한 아이를 처음 겪는 부모의 입장에서는 이 일탈적 행동은 큰 걱정을 자아낸다. 그러나 청소년 상담을 오랫동안 해 온 베테랑 정신과 의사가 보기에는 이러한 사춘기 시절의 방황과 일탈적 행동은 지극히 '정상적'인 것이라고 평가한다. 육체가 성장하면서 정신적으로도 부모로부터 독립해야 하는 성장 과정일 뿐이다. 이 과정을 거치지 않는 것이 오히려 비정상적이고 위험할 수 있다.

평가자들의 위치가 대립적인 상황이라면 이러한 모호성은 더욱 클 수 있다. 남북 관계에서 이러한 사례를 볼 수 있다. 북한은 남한에 대해 전파 교란이나 미사일 발사, 오물 풍선 투척 등 일상적으로 도발을 자행하고 있다. 이에 대해 통일부는 2024년 5월에 "우리 측을 향해 몰상식적이고 비이성적인 도발행위를 지속하고 있는데 대해 강한 유감을 표명"했다. 북한은 남한에 대해 반복적으로 도발을 하는 것이 그들의 입장에서는 상식적인 행동이라고 주장한다. 그러나 이것은 보편적 이치로 보아 매우 비상식적이고 몰상식적인 도발

펜스 전 부통령 부부와 만나고 있는 북한 이탈 주민들_CC PD

이 아닐 수 없다. 사실 정치적 분쟁이 발생하는 모든 장소에는 이처럼 평가자의 입장에 따라 제 입맛에 맞는 상식의 정의를 선택적으로 사용하는 것에 의해 일부 사람들을 현혹하는 모호성이 발생하게 된다.

또한 이에 대응하여 2024년 6월 북한 이탈 주민 단체는 북한으로 20만장의 대북 전단을 살포하여 이러한 대응의 적정성에 대한 논란을 일으켰다. 이러한 행동에 반대하는 측에서는 이러한 조치가 접경 지역의 안전을 저해하고 어차피 북한군이 대대적으로 수거하기 때문에 실효성이 없는 행동이라고 비판했다. 반면에 당국에서는 "전단 살포 문제는 표현의 자유 보장을 고려해 접근한다"는 입장을 취하고 있어 이를 상식에 부합되는 것으로 보는 듯하다.

시간의 차원과 캔슬 컬처

상식과 비상식의 모호성은 시간의 차원에 의해서도 발생한다. 앞에서 잠시 언급했던 '지금은 맞고 그때는 틀리다' 현상은 평등과 인권 보장의 발전이 급속히 진

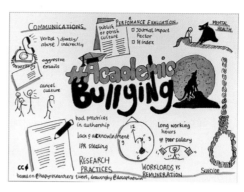

캔슬 컬처는 비상식적인 억압을 가져올 수 있다_CC0 1.0

행된 우리 사회 곳곳에 남아 있다. 예를 들어 불과 십수 년 전 과거 남녀평등의 개념이 희박했던 시절에 특정인이 무심코 사용했던 '미망인'이라는 단어가 갑자기 SNS에 실명과 함께 오르면서 아주 몹쓸 여성 비하자로 낙인이 찍힌다면 어떨까? 지금처럼 반려견에 대한 인식이 애틋하지 않던 시절에 보신탕 한 그릇을 마주한 사진이 실명과 함께 공개된다면? 2001년에 개봉한 영화 〈친구〉에 등장하는 배우 김광규의 명대사인 "느그 아부지 뭐하시노"와 함께 화면을 가득 메웠던 교사의 무자비한 폭력 장면도, 정도의 차이는 있겠지만 2010년 학생 인권 조례가 제정되기 전에 학교를 다녔던 성인들에게는 그다지 낯설지 않은 것이었다. 존경받는 스승의 '사랑의 매'가 상식의 범주에 속했던 시절이었다. 현재의 잣대로 과거의 행동을 재단하는 것은 많은 사람들에게 당혹감을 안겨줄 수 있다.

특히 SNS라는 신속한 전파 수단이 발달한 이후 이러한 낙인 효과는 더욱 강력한 힘을 발휘하고 있다. 어떤 사람 또는 집단이 상식적이지 않다는 낙인은 SNS에 오른 사진 한 장으로 인해 추후 회복할 수 없는 상처를 남기기도 한다. 이와 관련된 문화적 현상으로 캔슬컬처(cancel culture)를 들 수 있다. 여기에서 캔슬은 지지를 철회한다는 의미로서 대표적으로는 SNS에서의 팔로우를 끊는 행동을 들 수 있다. 단순히 개인적으로 조용히 관계를 끊는 것이 아니라 공개적으로 그 대상을 비난하면서 다른 사람의 동참을 종용하는 행동을 하는 것을 의미한다.

예를 들어 보자. 어떤 방송인이 과거에 문제가 될 수 있는 정치 편향적 발언이나 행동을 했거나 또는 특정인에게 개인적으로 피해를 입혔던 경우 이를 익명으로 SNS에 공개하여 그 방송인의 활동을 중단시킬 것을 호소할 수 있다. 만약 이러한 문제가 시간의 차원에 무관하게 중대한 것이었다면 활동 중단 요구는 상식에 크게 반하지 않을 수 있다. 우리나라에서 과거에 학교 폭력에 관련되었거나 저급한 언행으로 특정 집단에 상처를 주었던 유명인들이 갑자기 캔슬되었던 사례도 어렵지 않게 찾을 수 있다. 그러나 어떤 경우에는 악의적으로 조작된 가짜 뉴스가 떠돌면서 존재하지 않은 과거의 행실로 인해 특정인이 캔슬되는 사례도 볼 수 있다. 이러한 억울한 경우는 대체로 오랜 시간에 걸친 법적 투쟁을 통해 진실이 밝혀지기 마련이지만 그것은 이미 회복할 수 없는 타격을 입은 후이다. 오바마 전 미국 대통령도 캔슬 컬처에 대해 "모든 사람에게는 결점이 존재한다.

돌을 던지는 것은 변화를 가져오지 않는다"고 비판했다가 오히려 꼰대라는 비난을 받기도 했다.

공간의 차원과 정상의 범주

상식과 비상식의 모호성은 공간적 차원의 상이성에 의해 발생하기도 한다. 여기에서의 공간은 단순한 지역적 상이성보다는 지역에 관련된 다양한 측면의 상이성을 가져온다는 의미이다. jtbc에서 2014년~2017년에 방영되어 인기를 끌었던 〈비정상회담〉은 한국에 거주하는 여러 나라 출신 젊은이들이 등장하여 그들의 시각에서 바라보는 다양한 국제적 현안들에 대해 의견을 나누는 장면을 보여주었다. 여기에서는 과거 또는 그

비정상회담 미국 패널 타일러 라쉬_CC SA-4.0

당시에 갈등을 빚고 있는 국가들 사이의 민감한 정치적 관점 차이도 다루었고, 단순히 문화적 차이에 의한 관점 차이도 다루었다. 상이한 공간에서 태어나서 성장했다는 것은 이처럼 정치적, 사회적, 문화적 판단 기준의 상이성을 가져오고 그 결과 정상과 비정상의 판단

영화 〈기생충〉에 등장하는 반지하 주택_CC PD

기준에도 영향을 미칠 수 있다는 것을 보여주었다.

공간적 차원의 상이성은 지역적으로 먼 다른 나라에서만 존재하는 것은 아니다. 같은 건물 내에서도 위층과 아래층 사이에 존재하기도 한다. 2019년 5월에 개봉하여 아카데미 작품상을 수상한 첫 비영어 영화가 된 〈기생충〉은 빈부 격차를 공간의 차이에 대입하여 묘사했다. 젊은 CEO로 연기한 이선균의 대저택과 가난한 가장으로 연기한 송강호의 반지하 주택, 그리고 이선균의 대저택의 폐쇄된 지하 공간에서 기생하는 연기자 박명훈의 공간을 대비하면서 이들이 정상적이라고 생각하는 가치관의 차이를 부각시켰다. 결국 영화는 정상과 비정상의 충돌로 인해 파국으로 달려간다.

Where is it going and what should we do?

지금까지 정상적인 것과 상식적인 것을 찾는 것이 매우 어려운 일이 되어버린 최근의 현상에 대해 살펴보았다. 특정 대상에 대한 평가자의 위치와 그 대상이 놓인 시간과 공간의 차원은 너무나 당연해 보이는 것도 비정상적인 것으로 변신시킬 수 있다는 것을 알게되었다. 이러한 세계적 흐름에서 영국에서는 상식에 대해 답을 해주는 장관까지 탄생했음에도 불구하고 그 장관 스스로가 비상식적이라고 공격받는 아이러니가 빚어지는 세상이다.

이러한 혼돈 속에서 우리가 상식적인 것을 대하는 방법은 몇 가지로 분류할 수 있다. 첫 번째의 접근법은 신념과 상식을 구분하지 않는 것이다. 사람들이 가진 각자의 신념을 각자의 상식이라고 생각하고, 결국 상식은 각자의 이익에 따라 정의되는 것이라고 간주하는 것이다. 이 경우 상식적이라는 것은 앞에서 설명한 어떠한 정의에도 해당되지 않는다. 상식적인 것을 찾는다는 시도는 오직 자신의 이익을 추구하는 명분에 지나지 않는다.

두 번째의 접근법은 개인적 신념과 보편적 상식을 철저하게 구분하는 것이다. 사람들의 신념이 다양함에도 불구하고 보편적인 상식이 존재할 수 있음을 믿고 이를 찾는 행동을 시작할 수 있다. 그러나 이 경우에도 다른 사람들이 주장하는 보편적인 상식이 그 사람들의 이해관계에 따른 주장일 수 있다는 가능성은 항상 존재한다. 그러므로 어쩌면 첫 번째의 접근법과 큰 차이가 없을 수도 있다.

세 번째의 접근법은 현재 상태의 보편적 상식에 초점을 맞추는 대신 새로운 상식의 기준, 즉 뉴 노멀에 초점을 맞추는 것이다. 이것은 정태적 요소보다는 변화의 방향에 관심을 갖는 것을 의미한다. 물론 변화의 방향을 예측하고 뉴 노멀을 정의하기 위해서는 과거의 보편적 정상 상태를 확인하는 것도 중요하긴 하다. 그러나 과거의 것을 찾느라 논쟁하기보다는 미래의 새로운 상식을 찾느라 논쟁하는 것이 조금이라도 생산적일 것이다. 적어도 미래 앞에서는 모두가 조금씩은 더 겸손할 수 있을 것이고, 개인적 신념과 보편적 상식이 다를 수 있다는 것을 인정할 가능성이 높기 때문이다.

　사회가 다원화되고 변화의 속도가 증가하면서 상식적이거나 정상적인 것에 대한 모호성이 높아지고 이에 따른 사회적 비용도 상승하고 있다. 우리는 개인적인 일에 대해서는 상식의 범주에 관대한 반면에 집단적인 사안에 대해서는 다른 사람이나 집단을 공격하는 방법으로 비상식적이라는 개념을 이용하는 경향이 있다. 이를 회피하고 뉴 노멀에 초점을 맞추면서 미래에 다가올 보편적 상식을 찾는 생산적 접근 방식이 필요하다.

참고문헌

두 얼굴의 페르소나: 이코노-럭스 문화 소비자

□ 이점석, [2024년 한국 트렌드⑤]문화소비의 이코노럭스 시대, 내외뉴스통신, 2023.11.15
□ 김은아, [도쿄로 호캉스③] "콰이어트 럭셔리가 뭔데?" 호텔 에디션이 답하다, 한경, 2024.06.17.
□ 강민지, 패션에서 딱 하나만 알아야 된다면: 콰이어트 럭셔리. ELLE, 2023.06.16.

익숙함에 익숙해진 사람들: 추억 보정과 문화 소비

□ 김가영, 신현창 대표 "차은우, 외모 가린 감성 드러나…한석규→김희선 기대"[인터뷰]②, 이데일리, 2024.05.09.
□ 이명주, '라이온 킹' 프리퀄 온다… '무파사', 12월 개봉 확정, 디스패치, 2024.04.30.
□ 이선민, 식지 않는 레트로 트렌드…앵콜 제품도 인기, 매일일보, 2024.05.01.
□ 육성연, 회장님도 부르는 '달디단 밤양갱' …매출도 깜짝 놀랐다, 헤럴드경제, 2024.04.27.
□ 권승현, 이승륜, '나만 옳다' 확증 편향 도 넘었다, 문화일보, 2024.01.04.
□ 정빛나, EU, 페북, 인스타 '미성년 중독 유발' 조사 착수, 연합뉴스, 2024.05.16.

게으른 다이어터들의 세상: 레이지어터 이코노미

□ 안병준, 맥주는 먹고 싶은데 살은 빼고 싶어" …칼로리 확 낮춘 '이것' 불티난다는데, 매일경제, 2024.04.29.
□ 장우영, 팜유즈는 어떻게 총 41.3kg을 뺐나…2024 '다이어트 열풍' 예고, 조선비즈, 2024.05.06.
□ 김성윤, 당뇨 없는 건강한 여대생이 '혈당측정기' 차는 이유는?, 조선일보, 2024.05.18.
□ 송종호, "다이어트 함께 떠나자" …롯데헬스케어, '캐즐에어' 오픈, 뉴시스, 2024.05.07.
□ 김민아, 신세계·CJ·풀무원 꽂힌 대안식품…식품업계 육성 '활발', IT조선, 2024.05.02.

아주 사적인 이야기: 피핑 톰 사회

□ 이새은, "멀쩡한 부부까지 생이별?" …도 넘은 이혼 예능, 가족 해체 부추긴다, 데일리굿뉴스, 2024.04.23.
□ 이새은, "아동 10명 중 9명, 잊혀질 권리 법제화에 찬성", 데일리굿뉴스, 2024.02.08.

이종 간 융합의 진화: K-컬처 하이브리드 전략

- 이장혁, 〈심리학이 뜬다〉경제·경영학에도 접목…합리적 인간상 대체할 이론 제시. 매일경제, 2012.10.15.
- 김달훈, 디지털과 만난 패션 쇼핑 경험은?…아마존, 오프라인 '옷 가게' 연다. CIO. 2022.01.24.
- 손효숙, 북유럽 가구 명가가 한국 장인을 만났을 때, 한국일보, 2022.11.28.

거리에 나선 명품: 스트리트 문화 지속 가능성

- 헤럴드경제, [영상] 박재범, 소주 노래하다 소주 사장으로…원소주 'A to Z' [나는 술로]. 2024.03.02.
- CJ뉴스룸, 2024.06.10. https://cjnews.cj.net/

정체성의 표현 수단: 팝업스토어 전성시대

- 머니투데이, 롯데칠성, 대전서 '새로댁 신년 잔치' 팝업스토어 운영, 2024.02.05.
- 윤혜정, 팝업스토어 특징 연구, unpublished draft, 2024.

우리 자기가 세계로: 한류 스타 앰배서더의 활약

- 조선일보, 2024 상반기 K 아이돌 앰버서더 발탁 소식, 2024.03.29.
- 조선일보, 지금 남친룩, 프라다 쇼의 변우석처럼 입어야 할 때, 2024.06.22.

유 퀴즈의 성공: 연반인을 꿈꾸는 세상

- 이정현, TV로 나온 대세 유튜버들, 예능·드라마·CF 종횡무진, 연합뉴스, 2019.03.23.
- 강주희, 덱스·빠니보틀·곽튜브…유튜버들이 방송에서도 살아남은 이유. 일간스포츠. 2024.3.28
- 김양수, "맛있으면 0칼로리" 63세 최화정, 유튜브 개설 한달만 40만↑, 조이뉴스24, 2024.06.26.
- 조민정, 고현정, 최화정에 이제훈까지 열었다! 앞다퉈 유튜브 개설하는 톱스타들. 조선일보, 2024.05.20.

캐릭터의 힘: 창작 캐릭터 머천다이징

- 조선비즈, 〈콘텐츠 커머스 2024〉④ 200억 번 '벨리곰' …IP 개발하고 기획사 차리는 유통家, 2024.01.30.
- 연합뉴스TV, 푸바오와 벨리곰을 굿즈로…캐릭터 상품 전성시대, 2024.06.03.
- 이너부스, 푸바오와 벨리곰을 굿즈로…캐릭터 상품 전성시대

◻ 한국콘텐츠진흥원, 2023 캐릭터 이용자 실태 조사, 2023.11.08.

◻ 조선비즈 카카오, 카카오프렌즈 '서울페스타' 참여, 2024.04.29.

살을 내주고 뼈를 취하는 거래: 극단적 콘텐츠 중심주의

◻ 임지우, SM 아티스트 13팀, 위버스 입점…12일 커뮤니티 오픈, 2023.09.05.

◻ 윤상은, 검찰 "카카오 실무진도 'SM엔터 시세조정' 인지" VS 카카오 "추측일 뿐", BLOTER, 2024.06.21.

◻ 지민경, 'Z세대 스타' 코난 그레이, 위버스 합류…글로벌 슈퍼팬 플랫폼 급부상, 조선비즈, 2024.03.14.

◻ 김예린, 이영호, '실탄 가득' 케이스톤파트너스, 코팬글로벌 인수 완료, 2024.06.28.

◻ 강건택, 황재하, 티빙·웨이브, 합병 추진…국내 최대 OTT 탄생하나, 연합뉴스, 2023.11.29.

모두를 위한 변화: 문화 예술의 배리어 프리

◻ 정주원, 안 들려도…칼군무와 수어로 세계와 소통하는 아이돌, 매일경제, 2024.05.12.

◻ 이지영, '로코' 무대 선 장애, 극복하지 않아도 충분해, 중앙일보, 2024.05.30.

◻ 조재현, 카카오맵, 장애인·노약자도 이용 가능한 숲길 13곳 추가, 뉴스원, 2024.05.03.

◻ 이준, 국민통합위, 문화·예술의 장벽을 허물다…배리어 프리 정책으로 모두가 누리는 화합, 문화뉴스, 2024.03.05.

나를 울리는 반려동물: 펫 휴머니제이션

◻ 조선일보, BBC, 보신탕 가게 찾아갔다…외신들 '개 식용 금지법' 실시간 보도, 2024.01.11.

◻ 한겨레신문, 36년 논쟁 굿바이… '개 식용 종식법' 국회 통과, 2024.06.21.

◻ 로봇신문, "외로움은 공중보건 위기, 반려 로봇이 대안 될 수 있을까", 2024.01.15.

◻ 한국경제신문, 반려동물 아직도 '물건'? …'펫심' 노린 입법 전쟁 [슬기로운 반려생활 ⑦], 2024.03.10.

◻ 경향신문, 원주시 민물 가마우지 포획지역 지정 추진…섬강 등 어족 자원 위협, 2024.06.13.

쉽게 더 쉽게, 이지-코노미(easy-conomy)

◻ 이예진, "복잡함은 가라"…드라마는 '뇌빼드', 가요계는 '이지 리스닝', 엑스포츠뉴스, 2024.04.24.

◻ 정유경, "바쁘시죠?"…AI가 요약해 '시성비' 챙겨준다, 한겨레, 2024.04.28.

◻ 최은화, 국립중앙박물관 '사유의 방' 개관, SPACE, 2021.11.23.

티키타카 소비를 통한 미니맥시즘

☐ 글로벌인포메이션(GII), 〈GII 시장조사보고서〉
☐ 박준성, 〈내 생애의 첫 심리학〉, 메이트북스, 2021.
☐ 브리크(Brique), 〈정리정돈으로 되찾는 삶의 질서: [Edit your space] 5. 정리 수납 서비스 '덤인'〉, brique, 2020.12.14.
☐ 이상호, 우리들병원 척추연구팀, 우리들척추건강, 2014.
☐ 이정미, 〈심리학 열전: 자아가 약할수록 물질에 쉽게 마음을 빼앗긴다〉, 법무부 웹진, 2020.03.
☐ 진로정보망 커리어넷, 〈추가직업정도: 정리 수납 컨설턴트〉, CareerNet, 2024.
☐ 한국정리수납협회 홈페이지
☐ A. H. Maslow, 〈A Theory of Human Motivation〉, Psychological Review, 50, 370-396, 1943 Netflix, 2024

스타와 팬의 팀플, 프라이빗 메시지

☐ 금융위원회 한국거래소 디어유 분기보고서, 2024.05.13.
☐ 한화투자증권 리서치센터 디어유 기업분석보고서, 2021.10.22.
☐ 헨리 젠킨스, 김정희원·김동신 역, 〈컨버전스 컬처〉, 비즈앤비즈, 2008
☐ 이재현, 〈뉴미디어 이론〉, 커뮤니케이션북스, 2013.
☐ 이정화, 〈문화소비〉, 커뮤니케이션북스, 2015.
☐ 마에지마 사토시, 주재명 역, 〈세카이계란 무엇인가〉, 워크라이프, 2016.
☐ 제이 데이비드 볼터, 리처드 그루신, 이재현 역, 〈재매개 뉴미디어 계보학〉, 커뮤니케이션북스, 2006.
☐ 강신규, "커뮤니케이션을 소비하는 팬덤-아이돌 팬 플랫폼과 팬덤의 재구성", 한국언론학보, 66(5), 2022, 5-56.
☐ 김보름, "팬덤 4.0시대 디지털 크리에이터로서의 소비경험과 의미", 인문콘텐츠, 2024, 3(72), 29-58.
☐ 김소리, "3-4세대 아이돌 팬덤 문화의 사회적 변화 양태 - 유료 소통 어플리케이션 사용을 통해 분석한 여성 팬들의 참여 문화와 심리적 다중성", 고려대학교 대학원 미디어학과 석사학위 논문, 2023.
☐ 송시형, "팬덤 플랫폼과 팬덤 문화의 산업적 변화와 동향", 사회적질연구, 7(4), 2023, 75-95.
☐ 엑스포츠, 배우야, 아이돌이야? …김수현→변우석, 달라진 소통 '환영' [엑's 이슈], 2024.06.07.
☐ 매일일보, "팬덤 플랫폼 어렵네" 엔씨 '유니버스' 매각…하이브 독주 굳히나, 2023.01.15.
☐ 머니투데이, 〈제2의 디어유 노린다〉 …600억원 몰린 비상장 팬덤 플랫폼, 어디?, 2023.09.02.
☐ 헤럴드경제, 우리 오빠들 뭐하나 UFO 한번 타볼까, 2008.07.16.
☐ 머니투데이, 디어유, 미국 법인 설립 및 일본 6월 초 서비스 '글로벌 서비스 본격화', 2024.05.21.
☐ 오센, "올해 고작 한 번" (여자)아이들 전소연, 유료 소통 부재에 팬들 불만↑ [Oh!쎈 이슈], 2024.05.05.

없는 추억도 만들어낸다 : 겪어보지 않은 것에 대한 향수

□ BBC Science Focus, Anemoia: the psychology behind feeling nostalgic for a time you've never known. , 2023.09.22.
□ 연합뉴스, '선진국병' 걸린 청년들…극단 선택·우울증 증가, 2024.01.03.
□ KBS 뉴스, '선진국병' 걸린 청년들…극단 선택·우울증 증가, 2021.11.30.

적대적 공생과 협쟁(coopetition)

□ 2015. 8. 26. 한국일보, '적대적 공생'에서 '우호적 공생'으로
□ Brandenburger, A., & Nalebuff, B, The rules of co-opetition. Harvard Business Review, 99(1), 48-57, 2021
□ 연합뉴스, 상임위원장 '11대 7'로 재배분…후반기 법사위 국힘에(종합), 2021. 7. 23.
□ 서울경제, 국민을 속인 대통령…이란 콘트라 사건, 2016. 11. 3.
□ 한국일보, [정두언 칼럼] 실종된 노동개혁, 2017. 11. 12.
□ 한겨레신문, 이스라엘-팔레스타인 '두 국가 해법'…중단된 오슬로 협정, 2023. 11. 7.

머피 베드 인생

□ 고용노동부, 멀티 페르소나 전성시대, N잡러로 살아가는 방법, 고용노동부 매거진, 월간 내일, 2021.11.26.
□ 김동영, 혁신과 브리콜라주(bricolage), 전북도민일보, 2013.03.24.
□ 김준영, 나만 빼고 다 N잡러, 서울시50플러스포털, 2022.
□ 매거진 S, 스핀오프 프로젝트란, Magazin S, 2023.11.13.
□ 배미정, Monday HBR 인생의 중대한 변화에 잘 적응하는 법, 동아일보, 2022.05.09.
□ 이시은, [이준호의 N잡러칼럼] 드림 소사이어티, 꿈이 돈이 되는 사회 기능을 팔지 말고 의미를 제공하라, 경인매일, 2024.06.05.
□ 이진원, [2023 대한민국 파워 유튜버] 셀럽 리그 30, 포브스, 2023.08.23.
□ 이진원, 신윤애, [2023 대한민국 파워 유튜버] 크리에이터 리그 100, 시장·수익성 무한 확장하는 쇼츠 파워, 포브스, 2023.08.23.
□ KBS, "본업만으론 못산다" …국내 N잡러 사상 최대, KBS뉴스, 2024.03.02.
□ 채민선, "2030년 포춘 글로벌 500대 기업 절반 문 닫아", 중기이코노미, 2017.11.23.
□ 허문구, 빨리 좇아만 가던 시절은 끝났다 환경 변화 감지 능력이 1등 만든다. 동아비즈니스리뷰(DBR), Issue1, No.180, 2015.
□ 허문구, 작고 자율적인 EBU를 활성화하자 환경 감지 능력이 업그레이드된다. 동아비즈니스리뷰(DBR), Issue2, No.180, 2015.

디지털 시대의 미술품 투자

- 조소현, "2023년 미술 시장 결산 및 2024 전망", 한국 미술 시장 결산 및 전망 세미나, 예술경영지원센타, 2024.01.24.
- 조소현, "2023년 미술 시장 결산 및 2024 전망", 한국 미술 시장 결산 및 전망 세미나, 예술경영지원센타, 2024.01.24.
- Journal of the Korea Entertainment Industry Association(JKEIA), Vol. 17, No. 2, 28-February 2023.
- Art Market Report, Art Basel And UBS, 2024
- LG OLED 아트 프로젝트, Frieze Los Angeles, 2023.
- Top Ultra Contemporary Artists Auction Turnover(H1 2023)-Artprice by Art market
- 한국거래소, KRX아카데미_ETF강의실_ETF의 이해_ETF의 제도-제2화 ETF의 발행 제도, 발행 조건 및 상장 절차

노는 게 제일 좋아, 펀플레이션(funflation)

- Whelan, R. & Steele, A., It's Getting Too Expensive to Have Fun, Wall Street Journal, 2023.10.17.
- 서지원, "콘서트 25만원, 탕후루 6000원" …노는 것마저 포기하는 사람들, 중앙일보, 2023.11.22.
- 김민영, 흥행 열기 후끈…꿈의 1000만 관중 보인다, 국민일보, 2024.06.03.
- 최승우, 4인 가족 놀이동산 즐기려면 5천만원 든다…부모 등골 휘는 '디즈니월드', 아시아경제, 2023.10.28.
- 한종훈, '흥행 대박' 프로야구 '400만 관중' 돌파…시즌 '최다' 보인다, 머니에스, 2024.06.02.
- 서예림, OTT에 관객 빼앗긴 영화관, 4DX 등 특별관 확대로 승부수 걸었다, 뉴스투데이, 2024.03.25.
- 조 텐서, 2024 글로벌 여행 트렌드 5가지 "뻔한 관광 NO", 더피알, 2024.03.05.
- 노희준, 전 세계는 '주 4일제 실험中', 이데일리, 2024.05.28.
- 이은영, [K-콘텐츠 2.0] 3층서도 가수 표정이 생생…판 커지는 공연 시장, 조선비즈, 2024.01.10.

현실이 무대 위로, 다큐멘터리 연극

- 김성희, 〈극단 리미니 프로토콜과 다큐멘터리 연극〉, 브레히트와 현대연극, 2011.
- 남지수, 〈뉴다큐멘터리 연극〉, 연극과 인간, 2017.
- 하영주, 〈다큐멘터리 연극과 포스트-다큐멘터리 연극에 관한 소고〉, 공연과 이론 n.59, 2015.

숏폼 영상과 횡단보도 잔여 시간과의 함수

- 강수연, 재밌고 자극적인 '숏폼' 시청, '팝콘 브레인' 만든다, 헬스조선, 2022.12.15.
- 강정수, 숏폼 시대, 디지털 미디어 작동 방식의 변화, MEDIA ISSUE&TREND 제60호, 한국방송통신전파 진흥원(KCA), 2024.
- 김서희, '숏폼'에 익숙해진 우리 뇌…어떻게 변할까?. 헬스조선, 2023.08.23.
- 서유나, 설현, 지하철 애용 고백 "다 휴대폰 봐서 못 알아봐"(나혼자산다), 뉴스엔, 2024.02.09
- 신민재, 인천 송도·영종·청라에 '스마트 횡단보도' 설치, 연합뉴스, 2022.06.21.
- 신승건, 숏폼 중독에서 벗어나고 싶다면, 내일신문, 2024.04.22.
- 우혜정, OTT보다 '숏폼' …사용 시간 5배 많아. 투데이e코노믹, 2023.09.30.
- 이정현, '숏폼'에 다 넘어갈라…네이버, SNS 연동 종료. 머니투데이, 2024.06.10.
- 이철현, 숏폼·상품·앱 차별화로 신기록…경쟁력 보여준 유통업체. 아시아투데이, 2024.06.13.
- 한국리서치, 숏폼 콘텐츠의 시대, 이대로 괜찮은가?, 2023.
- Rohit Shewale, Instagram Reels Statistics In 2024 (Engagement & Trends), Ddemandsage, 2024.01.15.
- Washington Post, "How TikTok ate the internet", 2022.

도파민 디톡스(dopamine detox)

- 조현희, "I am 식집사예요" …MZ세대 반려식물 키우기 열풍", 영남일보, 2023.11.20.
- 박소혜, 2030세대의 새로운 트렌드 '식집사' …이제는 반려식물 시대, 시빅뉴스, 2023.09.18.
- 김서원, '돌아이'에 물 먹여주고 산책까지…반려돌에 힐링 받는 MZ들, 중앙일보, 2024.06.01.
- Jiyoung Sohn, Overworked South Koreans Unwind With Pet Rocks—'Like Talking to Your Dog', WSJ, 2024.03.17.
- 김서원, 돌 목욕·광합성 영상 936만명 봤다…'반려돌 아버지'된 김대리, 중앙일보, 2024.06.01.
- 김현정, 하루 2시간30분 SNS에…세계인 60%가 사용 중, 아시아경제, 2023.07.21.
- 정재훈, "도파민 중독의 시대? 사실, 도파민은 중독되지 않습니다", 팜뉴스, 2024.04.30.
- 장나래 외, 직장인 집중 3분밖에 못 해…"금욕상자에 폰 넣고 미치는 줄", 한겨레, 2024.01.15.
- 김혜미, 美 성인 여성 ADHD 진단 늘었지만…"스마트폰 놓을 수 없네", 이데일리, 2024.01.27.
- 김하나, 돈 주고 폰 맡기고, 빠지면 벌금 내고 '자제력' 구매하는 세상, 더스쿠프, 2024.04.09.
- 이승욱, "빅테크 기업들, 중독 설계…뇌 보상 회로 자극해 쾌감 유발", 한겨레, 2024.01.15.
- 김지수, 이거 했다, 저거 했다, 그거 했다…당신의 집중력이 바닥인 이유, 조선비즈, 2024. 06.15.
- 정재훈, "도파민 중독의 시대? 사실, 도파민은 중독되지 않습니다", 팜뉴스, 2024.04.30.

K-컬처의 한류 메라키와 디아스포라의 향연

☐ 권아현, 〈이기철 재외동포청장 "차세대 동포 정체성 교육이 곧 한국의 힘"〉, 주간조선, 2023.10.23.
☐ 기획재정부, 문화체육관광부, 〈외국인 관광객 입 국절차 간소화…체류 기간 늘려 관광 소비 촉 진〉, 대한민국 정책브리핑, 전자정부 누리집, 2024.6.17
☐ 문화체육관광부, 〈한눈에 살펴보는 한류 아웃바운드 확산 계획〉, 관계 부처 합동, 제4차 한류 협력위원회, 2022.03.04
☐ 박동, 강일규, 이영대, 정지선, 황규희, 〈글로벌 코리안 인재의 개발, 활용을 위한 네트워킹 방안〉, 한국직업능력개발원 정책연구, 2009-38.
☐ 박영은, 〈K콘텐츠, 엔터테인먼트 기업의 성공 전략〉. 커뮤니케이션북스. 2017.
☐ 박영은, 〈엔터테인먼트 경영 전략〉, 커뮤니케이션북스, 2021.
☐ 박영은, 〈중동 지역에 부는 K콘텐츠 바람과 글로벌 한류 전략을 위한 시사점〉, 한국언론진흥재단 전문연수 강의, 2021
☐ 박영은, 〈세계적 현상이 된 K콘텐츠의 힘, 한국적·심미적·초국가적 스토리텔링이 먹혔다〉, 동아비 즈니스리뷰 DBR, 2021년 제335권 2호.
☐ 박영은, 〈중동의 한류와 초국적 관점에서의 한류 지속 가능성〉, 건국대 모빌리티인문학연구원 & 아시아·디아스포라 연구소 공동 2024 국내학술대회 자료집, 2024.05.24
☐ 박혜연, 김영우, 〈하버드·예일대 학생들도 왔다, '런케이션' 무대 된 한국〉, 조선일보, 2024.03.21
☐ 우주호, 〈다문화 사회와 한민족 디아스포라의 과제: 다문화 사회에 대한 검토와 한민족 공동체 네트 워크 구축 방안〉, 한국지방정부학회 학술대회자료집, 2014, 59-104.
☐ 이영환, 〈한류 확산 위해 13개 부처 뭉쳤다…'한류협력위원회'〉, 뉴시스, 2022.03.04
☐ 이현주, 〈논단: 재외동포청, 신세대 동포를 잡아라〉, 미래한국, 2023.06.23
☐ 하이메디 홈페이지

같은 출발, 다른 결말: K-팝과 K-드라마의 세계화

☐ 차준호, 하지은, [단독] 티빙·웨이브 합병…단숨에 토종 1위 OTT, 2023.11.29.
☐ 열린라디오 YTN, "[팩트체크] 대박난 오징어게임 흥행수익, 넷플릭스가 다 가져간다?, YTN, 2021.10.25.
☐ 최두선, [대장금·겨울연가 시즌2 어떻게] '대장금' 가치는…해외 91개국 수출돼 생산 유발 효과 1119억, 2015.05.01.
☐ 임주리, KBS 만든 "겨울연가" 팔아 일본이 40배 더 벌었다, 2008.11.25.
☐ 이정현, 애니메이션, OTT 불황을 이기는 원동력?, 2024.06.09.
☐ 한순천, OTT 무한 경쟁 시대…히든 카드는 애니메이션, 2024.06.10.
☐ 연찬모, 방통위 "국내 OTT 해외진출 지원" …티빙, "유로 2024" 독점 생중계, 2024.05.31.

전통문화, 오래된 미래

- 김정희, 〈스토리텔링이란 무엇인가〉, 커뮤니케이션북스, 2014.
- 위정현, 〈메타버스는 환상인가〉, 한경사, 2022.
- 국가유산사랑, 2024. 6월호. 국가유산청, 32-35
- Margaret Wyszomirski "Raison d'etat, Raison des Arts - Thinking about Public Purposes", PUBLIC LIFE OF THE ARTS IN AMERICA, 50-78
- 연합뉴스, 中 네티즌, 한국 문화재 데이터에 "한옥은 중국 건축" 댓글 테러, 2023.05.01.
- 머니투데이, 윤여정 "우린 늘 좋은 영화·드라마 있었다…세계가 지금 주목", 2021.11.27
- 보그코리아, 아마존을 강타한 힙한 한국 할매 스타일, 2019.03.12.
- 조선비즈, 집에서도 왜 안 벗지?…서양에서 뜻밖의 '갓' 열풍, 2019.02.23.
- 전자신문, '韓문화' 디지털 에셋, 전세계 개발자 매료… 언리얼서만 40만건 다운로드, 2023.06.06.
- JTBC뉴스, [트렌드+] 금동대향로에 열광하는 MZ…"굿즈 사러 박물관 가요", 2024.02.06.
- 머니S, [Z시세] "반가사유상 사야 돼요" … '뭇즈' 사러 오픈런하는 MZ세대, 2024.03.13.
- 중앙일보, "포장부터 옛것" 약과 불티나더니…매출 70% 뛴 41살 이 과자, 2023.05.24.
- 중앙일보, [강혜란의 쇼미더컬처] 서울시무용단의 일무, 경복궁의 뉴진스, 2024.05.24.
- 대한경제신문, '유령도시' 된 지자체 '메타버스' …혈세낭비 지적, 2023.08.23.
- 게임조선, 한국 문화유산 기반 콘텐츠로, 'K-헤리티지' 전세계에 알리는 게임계, 2024.02.02.

미신과 영웅

- 파이낸셜뉴스, "이영애가 왜 거기서 나와" 불법 리딩방에 이용된 유명인사들, 2023.10.23.
- 영레이디, 영레이디 87년 6월호 여대생 폭로기사, 1987년 6월호
- 한겨레신문, 후원금 쥐고 미 대학 휘두르는 유대주의…하버드대 총장 결국 낙마, 2024.01.04.
- 경향신문 2024. 4. 30. 대학가 시위에 미국 정치도 갈라졌다…민주당 '내분'도 심화
- 머니투데이 2024. 4. 5. "챗GPT 독점, 시장 잠식" AI에 매달린 플랫폼들…공정위, 정조준

탈권위 반전 매력

- 윤소윤, 〈파묘〉 흥행 선두에는 '대배우' 최민식의 화끈한 팬 서비스가 있었다, 스포츠경향, 2024.03.12.
- 오형주, '러셔리 K뷰티' 설화수…더후, 올리브영 입점, 한국경제, 2024.05.19
- 정지윤, '제2의 충주맨'들의 등장…"긍정적 변화지만 부담도 있어", 영남일보, 2024.04.19.
- 장기성, 권위와 권위주의, 시니어매일, 2020.10.14.
- 김교석, 짜릿한 매력, B급 문화, PROSVIEW, 2023.09.
- 이진송, 대중이 '아나운서세계의 신인류' 김대호에 열광하는 이유, 경향신문, 2024.01.19.
- 크렘(KLAB), 논문 콘텐츠로 250만 조회 수 찍은 업계 1위 논문 플랫폼 마케터 만나 봄, 2024.06.06.

정상, 상식, 그리고 뉴노멀

☐ MBC 뉴스, 민주당 "공정과 상식 무너뜨리는 대통령, 국민이 용납 않을 것", 2024.05.22.

☐ 동아일보, 英 사회에 상식 논쟁 촉발한 상식부장관, 2024.05.21.

☐ BBC NEWS, 코리아 제2차 세계 대전 독일 군인이 아시아 여성? 구글 AI 제미나이의 '정치적 올바름' 문제, 2024.02.28.

☐ 한겨레신문, 공무원 동원해 퀴어축제 막은 홍준표…법원, 손해배상하라, 2024.05.24.

☐ 중앙일보 기후위기 뉴노멀 시대에 허술하기만 한 물 관리, 2023.07.18.

☐ 서울신문, 탈북단체, 또 대북 전단 20만장 보내… 정부는 사실상 손놓아, 2024.06.07.

☐ 포항공대신문, 자기 검열의 시대, 캔슬 컬처, 2023.03.01.

도판 출처

2024 문화 소비 트렌드

17쪽   https://www.hankyung.com/article/202406171710K
18쪽   Cody Scott (2020.01.29), Bounded Rationality and the Limitations of Human Nature, PATIMES https://patimes.org/bounded-rationality-and-the-limitations-of-human-nature/
20쪽   Tilemahos Efthimiadis from flickr
21쪽   tvN /CC-BY-4.0
22쪽   ⓒ한국관광공사 포토코리아-토라이 리퍼블릭
25쪽   solomon203/CC-BY-4.0
26쪽   Ted Eytan from flickr
28쪽   Pascal Shirley/CC BY-4.0
30쪽   Kristi Evans from Pexels
32쪽   RDNE Stock project from Pexels
33쪽   Sanket Mishra from Pexels
35쪽   2024 천안 K-컬처 박람회 홈페이지 https://www.kcultureexpo.com
36쪽   아마존(Amazon.com)
37쪽   한국공예디자인진흥원, 한국일보
40쪽   Balenciaga shoes with huge soles by Syced, CC0-PD
41쪽   Lee Seung Gi and Lee Da In Wedding Ceremony by 티비텐, CC BY-3.0
42쪽   Byeon Woo-seok in June 2024 by 티비텐, CC BY-3.0
44쪽   현대백화점 제공
45쪽   윤혜정(2024)에서 발췌
45쪽   Patent Drawing for A. F. Knight's Golf Club by n/a
47쪽   블랙핑크 지수 by D4Cgrapher, CC AS-4.
48쪽   에스파 YSL BEAUTY by 티비텐, CC BY-3.0
50쪽   EBS, 일간스포츠(2024.03.28) https://isplus.com/article/view/ isp202403270068
51쪽   방송인 최화정의 유튜브 채널 https://www.youtube.com/@hellochoihwajung
54쪽   현대백화점 제공
55쪽   Everland Panda Fubao by 악준동, CC SA-4.0
56쪽   Kakao Friends at 172 East Nanjing Road by Shwangtianyuan, CC SA-4.0
58쪽   https://www.shutterstock.com/ko/search/weverse
61쪽   https://www.shutterstock.com/ko/search/tving
63쪽   Lyn Fairly Media CC-BY-3.0
64쪽   한국산림복지진흥원 보도자료, 공공저작물 자유 이용 허락
67쪽   Aibo 210 chasing pink ball by Sony photographer, CC0 1.0
68쪽   더불어민주당, 한국경제신문
69쪽   The great cormorant with silver carp fish by Prasan Shrestha, CC SA-4.0
71쪽   Open AI
73쪽   Fabebk CC BY-SA 4.0

너와 나의 연결고리, 그리고 소비

불확실 시대의 유연성

173쪽 Sculpture of bull and bear on seesaw in front of Fross and Fross Wealth Management by Whoisjohngalt, CC AS-4.0
175쪽 President Reagan speaking at a rally for Senator Durenberger by Marion Doss, CC AS-2.0
177쪽 The Nobel Peace Prize Laureates for 1994 in Oslo by Saar Yaacov, CC AS-3.0
181쪽 Krhaydon, Public domain, via Wikimedia Commons
182쪽 itsoverflowing.com https://www.itsoverflowing.com/diy-murphy-bed-with-desk-plans/
185쪽 고용노동부(2021)
185쪽 포브스(2023년 9월호)
186쪽 포브스(2023년 9월호)
189쪽 Professor Ed Hawkins, University of Reading, CC BY 4.0
192쪽 Felix Burton, CC BY 2.0 〈https://creativecommons.org/licenses/by/2.0〉, via Wikimedia Commons, https://commons.wikimedia.org/wiki/File:Neon_sign,_%22CHANGE%22.jpg
195쪽 나무위키: 맥가이버
200쪽 Syngman Rhee speaking by Don O'Brien, CC-BY-4.0
202쪽 Blackpink Coachella 2023 02 by @aanglerrr, CC-BY-4.0
205쪽 2023 MMA NewJeans by 티비텐, CC-AS-3.0
206쪽 Jack Welch by Hamilton83, CC-BY-SA-3.0
208쪽 출판사 직접 제작
209쪽 출판사 직접 제작
212쪽 PUBG E-Sports Studio by Edvard Hansson, CC-BY-SA-4.0
221쪽 한국 미술 시장 결산 및 전망 세미나 _ [재]예술경영지원센터
222쪽 한국 미술 시장 결산 및 전망 세미나 _ [재]예술경영지원센터
225쪽 ARTS ECONOMICS
227쪽 Frieze Los Angeles 2023
228쪽 The 2023 CONTEMPORARY ART MARKET REPORT
232쪽 한국거래소

재미있거나 혹은 진지하거나

240쪽 Pexels from pixabay
241쪽 인터파크 캡처 화면
245쪽 brunapazini0 from pixabay
247쪽 저자 촬영
249쪽 Innenraum des Dolby Cinema im Mathäser Filmpalast München by Harry7853, CC-BY-4.0
252쪽 Jakob Owens from Unsplash
254쪽 ⓒ연합뉴스
258쪽 연합뉴스, 인천경제자유구역청(2022)
260쪽 나혼자 산다(MBC 예능, 2024년 2월 9일 방송) - 설현편 https://news.nate.

com/view/20240209n15438

262쪽   머니투데이(2024.06.10) https://news.mt.co.kr/mtview.php?no=202406091
6071595190&type=1

264쪽   Demandsage(https://www.demandsage.com)

267쪽   강정수(2024), 한국방송통신전파진흥원(KCA).

270쪽   Crohweder, Public domain, via Wikimedia Commons

272쪽   롯데쇼핑, 아시아투데이(2024.06.13) https://www.asiatoday.co.kr/view.
php?key=20240613010006813

276쪽   국립극장 제공

278쪽   ©Armin Smailovic/사진 제공 국립극장

279쪽   ©제12언어연극스튜디오

282쪽   ©Ahn Gab Joo/국립아시아문화전당 제공

287쪽   ©앤드씨어터

289쪽   저자 촬영

293쪽   ElisaRiva from pixabay

296쪽   vadim kaipov from Unsplash

297쪽   저자 촬영

299쪽   Locket widget/Locket widget 캡처

301쪽   GNU Free Documentation, CC-BY-3.0

302쪽   Karolina Kaboompics from Pexels

306쪽   Zen Bear Yoga from Unsplash

신한류 시대 그 이후

312쪽   The White House, Public domain, via Wikimedia Commons

313쪽   문화체육관광부 정책브리핑 (2022.03.04)

315쪽   Inri, CC0, via Wikimedia Commons

316쪽   재외동포청(2024)

318쪽   하이메디 홈페이지(https://himedi.com/en)

319쪽   조선일보(2024.03.21) https://www.chosun.com/national/national_general
/2024/03/19/6AVFZE7QNBB67DJNTGE4XCSDFY/

320쪽   조선일보 (2024.03.21)

324쪽   שירעטשינגפ, CC0, via Wikimedia Commons

333쪽

334쪽   HYBE X Geffen 제공

342쪽

343쪽

352쪽   한국문화정보원 공공저작물

356쪽   문화체육관광부 메타버스 데이터랩(http://www.culture.go.kr/detametaverse)

358쪽   국립박물관문화재단 보도자료

359쪽   국립박물관문화재단 온라인상품관 홈페이지

362쪽   세종문화회관 홈페이지

364쪽   펄어비스 홈페이지 https://www.pearlabyss.com/ko-KR/Board/Detail?_

boardNo=13470
368쪽   국가유산청 국가유산 디지털 서비스 (https://digital.khs.go.kr/index.do#)

노멀과 뉴노멀

376쪽   Poster for the 1915 film Alice in Wonderland by Eskay Harris, CC0-PD
377쪽   MICE Index graph, by Hellerick, CC0-PD
380쪽   Happening Now: President Donald J. Trump and Chairman Kim Jong Un
         at dinner in Hanoi, by White House, CC0-PD
382쪽   Holy sites of Jesus of Palestine by un.org, CC0-PD
385쪽   A caged rabbit by Abiolakintrunde, CC0-PD
388쪽   Studio portrait showing man carrying a goat over his shoulder by Case &
         Draper, CC0-PD
390쪽   Optimus Robot designed by Tesla by Benjamin Ceci, CC0-PD
397쪽   SNL Korea logo by SNL Korea
399쪽   Hermes by Phuengwan from flickr
403쪽   Authority by Nick Youngson, CC-BY-3.0
405쪽   IVE Music Bank Mini Fan Meeting by TV10, CC-BY-3.0
408쪽   ⓒ연합뉴스
414쪽   Inside Out Emotional Whirlwind by Jeremy Thompson, CC BY 2.0
418쪽   Esther McVey Political Cabinet 2024 by The Conservative Party, CC BY 2.0
418쪽   Columbus Taking Possession by L. Prang & CO., CC-PD
419쪽   2020. 11. 4. DC Street, Washington, DC by Ted Eytan, CC AS-2.0
420쪽   number of natural disaster events by Our World In Data, CC AS-4.0
424쪽   Pences meet with North Korean defectors by Office of Mike Pence, CC
         PD
425쪽   Academic bullying by Dasaptaerwin, CC0 1.0
427쪽   비정상회담_위아자나눔장터_04 by SJ, CC SA-4.0
428쪽   PXL 20221012 144707822 by Freecom4U, CC PD

문화로 바라보는 대한민국 변화의 방향

문화 트렌드 2025

2024년 10월 15일   초판 발행

저자	신형덕, 박지현, 박영은, 홍희경, 김도현, 조규훈, 조만수, 정보람, 임정기
발행인	송재준
기획	김갑성
책임편집	한승희
디자인	유민경
임프린트	에고의 바다
펴낸곳	복두출판사

출판등록 | 1993년 11월 22일 제10-902호
주소 | 서울 영등포구 경인로82길 3-4 807호(문래동, 센터플러스)
전화번호 | 02-2164-2580 팩스 | 02-2164-2584
이메일 | info@@bogdoo.co.kr
홈페이지 | www.bogdoo.co.kr

ISBN 979-11-989468-0-5

값 26,000원

에고의 바다는 복두출판사의 임프린트입니다.